ESSAI HISTORIQUE

sur

LES RACES ANCIENNES ET MODERNES

de

L'AFRIQUE SEPTENTRIONALE.

PARIS. — Imprimerie DONDEY-DUPRÉ, rue Saint-Louis, 46, au Marais.

ESSAI HISTORIQUE

SUR LES

RACES ANCIENNES ET MODERNES

DE

L'AFRIQUE SEPTENTRIONALE,

LEURS ORIGINES,

LEURS MOUVEMENTS ET LEURS TRANSFORMATIONS,

DEPUIS L'ANTIQUITÉ LA PLUS RECULÉE JUSQU'A NOS JOURS,

PAR

PASCAL DUPRAT.

Οἵη περ φύλλων γενεὴ, τοιήδε καὶ ἀνδρῶν·
Φύλλα τὰ μὲν τ' ἄνεμος χαμάδις χέει, ἄλλα δὲ θ' ὕλη
Τηλεθόωσα φύει, ἔαρος δ' ἐπιγίγνεται ὥρη·
Ὣς ἀνδρῶν γενεὴ ἡ μὲν φύει ἡ δ' ἀπολήγει.

Hom. *Iliad*. lib. VI.

PARIS.

JULES LABITTE, LIBRAIRE-ÉDITEUR,

QUAI VOLTAIRE, 3.

1845

INTRODUCTION.

Le mouvement glorieux de la France du côté de l'Atlas a tourné depuis quelques années les esprits vers ce monde si longtemps fermé aux regards de l'Europe. Avant notre conquête il était à peine visité par quelques voyageurs, qui passaient avec crainte le long de ses rivages. Aujourd'hui on s'y arrête. L'invasion française a jeté un pont sur la Méditer-

ranée, au milieu des tempêtes et des batailles.
L'Afrique a beau se replier sur elle-même et s'en-
fuir en quelque sorte vers le Midi ; la voilà rattachée
et comme liée à l'Europe, qui peut enfin la voir et la
contempler. A la vue de ces horizons, anciens et
nouveaux à la fois, le génie européen s'est ému ;
cela devait être. L'Atlas est pour nous, comme pour
l'antiquité, le fabuleux Atlas, le pays des merveilles,
une espèce de monde à part, où la nature, comme
disaient les Grecs, se produit chaque jour sous des
formes étranges. Ce pays appelle et enchaîne l'imagination, à qui les mondes nouveaux plaisent toujours. De là ces récits, ces travaux et ces livres, qui
se succèdent avec rapidité et qui semblent sortir les
uns des autres. Il y a sans doute beaucoup de précipitation dans toute cette littérature, qui est née le
lendemain d'une victoire. On sent qu'elle marche ou
plutôt qu'elle court à la suite d'une armée conqué-
rante. C'est une invasion qui suit une invasion. Tel
a été du moins le caractère des premiers ouvrages
qui ont paru depuis notre conquête sur l'Afrique
septentrionale. Toutefois cette précipitation n'a point
empêché la France et l'Europe de pénétrer un peu
avec ces livres dans ce monde qui leur échappait
depuis des siècles.

On peut diviser en quatre classes tous ces travaux, qui ont été inspirés depuis quelques années

par l'Afrique du Nord : 1° écrits politiques et économiques ; 2° ouvrages traduits ; 3° essais de géographie ; 4° livres d'histoire.

Les écrits politiques et économiques relatifs à
l'Afrique septentrionale ont tous porté sur deux
questions : Cette conquête, si heureusement accomplie par la France, est-elle utile à sa grandeur et à
son avenir ? Comment faut-il administrer et gouverner ce pays que la guerre nous a donné ?

Notre établissement sur le Sahel africain n'a pas
obtenu toutes les sympathies. Quelques hommes ont
calomnié dans des livres la gloire de la France au
nom de son avenir et de ses intérêts. Il y a des
esprits que les colonies épouvantent : tout ce travail,
toute cette activité que vous versez au pied de l'Atlas,
ne vaudrait-il pas mieux en enrichir le pays ? Cette
idée s'est produite plus d'une fois depuis notre conquête. Idée étroite et dangereuse! La vie des nations
n'est pas plus puissante parce que vous les rejetez
sur elles-mêmes. Ces grands organismes ont besoin
souvent d'un soleil étranger, et il est dans la nature de la force de sortir de soi pour se répandre
au dehors. Mais n'est-il pas dangereux pour la
France de jeter tant de trésors et tant de sang dans
cette Afrique du Nord, dont une mer la sépare,
tandis que l'Europe, qui l'environne, ne lui témoigne pas même une affection équivoque pour cacher

de vieilles haines, d'implacables ressentiments? Qu'arriverait-il, si la guerre survenait tout à coup, si elle coupait brusquement à la France le chemin de la Méditerranée et du Sahel arabe? Cette pensée a éclaté dans plus d'un livre, tandis que des ouvrages du même genre ont répondu à ces craintes et à ces sollicitudes, en leur opposant les espérances nationales et les moyens d'action sur lesquels ces espérances s'appuient fortement. On peut dire en général que cette grave question a été moins bien traitée dans les livres qu'à la tribune, où des voix éloquentes ont réclamé plus d'une fois pour la France la Méditerranée et au delà cette Afrique du Nord où la guerre nous a conduits.

Le débat n'a pas été moins vif sur la constitution qu'il faudrait donner à l'Algérie. Quel est le meilleur moyen d'assurer dans ce pays la prépondérance de notre nation? quels doivent être nos rapports avec les peuples que nous y avons rencontrés? comment doit-on exploiter cette grande contrée où la vie déborde, où tressaillent comme dans leur foyer toutes les énergies de la nature? quelle devrait être la marche de la colonisation? Plusieurs systèmes se sont produits à ce sujet. Il y a eu là une grande bataille d'idées, pleine de colère et de bruit, qui a commencé depuis douze ans et qui dure encore. Mais déjà la ferveur de la lutte diminue. Cette littérature ardente qui s'allume au contact de mille passions et de mille intérêts ne tardera pas à disparaître. Le gouvernement a commencé à la tuer en posant la première pierre de ces villages qui vont s'élever bientôt sur le bord méridional de la Méditerranée et fixer la vie française avec ses instincts et ses mouvements sur ce grand territoire où dorment tant de débris.

Après ces travaux d'un intérêt pratique sont venus les travaux d'érudition, le passé après le présent et l'avenir.

Parmi les peuples et les débris de peuples que la France a rencontrés dans l'Afrique du Nord, il y en a un qui a longtemps dominé ces contrées et qui les domine encore en partie, le peuple Arabe. Une antique origine, d'imposants souvenirs illustrent ce peuple, qui a passé, comme on sait, par la plus haute civilisation et qui a donné au monde une littérature pleine de force et de vie. L'Occident avait déjà pénétré dans cette littérature, la France surtout, à la suite de Sacy et de ses élèves. Mais que de monuments échappaient à ses regards! Les Arabes aiment assez à enfouir ce qui leur appartient. Ne leur demandez pas, dit un proverbe de l'Afrique, à voir leurs trésors, leurs femmes et leurs livres. La littérature arabe, cette fille voluptueuse de l'Orient, se cachait donc à moitié dans une espèce de gynécée, comme ces blanches filles des Maures que leurs pères déro-

bent aux hommes et au soleil. Depuis notre conquête, on lève chaque jour davantage le voile qui la
recouvrait.

Avant notre descente sur le Sahel africain, beaucoup de monuments historiques ou géographiques
relatifs au Maghreb n'étaient connus que par quelque
version latine. Édrisi n'avait encore paru que sous
cette forme, si l'on excepte une traduction anglaise,
comprise dans le vaste recueil de la littérature orientale. Il a été publié, il y a quelques années, par un
célèbre orientaliste. Abu'lféda, cet illustre-géographe
qui a rassemblé les notions éparses dans les livres de
ses prédécesseurs, et qu'on peut considérer comme
le véritable représentant de la géographie arabe,
était comme Édrisi. La partie de son ouvrage qui
se rapporte à l'Afrique du Nord a été traduite, et
bientôt une traduction plus vaste et plus complète
doit lui assurer dans notre littérature une place digne
de son nom. Le livre de Mohammed, le Koran, ce
code politique et religieux des peuples soumis à l'islamisme, a revêtu une forme plus correcte et plus
vraie que celle qui lui avait été donnée par Savary.
D'autres monuments, d'autres livres sont venus
s'ajouter à ce travail. La chronique d'Aroudj et de
Khair-ed-Din, ce livre si important pour l'histoire
d'Alger, a paru. L'ouvrage d'el Kaïrouani nous montrera dans quelque temps, au point de vue arabe,

l'histoire de la partie orientale du Maghreb jusqu'au moment de la chute des Mouaheddins. Ce qui est plus important encore, c'est la publication des travaux d'Ebn Khaldoun, le plus sévère et le plus profond des historiens arabes. On peut lire déjà dans notre langue l'histoire de l'Afrique sous les Aghlabites, par cet écrivain, et le grand monument qu'il a consacré aux annales de la race Berbère ne tardera pas à nous présenter, dans son unité ethnographique, cette puissante famille, avec une longue période de son histoire et quelques-unes des révolutions qu'elle a subies.

En même temps que ces livres ont mis la France et l'Europe en contact avec l'Afrique septentrionale et avec les monuments orientaux qui se rattachent à ce grand pays, d'autres publications ont fait connaître les lignes de son sol, la physionomie de ses rivages et de ses montagnes. Un système de plans hydrographiques a montré déjà, sous son véritable caractère, du moins en partie, le bord méridional de la Méditerranée, dont les Romains et surtout les Grecs n'ont pas bien aperçu les rudes inflexions. D'autres cartes, tracées à la suite de notre armée, ont indiqué les principaux aspects de notre conquête. Des essais de restauration géographique des vieux siècles ont été publiés aussi. Il faut ajouter à ces ouvrages quelques livres de géographie moderne, qui ont jeté de nouvelles lumières sur ce monde si longtemps voilé à nos regards. Mais quels que soient le zèle et l'intelligence qui animent toutes ces investigations, elles ne sauraient être bien puissantes. Ce pays est encore trop tourmenté par la guerre et par les secousses qui l'accompagnent, pour qu'on puisse jeter un regard bien sûr à travers son territoire et en déterminer les mouvements. La géographie d'ailleurs n'y peut marcher que sur les traces de nos soldats, qui, malgré leurs longues courses, n'embrassent qu'une partie de cette grande zône.

L'histoire de l'Afrique septentrionale a moins occupé les esprits depuis notre conquête, que sa géographie. On peut dire qu'elle n'a que la dernière place dans cette longue série de livres qui ont paru sur l'Afrique du Nord. Il devait en être ainsi : la marche de la guerre, les mouvements de notre armée le long de l'Atlas, devaient donner une sorte de préponderance aux questions géographiques. Il faut en dire autant des évolutions de notre flotte sur le bord méridional de la Méditerranée. La littérature arabe devait appeler aussi immédiatement les regards des conquérants, parce qu'il y a là un monde qui vit encore, et que les vainqueurs ont besoin de la langue des vaincus. Enfin les intérêts qui se groupent autour de ce grand nom d'Alger méritaient bien de fixer les premières préoccupations,

surtout chez un peuple doué d'un sens pratique.
L'histoire ne pouvait venir qu'après que les esprits
auraient reçu toutes ces secousses. On devait voir et
interroger la surface du pays qu'on venait de conquérir, avant de descendre dans ses entrailles. Il
n'est pas facile d'ailleurs d'aller remuer au pied de
l'Atlas toutes ces nations, tous ces siècles qui dorment là, pêle-mêle, dans un isolement inerte et muet.

Aucun livre sérieux n'a encore dit à la France
quels sont les peuples qui l'ont précédée dans l'A-
frique du Nord. Le meilleur travail en ce genre a
été une histoire des Wandales. On a essayé aussi
une histoire de la domination turque, qui s'est ef-
facée en partie devant nous ; mais on a indiqué le
cadre plutôt qu'on ne l'a rempli. Enfin il a paru
quelques travaux partiels, tels que l'histoire d'Alger ;
mais ces livres manquent par leur base. On ne peut
morceler ainsi l'histoire de l'Afrique septentrionale,
qui forme une grande et majestueuse unité. Ce
monde vous échappe, si vous allez vous renfermer
dans un coin pour le considérer. Il faut courir à l'est
et à l'ouest avec l'Atlas, avec la Méditerranée, avec
les nations d'Europe et d'Asie, que l'invasion a pro-
menées sur ces rivages. L'occupation restreinte ne
convient pas à l'histoire, qui n'a rien à faire avec la
politique.

Ces divers ouvrages, que nous venons de parcou-

rir, ont laissé de côté les questions ethnographiques
et historiques les plus importantes de l'Afrique septentrionale. Lucrèce a dit dans sa puissante poésie :

> Augescunt aliæ gentes, aliæ minuuntur,
> Inque brevi spatio mutantur sæcla animantûm,
> Et quasi cursores vital lampada tradunt [1].

Tel est, en général, le mouvement de l'histoire;
mais il n'a été nulle part aussi animé que dans
l'Afrique du Nord. Ce flambeau dont parle le poëte
n'a cessé de voyager dans cette grande zône, avec
les peuples qui le portaient. Il est important, il est
beau pour nous, qui venons après ces peuples, et
qui nous établissons au milieu de leurs débris, d'interroger leurs souvenirs et de les suivre à travers
leurs révolutions, du berceau jusqu'à la tombe. Quel
a été le premier de ces peuples? par quels peuples
a-t-il été remplacé? Comment se sont déroulées
toutes ces grandes existences nationales que nous
n'apercevons plus qu'à travers les ombres des siècles? Les plus grandes nations de l'Orient et de l'Occident ont campé tour à tour sur ce vaste théâtre;
le polythéisme de l'Asie et le polythéisme de l'Europe y ont régné; l'Évangile et l'Islam y ont paru
avec éclat. Comment toutes ces races et toutes ces
idées ont-elles vécu dans ce milieu? Voilà certes une

[1] Lucret. *De natura rerum*, lib. III.

des plus belles questions historiques qui puissent s'élever, à travers les ruines, du sein du passé.

Le bruit de nos armes dans l'Afrique septentrionale avait appelé depuis quelque temps notre esprit sur tous ces souvenirs. Nous franchîmes la Méditerranée, la mer des grandes histoires et des puissantes civilisations. C'était pendant l'hiver : l'Europe était enveloppée de neige et de glace, et l'Afrique s'épanouissait aux rayons de ce ciel, qui l'entoure comme un voile de pourpre et d'or. Le vaisseau qui nous portait, marchait vers la ville d'Aroudj et de Khair-ed-Din. Nous arrivâmes pendant la nuit et nous restâmes six heures en présence de la superbe cité, qui semblait endormie sur la montagne, comme un grand aigle de l'Atlas. Toute l'histoire de l'Afrique septentrionale passa sous nos yeux, à travers ces pierres blanches que nous contemplions. Quel mouvement d'hommes et de choses ! Cette vie puissante qui remue et tressaille dans l'Afrique du Nord, animait toutes les images de ce grand drame. Chaque peuple y reparaissait avec sa voix. L'ancienne langue libyenne s'y mêlait à la langue de la Phénicie; le latin, grave et sonore, y retentissait à côté du grec, plus doux et plus harmonieux; l'allemand, apporté par les Wandales, y croisait l'arabe, accouru avec les compagnons d'Ocbah. Toutes les voix de ces langues et de ces civilisations étaient couvertes à la fin par quelques syllabes turques. C'était un éclatant poëme, dont les accents, mêlés et confus, nous berçaient sur le vaisseau, avec les flots de la rade. Le jour parut : nous gagnâmes le bord. En traversant la ville il nous sembla que le même poëme retentissait à nos oreilles. Des Allemands, conduits là par notre pavillon, y parlaient la langue de l'antique Germanie, la langue des Wandales ; des Hellènes y faisaient revivre les accents de la vieille Grèce ; le latin, nous le retrouvions dans la parole des Italiens, qui est un écho adouci de la langue de Virgile ; nous y reconnaissions le turc, qui se mêlait à l'arabe, et enfin l'ancienne langue libyenne y frappait nos oreilles, au milieu de ces Kabyles ou Berbers, qui ressemblent tant aux Libyens d'Hérodote et de Scylax ; la langue de Carthage, la ville vouée à toutes les ruines, y reparaissait elle-même dans quelques mots sauvés du naufrage de sa civilisation. Ce bruit des peuples de l'ancienne Afrique du Nord nous suivit dans notre retraite, auprès de la Kasbah. Nous l'avons toujours entendu au milieu des livres où nous avons cherché l'histoire de l'Afrique septentrionale. Plus d'une fois, après avoir médité sur ces livres et déploré les ruines qu'ils racontent, nous sommes descendu dans ces rues étroites où se pressent les peuples de l'Afrique et de l'Europe. Il nous semblait alors voir revivre ces ruines que nous venions de quitter; ces hommes qui parlaient toutes les langues de l'ancienne Afrique du Nord, auraient bien pu avoir été les témoins de son histoire, et notre imagination les interrogeait sur ce passé, dont ils projetaient l'ombre devant nous.

C'est au milieu de toutes ces images que nous avons fouillé les annales de ce grand pays et suivi la trace des peuples qui l'ont habité ou qui l'habitent encore de nos jours. Nous avons demandé plus d'une fois au spectacle de la ville et des campagnes ce que les livres ne nous disaient point. Les livres ne pouvaient être pour nous qu'une lettre morte. Nous avons allumé cette lettre au contact de ce sol ardent où la vie rayonne, dans ce foyer vivant des peuples dont nous cherchions l'histoire. Peut-être nous sommes-nous trompé; mais en remuant la poussière qui ne recouvrait souvent que des ruines et des décombres, il nous a semblé que ce soleil d'Afrique, autrefois témoin de leur puissance, leur donnait encore un peu de jeunesse et de vie.

Nous pourrions publier aujourd'hui une partie assez considérable de ce grand travail; mais il nous a semblé que cette histoire serait plus intéressante, si l'on connaissait déjà les rapports qui rattachent les uns aux autres les peuples et les races de l'Afrique septentrionale. Nous avons donc essayé dans ces recherches de reproduire cette ethnographie obscure et confuse. Le public nous saura gré peut-être de lui avoir raconté la genèse de tous ces peuples, avant de lui dire comment ils ont vécu, ce qu'ils ont fait, à travers quels événements ils ont passé. Nous avons suivi les usages de l'antiquité. Les étrangers autrefois commençaient par dire leur nom, celui de leur famille et de leur patrie ; puis, quand on les faisait asseoir au foyer, ils abordaient les longues histoires, les grands et merveilleux récits des terres lointaines. Nos étrangers seront-ils reçus? nous l'espérons. Nous raconterons donc un jour, et assez prochainement peut-être, les histoires de l'Atlas, où, d'après ure légende africaine, on a vu quelquefois les lions s'accoupler avec les aigles.

Du reste ce livre, comme ceux qui le suivront, est un fruit de l'Afrique. On verra peut-être que tout ceci a été écrit à la vue du Daran, qu'on peut prendre pour une *colonne du ciel*, avec les Libyens d'Hérodote, et qui aujourd'hui, comme au temps d'Homère, semble *regarder les profondeurs de l'Océan*. Le qobli, ce terrible vent du sud, a soufflé sur ces pages, et nous avons pu jouir, en les écrivant, du spectacle de la mer de Roum, si calme et si belle quand *souffle le vent des oliviers*, comme disent les Arabes, si bruyante et si formidable lorsque , suivant leur expression, *la tempête travaille dans ses eaux*.

Un écrivain arabe raconte qu'il existe dans le

Maghreb| un arbre merveilleux qui rend des sons quand on le secoue. Nous avons secoué cet arbre et ce livre en est sorti. Nous le secouerons encore, si le public, notre maître, veut bien écouter sa voix.

Coteau de Mustapha, environs d'Alger, le 15 avril 1842.

ESSAI HISTORIQUE

SUR

LES RACES ANCIENNES ET MODERNES

DE

L'AFRIQUE SEPTENTRIONALE.

CHAPITRE PREMIER.

Rapports des races humaines avec la terre, et nécessité d'étudier leur foyer avant de chercher à connaître leur histoire. — Caractère général du continent africain comparé aux autres continents. — De l'Afrique septentrionale, ou du Maghreb en particulier. — État primitif de cette grande zone, et révolutions qu'elle a subies. — Tableau et critique des idées grecques, romaines et arabes sur l'Afrique septentrionale. — Son véritable caractère. — Du rôle de la Méditerranée, de l'Atlas et du Sahara dans le système de l'Afrique du Nord. — Influence qu'ils ont dû exercer sur ses peuples et sur leurs mouvements.

> Ubi maximus Atlas...
> Virg.

Les races humaines se développent à travers le temps et l'espace. Pour les connaître, il faut nécessairement les suivre dans ce double milieu, où elles se déploient. Les siècles, on le sait, agissent profondément sur les peuples, quand ils ne les emportent point. Il

en est de même des lieux, et encore peut-on dire à
quelque degré que leur influence sur l'homme est
plus profonde. Ce roi de la terre, comme on l'appelle,
en est à moitié l'esclave. Sans doute, il ne tient pas
au sol comme l'arbre qui s'y rattache par ses racines ;
mais il lui appartient comme le fleuve qui coule dans
le lit que la nature lui a creusé, et qui réfléchit dans
son cours tout ce qu'il rencontre sur ses rives.

Il est donc important, avant de considérer, dans
leurs évolutions et leurs phases diverses, les races de
l'Afrique septentrionale, d'étudier le bassin où elles
se sont produites. Le mouvement de ces flots nous sem-
blera moins confus, quand nous connaîtrons la route
qu'ils ont dû parcourir.

L'Afrique septentrionale, appelée Maghreb par les
Arabes, fait partie de ce vaste continent qui s'élève en
face de l'Europe sur le bord méridional de la Méditerranée ou mer de Roum, et qui a été généralement
désignée dans les littératures occidentales sous le nom
d'Afrique [1].

---

[1] L'expression *Gharb* ou *Maghreb* par laquelle on indique en arabe
l'Afrique du Nord, signifie proprement l'*Occident*. Les écrivains arabes
n'ont pas nommé ainsi l'Afrique septentrionale parce qu'elle est à l'ouest
de l'Arabie, mais plutôt de l'Égypte, comme on peut le voir dans Abou'l-
féda :

لتـا فرغ من ذكر ديار مصـر انتـقل الى ذكر بلاد المغرب وهى

مصاقبـة لديار مصـر من جهـة الغرب

« Maintenant que j'ai terminé la description de l'Égypte, dit l'écrivain
musulman, je vais passer à la description du pays de Maghreb, qui est
voisin de l'Égypte, du côté de l'occident. »

Suivant l'usage des Arabes, Abou'lféda divise le Maghreb ou l'Afrique

Nous n'avons point à rechercher ici quelle peut être l'origine de ce mot et quels liens le rattachent aux langues de l'Orient[1]. Ce qu'il nous importe de re-

du Nord en trois parties : le Maghreb el-aksa, ou Maghreb extrême; le Maghreb el-awsath, ou Maghreb du milieu, et l'Afrikyah. Le Maghreb el-aksa s'étend depuis l'Océan, ou la mer de Ceinture, jusqu'à Tlemsan, et depuis Sebtah jusqu'à Marrakesch, ou Maroc. Le Maghreb el-awsath commence à Wahran, ou Oran, et finit à Bougie, ou Bedjaïah. L'Afrikyah, comprenant toute la zone orientale, se prolonge jusqu'à Barkah, et se lie ainsi à l'Égypte, ou terre de Mesr, comme dit Abou'lféda avec tous les géographes de l'Orient.

La Méditerranée, qui borne le Maghreb au nord, et que les anciens désignaient sous le nom de *mare Interum*, ou mer Intérieure, prend quelquefois dans les écrivains arabes le nom de *mer de Damas :* c'est ainsi que la désigne Édrisi. Mais on l'appelle plus généralement بحر الروم ou *mer de Roum.*

[1] On n'est pas d'accord sur l'origine du mot *Afrique;* mais, quelle que soit la différence des opinions à ce sujet, on peut dire qu'elles rattachent toutes cette grande expression géographique aux langues orientales.

D'après Bochart, qui a jeté tant de lumières sur la géographie primitive, le mot *Afrique* viendrait d'un substantif phénicien dont le sens répond à notre mot *épi,* פֶּרֶג. Ce serait un symbole de la fertilité de ce magnifique continent.

Une tradition historique, reproduite souvent dans la littérature arabe et rappelée par Léon, donne au mot *Afrique* une autre origine. D'après cette tradition, un ancien chef de l'Yémen fit une irruption dans l'Afrique du Nord. Il s'appelait Afrikis. Le chef arabe bâtit une ville dans le pays où l'avait porté la guerre, et lui donna le nom d'*Afrikyah,* qui devait perpétuer le souvenir de sa glorieuse expédition.

A côté de cette origine, la langue arabe nous en présente une autre qui n'est pas plus vraie peut-être, mais qui par sa physionomie géographique convient parfaitement au continent africain. Ce qui caractérise surtout ce continent, comme nous devons le dire, c'est la brusque intersection des lignes qui lui servent de limites. Or, le mot *Afrique,* d'après l'étymologie que nous indiquons, exprime assez bien ce défaut d'épanouissement. Il vient d'un verbe qui signifie *couper, diviser.* Ce verbe est le mot فرق *fraq,* qui veut dire, dans la langue arabe, *il a divisé, il a séparé.*

Sans trop accuser les explications qui précèdent, on pourrait leur en

marquer, c'est la physionomie générale de ce grand membre du globe, auquel le Maghreb est uni. L'Afrique, dit un écrivain allemand, s'offre à nos regards comme un tout isolé, comme une forme du système terrestre, entièrement séparée des autres et n'existant pour ainsi dire que par elle-même[1]. Dans cette existence solitaire et indépendante, l'Afrique se fait remarquer encore par la physionomie rude et sévère des lignes qui l'enveloppent. Ailleurs on rencontre souvent des côtes dentelées, des rivages terminés en angles. Tel est en Europe, par exemple, le caractère de la Grèce et de l'Italie. Ne dirait-on pas que les deux péninsules, avec les îles qui les environnent, s'étendent et s'allongent voluptueusement dans les flots, pour s'unir aux terres voisines? Voyez au contraire l'Afrique: partout elle vous montre un sol brusquement arrêté.

substituer une autre qui reporte encore plus vers l'Orient l'origine de ce mot. On a remarqué de nos jours, grâce aux rapports qui nous lient avec l'Inde, que la langue des Hindous a fourni un grand nombre d'expressions à la géographie des temps primitifs; ces expressions même se trouvent souvent appliquées à des contrées occidentales. Le mot *Adria*, par exemple, est emprunté au sanscrit : le mot *udra* veut dire *eau* dans cette ancienne langue religieuse. On peut expliquer, en le rapportant à la même source, le mot *Afrique*. L'ouest, chez les Indiens, s'appelle *apara*, ou ce qui est derrière. *Aprica*, si voisin d'*Africa*, se trouve dans quelques dialectes comme synonyme d'*apara*. Le mot *Afrique*, dans la langue de l'Inde, signifie donc *le pays de derrière*. La pensée est exacte, puisque l'Orient, dans la géographie des peuples du Gange, est le pays de *para*, ou *le pays de devant*. Voy. Deshorough Cowley, t. I, chap. 10.

[1] Ritter's *Erdkunde oder allgemeine vergleichende Geographie*, t. I. Personne n'a mieux saisi que le savant Ritter le caractère géographique du continent africain. Voyez sa Géographie comparée. La première partie de ce grand ouvrage relative à l'Afrique a été traduite en français.

Vous chercheriez en vain sur ce grand membre du globe les contours sinueux, les formes angulaires de l'Europe. Aucune de ses artères ne se projette en dehors de la masse. C'est un monde qui a manqué de s'épanouir dans les eaux qui le baignent, et qui s'est solitairement replié sur lui-même. De vastes mers semblent le tenir emprisonné dans sa zone. L'Océan ou la mer de Ceinture, comme dit la géographie arabe, l'enveloppe à l'ouest, au sud et sur presque toute la ligne orientale [1]. Au nord ses racines plongent dans la Méditerranée. L'Afrique se trouve ainsi isolée de l'Europe, et elle ne tient à l'Asie que par un isthme, que les révolutions géologiques semblent avoir respecté comme pour laisser un passage aux invasions.

Cette physionomie insulaire du continent africain se reproduit sur une moins grande échelle dans l'Afrique septentrionale, qu'il nous faut examiner spécialement, puisque nous avons pour but de faire connaître ses races. L'Afrique du Nord, comme le continent africain tout entier, semble isolée dans le monde : c'est une île dans une autre île plus vaste et plus étendue [2]. Au nord, la Méditerranée la sépare de l'Europe;

---

[1] Les Arabes semblent avoir copié la poésie grecque et latine pour parler de l'Océan, cette mer répandue autour du monde, d'après une image familière à l'antiquité. Ils l'appellent البحر المحيط *mer de Ceinture*.

[2] « La chaîne des monts Atlas, entourée au nord et à l'ouest par la Méditerranée et l'Océan, bornée au sud et à l'est par des déserts de sable qui d'un côté touchent à l'océan Atlantique, et de l'autre à la Méditerranée, forme une véritable île sans liaison apparente avec les autres montagnes de l'Afrique. »

ALI BEY, *Voyage*, t. 1, p. 364.

elle est bornée à l'ouest par l'océan Atlantique, désigné quelquefois par les écrivains orientaux sous le nom de mer des Ténèbres[1]; du côté du sud, le Sahara, cette mer de sable, l'isole du Soudan ; à l'est, elle se trouve aussi presque entièrement séparée de l'Égypte ou Mesr, qui semble vouloir lui échapper pour se retirer vers l'Asie[2].

L'aspect des lignes de l'Afrique septentrionale, au nord et au sud, doit faire admettre que ce grand pays ne se présentait pas, à l'origine, sous les traits qui le distinguent de nos jours. Sa physionomie primitive a été changée par des commotions dont on peut suivre de loin la merveilleuse histoire.

Le globe, en général, avant d'être constitué comme il l'est aujourd'hui, a passé par une série de phases, ou, si l'on veut, de crises, dont il porte encore dans son sein les traces indélébiles. Ces crises se sont succédé avec un certain ordre et par une sorte d'harmonie, mêlée à ces graves perturbations, chacune d'elles a couvert un monde pour inaugurer sur ses ruines un monde nouveau. C'est ainsi que s'est accomplie, à l'origine, la rude et laborieuse genèse du globe[3]. Un

---

[1] C'est le nom que lui donne, entre autres, Omar ben el-Ouardi dans le grand ouvrage qui a pour titre : خريسدة العجايـب, ou *la Perle des merveilles*.

[2] Le mot مصر, ou Mesr, dont les Arabes se servent toujours pour désigner l'Égypte, rappelle le mot Mesraïm, qui se rencontre à chaque instant dans les récits de Moïse. Voy. la Genèse.

[3] « Les premières annales de l'homme sont écrites dans les couches terrestres, et la géologie, qui étudie leurs révolutions, se lie à la géographie et à l'histoire. » CUVIER, *Discours sur les révolutions du globe.*

caractère commun à ces révolutions, qui marquent les divers âges de notre planète, c'est qu'elles ont été générales et que toute la masse terrestre s'est ressentie de leurs secousses. A la suite de ces grands orages qui ont passé sur le monde, il y a eu des révolutions partielles, et il y en aura toujours. Les rivages sont rongés sans cesse par l'éternel balancement des mers; des îles s'élèvent sur les flots ou s'enfoncent dans leurs profondeurs; quelquefois une tempête soudaine, un choc irrésistible, emportent les angles des continents et les séparent de leur tronc mutilé[1]. Tout démontre que de pareilles causes ont dû agir sur l'Afrique septentrionale. Aucun lien ne rattache les contrées du Maghreb aux autres contrées du continent africain; il n'y tient par aucun fleuve. Cette longue chaîne de montagnes qui le sillonne ne projette aucun de ses rameaux vers l'Afrique; elle semble même le rattacher, par une de ses branches, au système européen. Ces considérations nous font déjà voir que le Maghreb n'existe point aujourd'hui dans les conditions où l'avait placé le travail génésiaque du globe. Dès lors, il est important d'examiner toutes ces traditions égyptiennes, grecques ou arabes, qui nous parlent de ces bouleversements.

Étudions d'abord ce bassin de la Méditerranée et les révolutions dont il a été le théâtre.

---

[1] Lucrèce a dit, en rappelant ces grandes commotions:

> Multaque praetereà ceciderunt mœnia magnis
> Motibus in terris et multæ per mare pessum
> Subsedère suis pariter cum civibus urbes.
>
> *De nat. rerum.*, lib. VI.

Il suffit d'examiner sur une carte les lignes qui l'enveloppent du côté du sud, pour croire à de graves perturbations. Cette idée s'enracine encore plus dans l'esprit, quand on étudie sur les lieux les escarpements abruptes de ces rivages, horriblement tronqués. En face de ce spectacle, on croirait assez qu'une tempête vient de s'abattre sur ces côtes et de mutiler brusquement leurs arêtes extérieures. L'œil y cherche en vain de ces plages adoucies, qui indiquent une formation lente et régulière ; partout il rencontre la trace de violentes secousses ; partout il peut lire, à travers ces lignes heurtées où son regard se brise, le témoignage d'un profond désordre et de vastes fracassements.

La Méditerranée a donc été violemment secouée et des commotions plus ou moins générales ont changé la physionomie de ses rivages.

Rien de plus commun dans l'antiquité que l'idée de ces bouleversements : on en trouve à chaque instant le souvenir dans les écrivains grecs et romains. Strabon en parle longuement dans sa géographie ; Virgile, Florus, Silius, et plusieurs autres historiens ou poëtes, rappellent ces grandes révolutions. Ils écrivaient en quelque sorte en face de cette mer qui a été tant agitée, et l'image des changements qu'elle avait subis se dressait, pour ainsi dire, sous leurs yeux.

Au milieu de ces grandes secousses qui ont tourmenté la Méditerranée, les continents qui l'avoisinent ont dû être mutilés nécessairement. De leurs débris il a dû se former des îles. Ici, les rivages ont été engloutis par les flots ; là, ils se sont contractés et retirés sur eux-mêmes, comme certains corps que resserre le choc d'un autre corps. Ailleurs, ils ont pu prendre des formes plus anguleuses.

Nous trouvons dans l'antiquité plusieurs témoignages qui constatent ces phénomènes. La Sicile, par exemple, était considérée comme une annexe du sol italique[1]. La violence des eaux l'avait détachée du système de la Péninsule pour en faire un monde à part, et quand les Romains disaient : *notre Sicile*, ils savaient qu'ils disaient vrai, non-seulement au point de vue de la conquête, mais encore au point de vue de la science. La même idée doit être appliquée, à quelques égards, aux autres îles qui environnent la Sicile, à la Corse, à la Sardaigne et peut-être à la plupart de celles qui sont

---

[1] L'abréviateur Florus indique très-bien, dans le second livre de ses *Histoires*, ce vieux lien géologique qui fut rompu un jour par les tempêtes. Le témoignage de Justin ou de Trogue-Pompée s'ajoute sur ce fait à celui de Florus ; ses paroles sont précises : « Siciliam ferunt angustis quondam faucibus Italiæ adhæsisse, direptamque velut à corpore majore impetu superi maris, quod toto undarum onere illùc vehitur. » Lib. IV, cap. 1.

La même idée se trouve reproduite avec tout le charme de la poésie dans ces vers harmonieux de Virgile :

> Hæc loca vi quondam et vasta convulsa ruina,
> Tantum ævi longinqua valet mutare vetustas !
> Dissiluisse ferunt : quum protenus utraque tellus
> Una foret : venit medio vi pontus et undis
> Hesperium siculo latus abcidit, arvaque et urbes
> Litore deductas angusto interluit æstu.
>
> *Æneidos* lib. III.

Voyez aussi les vers de Silius, qui commencent par ces mots :

> Ausoniæ pars magna jacet Trinacria tellus.
>
> *Punicorum* lib. XIV.

répandues dans la Méditerranée. L'archipel Grec lui-
même a dû sa naissance à ces perturbations. A l'origine, il ne formait sans doute qu'une masse ; les oscillations brusques d'une mer agitée ont divisé ce monde
Grec et éparpillé ses débris sous la forme gracieuse de
ces îles, qui semblent marcher encore et qui scintillent
de loin au-dessus des flots.

Il faut dire ici pourquoi, dans cet immense choc,
l'Afrique septentrionale semble avoir été plus mordue
que l'Europe par la tempête, pourquoi elle ne présente pas comme elle ces angles qui s'allongent dans la
mer et ces îles qui rayonnent sur sa surface.

Si l'on fait attention à ce que nous avons dit du caractère géographique du continent africain en général, il est facile d'entrevoir la raison de cette différence. On peut assurer qu'avant le bouleversement
dont nous parlons, l'Afrique se distinguait déjà de l'Europe par sa physionomie. Le plateau de l'Atlas, par
exemple, qui n'a été modifié à ses extrémités que par
les oscillations maritimes, n'a point d'équivalent dans
la constitution géologique de l'Europe. L'Afrique, primitivement, était moins épanouie que le continent européen ; elle formait un monde plus resserré, plus replié
en soi ; et, fortement liée à la charpente osseuse de
l'Atlas, elle s'allongeait moins dans les flots ; ses arêtes
extérieures, peu nombreuses et mal attachées à la
masse, auront disparu presque toutes dans la tour-
mente. Remarquons d'ailleurs que le choc aura été
plus violent pour l'Afrique septentrionale que pour
l'Europe. En effet, si l'Océan, comme nous le verrons

bientôt, a causé ces perturbations, il a dû heurter d'abord les rivages de l'Afrique septentrionale et les emporter au loin, s'il ne les a pas engloutis avec ses vagues et son écume. L'Europe aura dû moins souffrir de la secousse, parce qu'elle en était frappée moins directement, et que, plus épanouie dans les flots, elle offrait plus d'obstacles, plus de barrières à l'Océan.

On n'est pas d'accord sur la cause qui a produit ces agitations dans la Méditerranée et tronqué au nord et au sud la double ligne de ses rivages. Faut-il les attribuer à une invasion brusque de l'Océan, comme nous venons de l'indiquer? Faut-il les rapporter au contraire à une crue subite du Pont-Euxin, de la mer Noire, qui se serait jetée dans le bassin de la Méditerranée, et en aurait changé la physionomie?

D'antiques traditions, dont Strabon, Ovide, Pausanias, et d'autres écrivains, nous ont conservé le souvenir, attestent en effet cette expansion extraordinaire de la mer Noire : grossie par les flots que le Nord versait dans son sein par les embouchures de ses fleuves, elle se jeta sur la Méditerranée, dont elle remua violemment le bassin et engloutit en partie les rivages dans l'évolution terrible de ses ondes. Tel est le récit de l'antiquité[1].

---

[1] Voy. Strabon, liv. I. Gosselin, dans ses savantes notes sur ce géographe, a donné quelques éclaircissements sur cette révolution physique :

« Au temps de Diodore de Sicile, dit-il, les habitants de l'île de Samothrace conservaient encore le souvenir d'une inondation qui avait élevé les eaux de la Méditerranée à un tel point, que leurs ancêtres, pour ne pas périr, avaient été obligés de se réfugier sur les sommets des plus hautes montagnes. Longtemps après, les pêcheurs tiraient encore avec

Si vrai que soit ce fait en lui-même, on ne saurait lui attribuer entièrement les perturbations dont nous étudions l'origine et le caractère; la mer Noire a pu

leurs filets les chapiteaux des colonnes qui, avant leur submersion, avaient orné les édifices de leurs anciennes villes, et dans les premiers siècles de l'ère chrétienne, l'usage d'aller sacrifier sur des autels placés au terme le plus élevé où les eaux étaient parvenues subsistait encore.

» La cause de cette prodigieuse inondation était la rupture des Cyanées, ou des montagnes qui fermaient la vallée devenue depuis le Bosphore de Thrace, ou le détroit de Constantinople, et par laquelle les eaux du Pont-Euxin s'écoulèrent dans la Méditerranée.

» Si l'on compare l'étendue actuelle de ces deux mers, on concevra qu'en supposant même les eaux de la première élevées à cinq ou six cents toises au-dessus du niveau qu'elles ont aujourd'hui, elles auraient été insuffisantes pour produire dans le vaste bassin de la Méditerranée une inondation semblable à celle dont parlaient les Thraces. Il fallait, pour occasionner un semblable bouleversement, une masse d'eau bien plus considérable, et l'on ne peut la trouver que dans la réunion du Pont-Euxin, de la mer Caspienne et du lac Aral.

» Alors les plaines sablonneuses et marécageuses qui bordent maintenant les parties septentrionales de ces mers étaient couvertes par leurs eaux réunies. Cette espèce de lac, dont la surface égalait au moins celle de notre Méditerranée, et qui recevait les eaux des trois quarts de l'Europe et d'une grande portion de l'Asie, avait peut-être une issue dans la mer du Nord par la vallée qui suit l'Oby depuis Tobolsk; et ce serait à cette époque qu'il faudrait reporter l'origine de l'opinion des Asiatiques, qui assuraient, au siècle d'Alexandre, que la mer Caspienne communiquait avec la mer du Nord, opinion qu'ils conservent encore aujourd'hui, comme je le vois dans une de leurs cartes géographiques qui m'a été envoyée.

» Ce lac immense était borné au midi par la chaîne des hautes montagnes de l'Asie-Mineure et de l'Arménie. Une grande portion de la Bithynie, de la Galatie, jusqu'au delà d'Ancyre, et tout le Pont, étaient submergés. C'est du nom de *Pontus*, qui signifie *mer*, que cette dernière contrée reçut sa dénomination, parce qu'on se rpppelait que la mer l'avait couverte autrefois, comme c'est d'une ancre trouvée à Ancyre, lorsqu'on en creusa les fondements, que cette ville, maintenant éloignée de plus de trente lieues de la mer, avait pris son nom. Cet antique monument d'une des grandes révolutions que la terre ait éprouvées à sa surface existait encore

grossir subitement et se jeter dans la Méditerranée ; mais l'invasion de ses eaux dans ce vaste bassin n'aura pu y produire jamais un désordre général[1]. L'irruption de l'Océan, le brusque mélange de ses vagues avec les flots de la mer Intérieure, comme disaient les Latins, expliquent mieux ces phénomènes. C'est d'ailleurs un fait autrement constaté ; ici, nous n'avons pas affaire à une tradition vague et flottante dans les souvenirs antiques ; la mythologie des anciens peuples et leur histoire témoignent de cette révolution. D'ailleurs

au temps de Pausanias, dans le second siècle de l'ère chrétienne. Le même fait nous a aussi été transmis par Ovide quand il a dit :

> Et procul à pelago conchæ jacuère marinæ,
> Et vetus inventa est in montibus anchora summis.

» Je pourrais citer beaucoup d'autres faits, et parler des côtes de la Bulgarie, de la Bessarabie, des plaines marécageuses de la basse Servie, de celles qui entourent la mer d'Azof, qui s'étendent au delà des parties septentrionales de la mer Caspienne et de l'Aral, et dans lesquelles le professeur Pallas a trouvé tant de vestiges du séjour de la mer. » Trad. de Strabon, liv. I, p. 117.

[1] L'écrivain que nous avons cité plus haut est naturellement d'une opinion contraire. Voici ses paroles :

« Quand par son poids la masse de ces eaux eut renversé les digues qui la retenaient du côté du Bosphore, elle dut s'écouler avec un fracas épouvantable dans le bassin de la Méditerranée, et élever sa surface à une hauteur considérable. Des observations semblent annoncer que son niveau s'est accru jusqu'à cinq cents toises au-dessus de ce qu'il est maintenant. Alors toutes les côtes de l'Europe, et surtout celles de l'Afrique, ont été inondées à de grandes distances.... La basse Égypte, la Marmorique, la Cyrénaïque, les environs des Syrtes, ainsi que la Numidie et la Mauritanie jusqu'aux pieds de l'Atlas, étaient sous les eaux. Peut-être alors la Méditerranée franchit-elle l'isthme qui la sépare du golfe Arabique. Quoi qu'il en soit, elle ne put prendre son niveau actuel qu'après s'être mêlée avec l'océan Atlantique, en rompant la barrière qui l'en séparait encore et en creusant le détroit de Gibraltar. » *Id., ibid.*

nous en trouvons des traces à la surface même de l'Afrique septentrionale et des côtes voisines.

Il est généralement admis, et avec raison, que la Méditerranée autrefois ne communiquait point avec l'Océan. Dans ces siècles reculés, c'était un vaste lac compris entre l'Europe et l'Afrique. Une puissante barrière, une montagne qui liait ces deux continents, la séparait de l'Océan et de ses tempêtes. Cette barrière s'abaissa un jour : le lac devint véritablement une mer, et ce bassin isolé, emprisonné au sein des terres, communiqua désormais avec le monde.

Une vieille légende mythologique attribue à Hercule la brusque séparation des deux systèmes de l'Europe et de l'Afrique, et la création du détroit qui relie la Méditerranée et l'Océan[1]. L'antiquité apercevait vaguement cette révolution géologique, et comme elle ne savait point l'expliquer, elle la rapportait à Hercule, le type même de la force. Hercule d'ailleurs, comme nous aurons occasion de l'expliquer, conduisait les vaisseaux de Tyr, et les Phéniciens passèrent les premiers le détroit. Dans ce sens, Hercule l'ouvrit en effet au monde ; il en montra la route au commerce phénicien, qui avait déjà envahi la Méditerranée, et qui courut à travers le détroit s'épanouir sur les côtes de l'Océan.

Ce mythe si vrai, quand on sait remonter à son

---

[1] Addit fama nominis fabulam : Herculem ipsum junctos olim perpetuo jugo diremisse colles, atque ità exclusum anteà mole montium Oceanum, ad quas nunc inundat, admissum. Pomponius Mela, *De situ orbis*, lib. 1, cap. 5.

origine et en saisir le caractère, a passé dans la littérature arabe, et s'y est modifié suivant son génie. Les Arabes avaient appris des Grecs qu'Hercule avait ouvert le détroit. Pourquoi l'avait-il ouvert? Ils l'ignoraient; ils l'auraient su peut-être, s'ils avaient songé au développement du commerce de la Phénicie, dont ils n'ont guère soupçonné l'histoire. Ils cherchèrent donc ailleurs l'explication de ce grand effort. Le spectacle de leurs annales leur rappelait des luttes ardentes et animées entre les deux continents; ils rapportèrent à l'antiquité l'origine de ces luttes internationales : il y avait là deux mondes ennemis qu'une veine rattachait l'un à l'autre; ils étaient trop voisins pour le bonheur et le repos de l'humanité. Hercule rompit ce lien géologique qui les unissait, et il jeta entre leurs haines et leurs colères les vagues mêlées de la Méditerranée et de l'Océan. La tradition a pris ici une couleur arabe : les enfants d'Ismaël ont jeté une teinte nationale sur la fable historique de Tyr; mais, quelle que soit sa forme, elle révèle toujours le même fait, la destruction de l'obstacle qui séparait la mer de Roum de la mer de Ceinture et le mélange de leurs flots.

On a mal compris ce mythe quand on a cherché à en attribuer le sens d'une manière trop directe aux Phéniciens. Pour que ces navigateurs se fussent ouverts réellement une route de la Méditerranée à l'Océan, il aurait fallu que l'isthme qui séparait ces deux mers ne fût qu'une étroite langue de terre. Mais l'étude des côtes de l'Afrique et de l'Europe réfute cette idée. Il y avait un rameau de la chaîne atlantique, qui reliait puissamment au milieu des deux mers les deux continents aujourd'hui divisés. D'ailleurs si la patiente et courageuse industrie des Phéniciens avait percé l'isthme, les côtes de l'Afrique et de l'Europe seraient moins déchirées. Ce n'est pas la main des hommes, c'est la tempête qui a brisé ce bras nerveux de l'Atlas, dont la rude étreinte rapprochait, en quelque sorte malgré eux, deux continents et deux mondes. Que le souvenir des Phéniciens apparaisse constamment dans ce détroit, que la langue géographique de l'antiquité et de nos jours nous y montre dans ces colonnes d'Hercule l'image de leur Dieu, cela peut établir que ce passage n'existait point autrefois, et que les Phéniciens le franchirent les premiers, mais rien de plus.

Du reste, des témoignages plus dégagés des conceptions mythologiques nous apprennent comment s'accomplit, à travers les continents désunis, l'union des deux mers. Les peuples de la Bétique disaient, du temps de Pline, que les flots s'étaient fait un passage entre Calpé et Abila[1]. Le rôle des deux mers, dans cette grande révolution physique, n'est pas nettement indiqué sans doute; mais il reste toujours établi que

---

[1] Voy. Pline, liv. III, c. 1. Abyla Africæ, Europæ Calpe laborum Herculis meta : quam ob causam indigenæ columnas ejus dei vocant, creduntque perfossas exclusa anteà admisisse maria et rerum naturæ mutâsse faciem.

A cette citation du célèbre naturaliste, on peut ajouter le passage suivant d'un autre écrivain : « Sic et Hispanias à contextu Africæ natura eripuit. » SENEC., *Natur. Quæst.*, cap. 29.

des oscillations maritimes ont produit cette grande convulsion qui déchira l'isthme dans toute sa largeur. D'autres citations très-importantes[1] dans cette circonstance nous font apprécier le caractère de cette perturbation. Le détroit qui a remplacé l'isthme renversé par les flots, n'a pas eu toujours la même étendue; il s'est élargi avec le temps, et nous pouvons en constater d'âge en âge l'épanouissement progressif[1]; l'invasion de l'Océan dans la Méditerranée l'a primitivement formé, on peut le croire; il s'est dilaté ensuite sous la pression des flots et des tempêtes, et il doit se dilater encore. D'après le rapport de Pline, les matelots apercevaient autrefois à la surface des bandes de sable couronnées d'écume; c'étaient des débris de l'isthme primitif. Ces bandes ont disparu, et il n'en reste plus de traces[2].

Comme nous l'avons déjà indiqué, la mythologie, les traditions et l'histoire n'affirment pas seules la formation brusque et violente du détroit. De part et

---

[1] Du temps de Scylax, c'est-à-dire cinq siècles environ avant l'ère chrétienne, on ne donnait au détroit de Gibraltar, *la porte des chemins*, باب السكك comme l'appellent les Arabes, qu'un demi-mille de largeur. Quelque temps après Scylax, près de quatre siècles avant J.-C., Euctimon lui en donnait quatre milles. Il en avait cinq, trois siècles plus tard, suivant le témoignage de Turanius Gracilis, poëte espagnol. Vers le premier siècle de notre ère, les appréciations de Tite-Live et de ses contemporains lui en attribuaient sept, et Victor de Vita douze, au cinquième siècle. Aujourd'hui, la distance qui sépare sur ce point l'Afrique du Nord de la Péninsule Ibérique est encore plus considérable. On peut l'évaluer à quatorze milles.

[2] Frequenter tænia candicantis vadi carinas territant.
PLIN., lib. III, cap. 1.

d'autre, du côté de l'Espagne comme du côté de l'Afrique du Nord, le sol y présente des flancs tourmentés. Les rochers, qui semblent se rapprocher à travers les mers, offrent des traces nombreuses de déchirements. De grands éperons de montagnes s'y avancent fièrement l'un vers l'autre. La constitution du sol sur les deux rivages offre la plus grande affinité, et aucun témoignage n'affirmerait l'union primitive de l'Europe et de l'Afrique, qu'on pourrait la conclure logiquement de l'analogie des deux systèmes à leurs extrémités [1].

Quoique nous n'ayons point aujourd'hui sous nos yeux des exemples de cette mutilation violente des continents, il nous est facile de concevoir l'effort d'une mer, renversant un isthme dans l'éternel balancement de ses flots, et se répandant sur ses débris. Un mouvement de ce genre créa le détroit de Gibraltar ou la mer du passage, comme dit la langue arabe, et jeta l'Océan dans la Méditerranée.

Toutefois, d'après l'opinion d'un écrivain musulman, il ne faut pas attribuer à l'Océan seul cette grande perturbation. Peut-être même n'y eut-il aucune part et ne fit-il que s'élancer dans un bassin ouvert devant lui. On remarque, en effet, sur la côte septentrionale de l'Afrique, en face de l'Espagne, des couches de granit, qui ont une position inclinée. Une secousse intérieure, l'action d'un de ces volcans qui ont tourmenté plus d'une fois l'Afrique du Nord, enfonça la partie du continent africain voisine de l'isthme. La montagne

---

[1] Bory de Saint-Vincent, *Essai de géographie sur la Péninsule Ibérique.*

qui formait l'isthme encore debout se renversa dans le vide creusé à ses pieds, et de là cette direction oblique du granit sur le rivage [1].

Quoi qu'il en soit, l'isthme avait disparu. Une route était ouverte à l'Océan, il s'y précipita. Dans son invasion terrible et puissante, il alla heurter le sud de l'Europe et le nord de l'Afrique. Des terres disparurent, la Méditerranée fut semée d'îles qui se détachèrent de la masse du continent. L'Europe allongea une foule de pointes dans la mer, et l'Afrique septentrionale, qu'une sorte d'énergie interne repliait déjà sur elle-même, prit encore sous cette impulsion, partie de l'Océan, des formes plus arrêtées, une physionomie plus brusque et plus heurtée dans ses lignes.

Ce mouvement ou un mouvement semblable put produire, à l'ouest de l'Afrique, les îles les plus voisines de l'Europe. Plusieurs écrivains ont déjà remarqué que toutes ces îles, surtout les Canaries, se rattachent, par leur caractère et leur constitution, au système atlantique [2]. Une convulsion, dont le souvenir s'est perdu dans la nuit des temps, a dû les en détacher, si l'on ne veut admettre qu'elles aient cessé d'en faire partie au moment même de cette révolution, qui modifia si profondément la physionomie de l'Afrique du Nord, l'isola de l'Europe et mutila ses membres.

---

[1] ALI BEY, *Voyage*, t. I, p. 61. Cet ouvrage contient une foule d'idées ingénieuses sur l'Afrique septentrionale en particulier.

[2] *Glas George's History of the Canary islands.* On peut voir aussi, sur le même sujet, l'ouvrage de Bory de Saint-Vincent, qui est plus récent, et qui est incontestablement meilleur.

Mais ce n'est pas seulement au nord et à l'ouest que l'Afrique septentrionale a perdu son caractère primitif. Du côté de l'est et surtout du côté du sud, elle est environnée d'une ceinture de sables, qui semblent indiquer aussi une grande révolution physique aussi puissante que celle que nous venons d'étudier et plus terrible dans ses conséquences.

On peut d'abord remarquer qu'il n'y a aucune affinité interne, aucune parenté géologique entre l'Afrique septentrionale et cette zone stérile, qui l'enveloppe à l'est et au sud. Au milieu de ces déserts, vous ne rencontrez que du granit, du quartz et du gravier, un sol pauvre et imprégné de sel, une terre entièrement dépourvue de sève et de vie. Dans l'Afrique septentrionale, au contraire, la terre végétale abonde. La vie et la sève y coulent de toutes parts, et toutes les énergies de la nature s'y déploient fastueusement sous le regard de l'homme. Il semble qu'une antipathie radicale sépare ces deux portions du continent africain, qui se rattachent pourtant à la même masse et se confondent dans le même système. Cette différence ne peut résulter que d'une perturbation, de quelque grand changement physique. Le Sahara, en effet, n'a pas aujourd'hui sa physionomie primitive. Il a émergé du fond des mers, ou plutôt les eaux l'ont abandonné ; et sous une forme nouvelle, mais qui témoigne encore de son premier état, il est devenu l'un des membres les plus considérables du grand corps de l'Afrique.

Quelques observations nous feront bientôt comprendre quelle a dû être la nature primitive du Sahara.

Nous avons déjà indiqué combien cette partie du sol
africain était pauvre et stérile. Il n'y a là-dessus d'ailleurs qu'un témoignage; quelques oasis, perdues au
milieu de ces sables, n'en changent nullement la nature
et le caractère. Une pareille stérilité dans une aussi
vaste zone ne peut guère s'expliquer que par deux hypothèses : ou ce désert, qui coupe le continent africain, a été dans des siècles reculés le théâtre d'une
végétation puissante, le foyer d'une grande culture,
qui en aura tari la sève et épuisé les entrailles, ou bien
il a été le bassin d'une mer, qui, après l'avoir longtemps occupé, l'aura abandonné ensuite pour se jeter
ailleurs.

On ne saurait guère admettre que le Sahara ait été
autrefois cultivé. Le genre humain n'a pas commencé,
on le sait, par l'agriculture. L'humanité aurait marché
plus vite, si elle était entrée, à son origine, dans cette
voie féconde; mais il n'en fut pas ainsi. Cependant, si
le Sahara avait été cultivé jadis, on ne pourrait rapporter ce fait qu'à une époque très-éloignée, puisque
l'histoire et la tradition n'en ont pas gardé le souvenir.
Le peuple qui aurait habité le Sahara et labouré sa
vaste surface n'aurait pu se développer, d'après une loi
générale, que par une évolution lente et progressive.
A quel siècle, à quelle époque faudrait-il donc ramener
son origine? Cette hypothèse évidemment ouvre à l'histoire des horizons sans bornes. Pour atteindre au berceau de ces habitants du Sahara, on devrait se perdre
dans les profondeurs d'un passé presque insaisis-
sable, en dehors des limites de tous les calculs histo-

riques, par delà la sphère des âges humains [1]. Mais l'homme est jeune sur cette terre. Plus son organisme est parfait, plus il y a d'harmonie dans les éléments divers dont il est composé, et plus il a dû se montrer tard dans le développement et le travail génésiaques du monde. Il ne faut donc pas chercher trop loin l'humanité. D'ailleurs, si le Sahara, comme on le prétend, avait été habité primitivement, s'il avait été surtout épuisé par une végétation excessive et par une exploitation immodérée, on en verrait la preuve dans ses couches intérieures. Les terres, que la culture a ruinées, portent toujours dans leur sein l'irrécusable témoignage de leur fécondité primitive. On rencontre à leur surface un sol exténué, un humus appauvri, comme disait Linnée, où l'on cherche en vain la sève nécessaire à la vie des plantes. Tel est l'aspect de certaines contrées de l'Asie, où les races humaines pullulaient autrefois au milieu de la plus riche végétation. Le Sahara et ses sables ont un autre caractère. Il ne faut donc pas croire qu'un trop long effort les ait épuisés [2].

---

[1] « S'il était vrai, comme quelques auteurs ont voulu le faire penser, que les sables purs, qui sont en si grande masse dans le grand désert de la Barbarie, ne sont que le sédiment de la terre épuisée, il y aurait donc eu un âge bien antérieur à celui dont l'histoire et même la tradition nous ont gardé le souvenir, où ce vaste désert si aride, si stérile, si solitaire, a été riant, frais et fertile, et a nourri des populations nombreuses. »
GOLBERRY, *Voy. en Afrique*, t. I, p. 292.

[2] « Tout ce que l'on connaît des déserts de sable qui entourent la chaîne de l'Atlas, à l'est et au sud, prouve qu'ils ne sont pas composés, comme ceux de la Tartarie, de l'*humus depauperatus* de Linnée, c'est-à-dire d'une

Est-il plus sage de supposer que cette grande zone ait été autrefois le bassin d'une mer? Oui, sans doute, Tout semble établir en effet que les flots ont longtemps séjourné sur ces sables. Les voyageurs qui les ont le mieux étudiés sont assez d'accord sur leur caractère. On y rencontre partout, du moins dans la partie la plus voisine de la chaîne atlantique, des masses de sable formé d'une poussière siliceuse [1]. Avec cette poussière, soulevée par les vents, roulent et voyagent sans cesse, du côté du désert, de nombreux détritus de coquillages. De distance en distance, comme l'avait remarqué autrefois Hérodote [2], et comme l'observait récemment

terre qui, à force de travailler et de produire, est restée exténuée et privée des molécules organiques nécessaires à la végétation. On peut juger des déserts qui sont au sud de l'Atlas par ceux que j'ai vus au nord et à l'ouest. Je n'ai aperçu dans ces derniers que de grandes couches d'argile glutineuse, que je considère comme un produit volcanique sous-marin, des plaines de sable mouvant entièrement composé d'une poussière siliceuse de quartz et de feldspath, mêlée d'un détritus de coquillages extrêmement fin, et des bancs d'une marne calcaire très-moderne, évidemment formée par la conglomération du sable ou du détritus animal. »

ALI BEY, *Voyages*, t. I, p. 365.

[1] « Je me suis souvent demandé, dit Golberry, d'où vient un amas si immense de terre fusible ou vitrifiable; car le sable poudreux et le sable pierreux ne sont autre chose, et sont classés dans cette espèce de pierre. Le sol du Sahara, c'est le sablon, qui n'est qu'un amas de petites particules sans liaison, qui ne sont pas, comme les éléments du sable pierreux, susceptibles de devenir pierre. Les sables du Sahara, composés de grains infiniment petits, sont d'une très-grande profondeur. Les vents les agitent comme les flots de la mer; ils en forment des montagnes, qu'ils effacent, qu'ils dissipent bientôt après; ils les enlèvent en nuages à une très-grande hauteur, et le soleil en est obscurci. » *Voy. en Afrique*, t. I, p. 291.

[2] Ἔστι δὲ ἁλός τε μέταλλον ἐν αὐτῇ διὰ δέκα ἡμερέων ὁδοῦ καὶ ἄνθρωποι οἰ-κέοντες· τὰ δὲ οἰκία τούτοισι πᾶσι ἐκ τῶν ἁλίνων χόνδρων οἰκοδομέαται· ταῦτα

Caillié [1], on rencontre de larges blocs de sel. On voit même des maisons, bâties en briques, composées de cette substance. La langue arabe a jeté dans ce désert une foule de noms qu'on peut traduire ainsi : lacs, puits et bains salés. Nous avons vu plusieurs Nègres, qui en traversant le Sahara avaient remarqué péniblement ce phénomène. Il semble qu'une immense couche de sel ait été étendue primitivement sur cette terre poudreuse et mobile, qui se promène au souffle des vents. Cette circonstance et celles qui précèdent établissent assez qu'une mer roulait autrefois ses vagues à travers le Sahara [2]. Si l'histoire du globe est écrite dans ses entrailles, c'est principalement sur ce sol, où les dépôts salins, les débris de coquillages et les tas de poussière siliceuse rappellent sans cesse le souvenir d'une mer.

γὰρ ἤδη τῆς Λιβύης ἄνομβρά ἐστι· οὐ γὰρ ἂν ἠδυνέατο μένειν οἱ τοῖχοι ἔοντες ἅλινοι, εἰ ὕε. Hérod., lib. IV, p. 89, édit. de Leips.

On trouve dans l'historien d'Halycarnasse d'autres passages que l'on pourrait ajouter à celui-ci. Voy. p. 87 et 88.

[1] « Dans la même plaine, dont la surface est composée d'un sable gris et dur, on trouve de gros blocs de sel, et, à peu de distance de l'endroit où l'on abreuve les bestiaux, plusieurs maisons construites en briques faites de cette substance. Les Maures me dirent qu'il avait existé très-anciennement à cette place un gros village de leur caste, dont les habitants exploitaient les mines de sel de Trazar, et en faisaient un commerce considérable avec le Soudan. » CAILLIÉ, *Voy. à Tombouctou*, IIe vol., p. 418.

[2] On pourrait s'appuyer encore sur d'autres considérations pour établir ce fait. « On rencontre dans ces solitudes, dit un voyageur moderne, en parlant du Sahara, quelques roches très-considérables, de couleur noire, contenant du fer vierge, isolées et dispersées. Comment ces masses contenant du fer natif et vierge se trouvent-elles isolées dans des contrées où l'on ne connaît pas de mines de fer? Y ont-elles été roulées par les eaux? » GOLBERRY, *Voy. en Afrique*, t. I, p. 292.

Le Sahara n'existait donc point autrefois sous la forme qu'il a de nos jours. Une révolution physique en a changé la physionomie et modifié er même temps les lignes méridionales de l'Afrique du Nord. Quand le Sahara était une mer, le Maghreb qu'il enveloppe à l'est et au sud devait se trouver presque entièrement détaché de la grande masse du continent africain. Les eaux l'entouraient de toutes parts. Le plateau atlantique, isolé dans les mers, formait une île ou une péninsule.

Nous touchons ici à cette tradition de l'Atlantide qui a retenti à travers les siècles dans la parole solennelle et harmonieuse de Platon. Nous voyons déjà par ce qui précède que ce récit ne doit pas être répudié complétement. Il ne doit pas être non plus complétement accepté. Comme dans la plupart des conceptions antiques, la réalité s'y trouve mêlée avec la fiction ; il faut briser le lien qui les unit et leur rendre, en les séparant, leur valeur et leur caractère.

D'après le Timée, Solon avait rencontré en Égypte un vieux prêtre instruit dans la science des vieux jours. Un grave entretien s'était engagé entre eux sur les époques primitives. Mais la vue du philosophe semblait plus courte que celle du prêtre. Vous autres, Grecs, disait l'Égyptien, vous êtes des enfants, des enfants par l'âme et l'intelligence. Car vous n'avez dans l'esprit aucune tradition antique, aucune science blanchie par le temps, et la cause en est dans les révolutions qui ont passé sur le monde [1]. Là-dessus, le prêtre ex-

[1] Ὦ Σόλων, Σόλων, Ἕλληνες ἀεὶ παῖδες ἐστὲ, γέρων δὲ Ἕλλην οὐκ ἔστιν. Ἀκούσας

pliqua à Solon quelques-uns de ces grands changements. Il lui interpréta des mythes grecs et lui fit voir à travers ces récits l'histoire du globe et le tableau des convulsions qui en avaient changé la surface. Puis, prenant presque le ton de l'épopée : Il existait autrefois, lui dit-il, entre l'Afrique et l'Asie, en face du détroit des colonnes d'Hercule, une île considérable qu'on aurait pu comparer à un continent[1]. Elle portait le nom d'Atlantide. Sa puissance rayonnait du sein des mers sur diverses îles et sur plusieurs parties du continent. Elle enveloppait l'Afrique jusqu'à l'Égypte et l'Europe jusqu'à la Tyrrhénie. Mais Athènes osa s'élever contre cette ambition qui pesait sur tant de peuples. Elle lutta contre les forces de l'Atlantide et détruisit cet immense empire, qui s'appuyait partout. Quelque temps après, ajouta le prêtre, de grandes commotions, de terribles cataclysmes survinrent. Dans l'espace d'une nuit et d'un jour de tourmentes, les troupes victorieuses d'Athènes furent englouties dans la terre, et l'Atlantide, déjà vaincue, disparut dans l'abîme des mers. Le limon épais, qu'elle laissa dans le bassin où elle était assise, le rendit longtemps inabordable[2].

οὖν, πῶς τι τοῦτο λέγεις; φάναι. Νέοι ἐστὲ, εἰπεῖν, τὰς ψυχὰς πάντες· οὐδεμίαν γὰρ ἐν αὐταῖς ἔχετε, δι' ἀρχαίαν ἀκοὴν, παλαιὰν δόξαν, οὐδὲ μάθημα χρόνῳ πολιὸν οὐδέν. Τὸ δὲ τούτων αἴτιον τόδε· πολλαὶ καὶ κατὰ πολλὰ φθοραὶ γεγόνασιν ἀνθρώπων καὶ ἔσονται, πυρὶ μὲν καὶ ὕδατι μέγισται, μυρίοις δὲ ἄλλοις ἕτεραι βραχύτεραι. *Tim.*, édit. de Leips., p. 10.

[1] Λέγει γὰρ τὰ γεγραμμένα ὅσην ἡ πόλις ὑμῶν ἔπαυσε ποτὲ δύναμιν ὕβρει πορευομένην ἅμα ἐπὶ πᾶσαν Εὐρώπην καὶ Ἀσίαν, ἐξῶθεν ὁρμηθεῖσαν ἐκ τοῦ Ἀτλαντικοῦ πελάγους. Τότε γὰρ πορεύσιμον ἦν τὸ ἐκεῖ πέλαγος. Νῆσον γὰρ παρὰ

Voilà, dans ses traits généraux, cet important récit, que Platon nous a conservé dans son Timée. Il se lie d'une manière trop étroite aux graves questions que nous étudions, pour n'être point soumis ici à un examen sérieux.

Trois faits principaux sont compris dans le récit presque épique du prêtre de Saïs à Solon : d'abord l'existence de l'Atlantide dans un foyer déterminé ; ensuite le développement de sa puissance et les luttes qu'elle amena, et enfin sa destruction par suite d'une révolution géologique.

· Ces divers faits ne nous intéressent pas également et ils n'ont pas tous la même valeur ; mais ils sont liés

τοῦ στόματος εἶχεν, ὃ καλεῖτε, ὡς φατὲ ὑμεῖς, Ἡρακλέους στήλας. Ἡ δὲ νῆσος ἅμα Λιβύης ἦν καὶ Ἀσίας μείζων, ἐξ ἧς ἐπιβατὸν ἐπὶ τὰς ἄλλας νήσους τοῖς τότε ἐγίγνετο πορευομένοις. Ἐκ δὲ τῶν νήσων ἐπὶ τὴν καταντικρὺ πᾶσαν ἤπειρον, τὴν περὶ τὸν ἀληθινὸν ἐκεῖνον πόντον. Τάδε μὲν γὰρ ὅσα ἐντὸς τοῦ στόματος οὗ λέγομεν, φαίνεται λιμὴν στενύν τινα εἴσπλουν ἔχων. Ἐκεῖνο δὲ πέλαγος ὄντως, ἥτε περιέχουσα αὐτὸ γῆ παντελῶς ἀληθῶς ὀρθότατ' ἂν λέγοιτο ἤπειρος. Ἐν δὲ τῇ Ἀτλαντίδι ταύτῃ νήσῳ μεγάλη συνέστη καὶ θαυμαστὴ δύναμις βασιλέων, κρατοῦσα μὲν ἁπάσης τῆς ἠπείρου. Πρὸς δὲ τούτοις, ἔτι τῶν ἐντὸς τῇδε Λιβύης μὲν ἦρχον ἄχρι πρὸς Αἴγυπτον · τῆς δὲ Εὐρώπης μέχρι Τυῤῥηνίας. Αὕτη δὲ πᾶσα ξυναθροισθεῖσα εἰς ἓν ἡ δύναμις τόν τε παρ' ὑμῖν καὶ τὸν παρ' ἡμῖν καὶ τὸν ἐντὸς τοῦ στόματος πάντα τόπον μιᾷ ποτ' ἐπεχείρησεν ὁρμῇ δουλοῦσθαι. Τότε οὖν ὑμῶν, ὦ Σόλων, τῆς πόλεως ἡ δύναμις εἰς ἅπαντας ἀνθρώπους διαφανὴς ἀρετῇ τε καὶ ῥώμῃ ἐγένετο. Πάντων γὰρ προστᾶσα εὐψυχίᾳ καὶ τέχναις ὅσαι κατὰ τὸν πόλεμον, τὰ μὲν τῶν Ἑλλήνων ἡγουμένη, τὰ δ' αὐτὴ μονωθεῖσα, ἐξ ἀνάγκης, τῶν ἄλλων ἀποστάντων, ἐπὶ τοῖς ἐσχάταις ἀφικομένη κινδύνους, κρατήσασα μὲν τῶν ἐπιόντων, τρόπαια ἀνέστησε, τοὺς δὲ μήπω δεδουλωμένους διεκώλυσε δουλωθῆναι. Τοὺς δ' ἄλλους ὅσοι κατοικοῦμεν ἐντὸς ὅρων Ἡρακλείων, ἀφθόνως ἅπαντας ἠλευθέρωσεν. Ὑστέρῳ δὲ χρόνῳ σεισμῶν ἐξαισίων καὶ κατακλυσμῶν γενομένων, μιᾶς ἡμέρας καὶ νυκτὸς χαλεπῆς ἐλθούσης, τότε παρ' ὑμῶν μάχιμον πᾶν ἀθρόον ἔδυ κατὰ γῆς, ἥτε Ἀτλαντὶς νῆσος ὡσαύτως κατὰ τῆς θαλάσσης δῦσα ἠφανίσθη. Διὸ καὶ νῦν ἄπορον καὶ ἀδιερεύνητον γέγονε τοὐκεῖ πέλαγος, πηλοῦ καταβραχίος ἐμποδὼν ὄντος, ὃν ἡ νῆσος ἱζομένη παρέσχετο. *Tim.*, p. 12-13.

étroitement entre eux. Nous allons voir sous l'empire
de quelles idées on les a réunis et comment a pu se
former cette tradition des vieux jours.

L'antiquité, qui était plus près que nous des moments solennels de la genèse terrestre, a toujours paru
préoccupée du souvenir imposant des perturbations à
travers lesquelles le monde a passé. Les histoires anciennes, les vieilles poésies surtout en fournissent mille
preuves. Les poëtes ont mieux traduit en général que
les historiens les révolutions primitives, et voilà pourquoi leur pensée se reporte souvent sur ces événements.
Les philosophes en ont parlé aussi. Le texte du Timée,
que nous examinons, nous en offre un exemple. L'antiquité croyait non-seulement que de pareilles convulsions avaient remué la terre; elle admettait aussi qu'elles
devaient se renouveler. Le prêtre égyptien le dit for-
mellement à Solon. Il résultait de cette idée une sorte
de philosophie de l'histoire, triste et lugubre. Toutes
les civilisations semblaient être placées entre deux tempêtes, qui devaient les emporter dans leurs tourbillons
et en effacer les traces; et comme l'antiquité savait bien
moins que nous l'âge des races humaines, elle suppo-
sait avec une apparence de raison que ces révolutions
terrestres avaient déjà dû étouffer un grand nombre
de peuples. Elle voyait une nation éteinte ou perdue
partout où l'histoire et la tradition lui montraient
quelqu'un de ces changements physiques.

Maintenant il faut remarquer que l'Égypte, voisine
du Maghreb, devait connaître les changements qu'il
avait subis dans sa forme et sa constitution. Les se-

cousses qui avaient bouleversé l'Afrique septentrionale, quelques-unes du moins, avaient dû se faire sen-
tir jusqu'aux bords du Nil, et on en gardait le souvenir
dans ces sanctuaires d'Héliopolis, de Saïs et de Thèbes, qui étaient en quelque sorte l'asile des traditions primitives. Le prêtre égyptien avait raison dans
une partie de son récit : il avait existé en effet, dans
une époque reculée, une grande île entre l'Afrique
et l'Asie, en face du détroit des colonnes d'Hercule.
Cette île, nommée Atlantide, était formée par le plateau de l'Atlas, que les flots devaient envelopper,
comme nous l'avons vu, et qui avait ainsi une physionomie insulaire. Le récit égyptien offre ici la plus
grande précision géographique. Cette île n'existait plus
quand le prêtre parlait, et elle avait cessé d'exister depuis longtemps. Évidemment elle avait disparu dans
les bouleversements dont le bassin de la Méditerranée
avait été le théâtre. Voilà ce que dit le mythe ; il est
encore ici dans l'histoire, mais il l'exagère en la traduisant ; sans doute, il n'y avait plus d'île ; le plateau
de l'Atlas se trouvait rattaché au continent ; sa forme
avait changé ; mais il existait encore, malgré les muti-
lations que cette révolution avait dû lui faire subir.
Cette exagération, que nous trouvons dans les paroles
du prêtre de Saïs, s'explique facilement, comme on le
voit ; on pourrait peut-être en chercher ailleurs la
source. Depuis que l'Europe pénètre dans les langues
de l'Orient, on a observé que les idées indiennes
avaient exercé une grande influence sur la géographie
primitive. La croyance d'une grande île située à l'Oc-

cident était commune parmi les Indiens, et faisait partie en quelque sorte de la géographie religieuse et sacrée de l'Inde[1]. Cette île fabuleuse était le séjour des bienheureux. Du sein de l'Inde, cette croyance se répandit dans les pays occidentaux. L'antiquité crut généralement à une île de ce genre; elle la chercha partout : sa place était marquée à l'Occident. Le souvenir vague et lointain des déchirements qui avaient mutilé le Maghreb, la destruction de l'île qu'il formait primitivement, purent le faire confondre avec cette autre île dont l'antique existence était reconnue, mais dont il était impossible de retrouver les traces. Ce rapprochement explique aussi pourquoi la légende a donné une aussi haute puissance à cette île; ceci ne répond évidemment à rien dans l'histoire. Aussi la plupart des écrivains d'Alexandrie qui ont commenté le Timée n'ont-ils vu dans cette partie du récit qu'un langage figuré[2]. D'ailleurs l'antiquité admettant, comme nous l'avons vu, la destruction de plusieurs mondes et de plusieurs peuples, pouvait bien forger une existence brillante à ces peuples perdus dans les gouffres des eaux ou dans les ruines des continents. De vieilles traditions, pleines de lugubres poëmes, durent rappeler ainsi plus d'une fois d'anciennes civilisations qui avaient disparu dans les convulsions du globe.

A la lumière de ces idées, il est facile d'apercevoir le véritable caractère des faits dont le Timée nous a con-

[1] Desborough Cowley, t. I, ch. 10.

[2] Voy. à ce sujet le *Commentaire* de Proclus, qui a résumé les travaux de ses prédécesseurs.

servé le souvenir. Les préoccupations de l'antiquité et
les influences de l'Inde ont pu présider à la conception de quelques-uns; les autres sont l'expression de la
vérité. Laissons ce peuple des Atlantes et leur puissance
et leur splendeur. Nous pouvons toujours affirmer,
avec Platon ou avec le prêtre de Saïs, l'existence, dans
des temps reculés, d'un île méditerranéenne, placée
en face des Colonnes d'Hercule, entre l'Asie et l'A-
frique. Nous pouvons affirmer encore la destruction
de cette île, au moins sous sa forme primitive, par
suite de grandes secousses ou de puissants ébranle-
ments. Peu importent maintenant les conceptions poétiques qu'on aura entées sur ces ruines; ce n'est là
qu'une partie secondaire du récit. La partie principale
appartient à l'histoire et elle se lie parfaitement aux
faits géologiques que nous avons déjà observés. C'est
une preuve de plus en faveur de cette idée que le
Sahara n'existe point sous sa forme originelle, et que
cette vaste zone de sables, où la vie manque depuis des
siècles, était autrefois le bassin d'une mer qui a dû
s'écouler dans l'Océan. L'Afrique septentrionale n'a
donc pas aujourd'hui, de ce côté, son ancienne physionomie. Elle y était autrefois baignée par des flots,
et maintenant elle s'y rattache par ce grand membre
du désert au système africain proprement dit.

Si nous rassemblons tous les faits qui précèdent,
ainsi que les observations qui les accompagnent, il
nous sera facile de rétablir la forme primitive du
Maghreb. Un rameau de l'Atlas le rattachait à l'Europe,
il a été brisé; une mer baignait ses lignes méridio-

nales, elle a disparu. Les commotions qui ont amené cette double révolution géologique ont agi peut-être simultanément; c'est peut-être la même secousse qui a relié le Maghreb à l'Afrique et l'a séparé de l'Europe, en mutilant les rivages et semant des groupes d'îles à travers la Méditerranée. Ici nous ne pouvons pas affirmer, nous n'avons que des conjectures; mais il reste toujours établi que l'Afrique septentrionale a été tourmentée au nord et au sud par de grandes crises, et qu'elle n'a point la figure qu'elle avait au sortir de ces révolutions générales qui ont marqué les premiers âges de notre planète, et qui l'ont jetée sous le soleil avec toutes les vies, tous les organismes qu'elle renferme.

De la constitution primitive de l'Afrique du Nord, nous pouvons passer à sa forme actuelle, dont il nous faut étudier les lignes principales et apprécier la signification et le caractère.

Isolée, comme nous l'avons vu, de la masse européenne, l'Afrique ne devait pas être connue aussi vite et aussi complétement que d'autres parties du monde. Toutefois elle a été le centre d'une vie trop puissante, pour avoir pu échapper, même dans l'antiquité, aux regards des investigateurs. On ne la connut d'abord que dans des limites étroites, puis le cercle s'agrandit; on aperçut enfin dans toute sa zone cette Afrique septentrionale que nous étudions.

Trois littératures, trois peuples semblent avoir eu pour mission de faire connaître dans ses traits généraux l'Afrique du Nord, les Grecs, les Romains et

les Arabes. Les conceptions géographiques de ces
peuples sur le Maghreb ont longtemps dominé et do-
minent encore l'esprit moderne. C'est à cette triple
source que nous puisons presque tous les documents
relatifs à l'Afrique septentrionale ; il faut s'y arrêter
d'abord : l'étude des lignes du sol africain, dans les limites où nous l'envisageons, nous deviendra plus facile, si nous savons apprécier sur ce point le travail
des Grecs, des Romains et des Arabes, qui ont devancé
et dirigé dans cette étude les investigations modernes. Notre but ici ne saurait être de considérer chez ces
trois peuples les divers géographes qui ont parlé de
l'Afrique septentrionale ; il nous suffira d'envisager
leur idées géographiques sur cette partie du continent
africain, d'en reproduire les principales faces et d'en
préciser la valeur.

La géographie grecque courut d'abord en quelque
sorte sur le bord septentrional de l'Afrique, comme le
commerce phénicien, qui lui fournit sans doute plus
d'un document. Quand Hérodote s'avança le long de
la côte jusqu'à l'antique OEa, et peut-être plus loin, il
parut tracer la marche de la science grecque sur le sol
du Maghreb. On doit regretter que l'historien d'Halycarnasse n'ait pas pénétré jusque dans Carthage ; il serait devenu l'interprète de toutes les idées qu'une navigation puissante avait dû répandre dans cette grande
ville, et un nouveau monde aurait été révélé à la
Grèce. Hérodote n'en aperçut qu'un côté, le côté
oriental, et il en décrivit les peuples et les mœurs avec
une exactitude que l'on peut vérifier tous les jours,

malgré la distance des siècles. Son livre ne se borne pas là : il y a dans sa Melpomène plusieurs idées générales qui ne sont pas moins justes. Nous avons déjà remarqué qu'Hérodote connaissait la nature du sol le long du Sahara, son aridité et les dépôts salins qui l'enveloppent dans toute sa largeur. Il paraît avoir connu aussi la route qui, passant à travers les oasis, a uni toujours le sud et l'ouest aux contrées orientales[1]. C'est ainsi, par exemple, qu'après Jupiter Hammon ou le Jupiter des Sables, qui semblait garder l'entrée du désert, il parle d'Augila, que dix jours de marche séparaient des Garamantes, voisins et ennemis de la race éthiopienne, c'est-à-dire de la race méridionale. Il connaissait de la même manière le Sahara, qui, d'après ses appréciations, s'étendait de Thèbes ou de l'Égypte jusqu'aux Colonnes d'Hercule, c'est-à-dire l'Océan[2].

Après Hérodote, la géographie grecque dans le nord de l'Afrique parut quelque temps s'arrêter. Il n'était

[1] Πρῶτοι μὲν ἀπὸ Θηβέων διὰ δέκα ἡμερέων ὁδοῦ Ἀμμώνισι...... Μετὰ δὲ Ἀμμωνίους, διὰ τῆς ὀφρύης τῆς ψάμμον δι' ἀλλέων δέκα ἡμερέων ὁδοῦ κολωνός τι ἁλός ἐστι ὁμοῖος τῷ Ἀμμωνίῳ καὶ ὕδωρ, καὶ ἄνθρωποι περὶ αὐτὸν οἰκέουσι· τῷ δὲ χώρῳ τούτῳ οὔνομα Αὔγιλά ἐστι...... Ἀπὸ δὲ Αὐγίλων διὰ δέκα ἡμερέων ἀλλέων ὁδοῦ ἕτερος ἁλὸς κολωνὸς καὶ ὕδωρ καὶ φοίνικες καρποφόροι πολλοί, κατάπερ καὶ ἐν τοῖσι ἑτέροισι· καὶ ἄνθρωποι οἰκέουσι ἐν αὐτῷ τοῖσι οὔνομα Γαράμαντες.... Ἀπὸ δὲ Γαραμάντων δι' ἀλλέων δέκα ἡμερέων ὁδοῦ ἄλλος ἁλός τι κολωνὸς καὶ ὕδωρ, καὶ ἄνθρωποι περὶ αὐτὸν οἰκέουσι τοῖσι οὔνομά ἐστι Ἀτάραντες... Μετὰ δὲ δι' ἀλλέων δέκα ἡμερέων ὁδοῦ ἄλλος κολωνὸς ἁλὸς καὶ ὕδωρ. **Hérodote, liv. iv.**

[2] Ὑπὲρ δὲ τούτων ἐς μεσόγαιαν ἡ Θηριώδης ἐστὶ Λιβύη, ὑπὲρ δὲ τῆς Θηριώδεος ὀφρύη ψάμμης κατήκει, παρατείνουσα ἀπὸ Θηβέων τῶν Αἰγυπτίων ἐπὶ Ἡρακληίας στήλας. **Ibid.**

pas facile d'aborder, de visiter surtout ce monde de l'Occident placé loin de la Grèce. On trouve peu de Grecs, disait Polybe, qui aient visité les contrées occidentales ; trop de périls sur terre et sur mer les en éloignaient, et quand ils y étaient conduits par l'intérêt ou par le hasard, leur science n'en profitait qu'à demi. Comment rester longtemps spectateur d'un pays occupé par des peuples barbares ou tristement désert ? Puis, quel obstacle dans la différence des langues ! C'étaient là de grandes difficultés. Néanmoins le nord de l'Afrique s'ouvrit insensiblement aux Grecs : les rapports des Hellènes de la Sicile avec les Carthaginois y contribuèrent puissamment. C'est à ces rapports qu'il faut attribuer le développement des idées géographiques de la Grèce relativement au Maghreb, après Hérodote et Scylax, qu'on peut considérer comme son contemporain. Ils apprirent ainsi à connaître la partie occidentale de cette grande zone ou la Mauritanie. Grâce au Périple d'Hannon, qui leur vint par la même voie, ils aperçurent les côtes de l'Océan au delà de l'Afrique, et purent en tracer vaguement les lignes. On a sans doute, comme nous le verrons plus bas, exagéré l'importance du récit d'Hannon ou peut-être des idées qui auront été produites sous le nom de ce célèbre Carthaginois. Quoi qu'il en soit, ce Périple découvrit aux Grecs la partie de l'Afrique du Nord que baigne l'Océan [1].

---

[1] Voy. les *Géographes anciens* d'Hudson. On peut voir aussi Falconer, qui a publié une traduction anglaise du Périple avec le texte et l'ouvrage suivant de Campomanes : *Antiguedad maritima de la republica de*

Avec Strabon et Ptolémée, la lumière pénétra dans le centre, qui avait déjà été ouvert, quand ils écrivaient, par les armées romaines : Strabon se fit l'interprète d'une géographie plus éclairée et mieux instruite que celle qui avait dominé jusqu'alors dans la littérature grecque. Ptolémée passa dans un milieu déjà connu ; mais, placé en Égypte dans un foyer où se perpétuait ce commerce, qui marchait sans cesse dans l'Afrique du Nord, il obtint plus de détails et plus de noms. Il chercha d'un autre côté à donner aux idées des Grecs, sur le continent africain, une forme plus précise, un caractère plus scientifique.

Malgré ces travaux et quelques autres que nous ne nommons point, les Grecs ne connurent jamais que très-imparfaitement l'Afrique septentrionale ; l'intérieur leur échappa en partie. On peut croire qu'ils aperçurent la frontière méridionale, mais ce ne fut qu'à travers les traditions vagues et incertaines qui semblaient appeler l'esprit dans d'immenses horizons sans fournir à la science des éléments sérieux. La zone de l'Afrique baignée par la Méditerranée fut proprement le théâtre des investigations grecques. C'est de là qu'ils aperçurent le Daran ou l'Atlas, qui joue un rôle si important dans le système géographique du Maghreb. Mais ils morcelèrent trop cette immense chaîne de montagnes, qui, d'après la pensée de Strabon, s'étend de la Mauritanie jusqu'aux Syrtes. Ils

---

Cartago, con el Periplo de su general Hannon, traducido del griego y ilustrado.

donnèrent en quelque sorte plusieurs charpentes os-
seuses à l'Afrique septentrionale. Leur regard s'égara
dans ces nombreux rameaux de l'Atlas qui s'épanouis-
sent de toutes parts; ils les rattachèrent à divers systèmes, ils les divisèrent comme ils devaient diviser les
peuples.

Ce ne fut pas là cependant l'erreur la plus grossière
des Grecs relativement à l'Afrique du Nord ; ils se
trompèrent aussi sur la figure et le développement de
ses lignes dans la Méditerranée. Le continent africain
ne semble présenter du côté du Nord qu'une arête roide
et inflexible; cette arête pourtant, malgré sa sévérité,
fléchit quelquefois. Il en résulte un système de caps et
de golfes dont les saillies et les enfoncements inter-
rompent de distance en distance la rude uniformité
de ces rivages. Les Grecs ne surent pas les voir, et ils
redressèrent maladroitement ces lignes brisées. Dans
cette conception erronée, les havres et les promon-
toires disparaissaient ou tendaient à disparaître ; mais
la navigation, qui s'attachait aux côtes, suivait toujours
les inflexions du territoire, et, comme on apprécia ces
distances d'après ses calculs, le bassin de la Méditerranée fut trop prolongé vers l'Est. Cette double erreur
est surtout remarquable dans Ptolémée, que l'on peut
considérer comme l'interprète le plus savant de la
géographie grecque.

Les idées géographiques des Romains sur l'Afrique
du Nord appellent à peu près les mêmes observations
que celles des Grecs. On sait les rapports intimes qui
rattachent l'une à l'autre les deux littératures de la

Grèce et de Rome. Presque toutes les idées anciennes se sont produites sous cette double forme. Relativement à la question qui nous occupe, il est souvent difficile de distinguer les conceptions grecques des conceptions romaines. Les derniers géographes qui ont écrit dans la vieille langue des Hellènes ont pu puiser aux sources de la littérature latine, comme les premiers géographes latins dans celle des Grecs. C'est ainsi que Pomponius Méla semble un abréviateur de Strabon, et Strabon lui-même devait à la géographie romaine la plupart des notions qu'il a publiées sur l'Afrique septentrionale. Il faut en dire autant de Ptolémée, qui appartenait peut-être davantage à la littérature grecque, à cause de la méthode scientifique de ses écrits, mais qui avait emprunté un grand nombre de documents aux traditions romaines. Ces écrivains, que Rome peut réclamer en partie, n'expriment pas complétement ses idées sur le nord de l'Afrique. Indépendamment de plusieurs faits épars dans quelques livres, la géographie romaine sur l'Afrique septentrionale s'est perpétuée surtout dans un grand monument, l'ouvrage de Pline. Il est inutile de remarquer, après avoir cité ce nom, que les Romains connurent les lignes septentrionales du Maghreb, et même son bassin central. Pouvait-il en être autrement? Ces rivages furent visités par leurs flottes, ce territoire foulé par leurs armées. Ils le connurent donc comme les Grecs, et mieux que les Grecs. Ils se gardèrent de donner à la bordure septentrionale de l'Afrique cette forme brusquement arrêtée que lui donnait la Grèce. Ses golfes leur étaient trop connus pour qu'ils

pussent les effacer ainsi par une ligne droite. Ils n'al-
longèrent pas non plus le bassin de la Méditerranée,
parce que la géographie de Ptolémée n'eut pas le temps
d'agir sur eux. Les côtes océaniques du Maghreb furent
à peu près pour les Romains ce qu'elles avaient été
pour les Grecs. Ils ne pénétrèrent que tard dans cette
portion de l'Afrique septentrionale. Leur puissance
était déjà usée, la vie commençait à s'éloigner d'eux
quand ils portèrent leurs armes sur les confins de la
vieille Mauritanie[1]. Leur regard cependant put s'étendre
au delà de l'Atlas, au delà de ses cimes les plus élevées,
et apercevoir le désert. Une expédition hardie fit entrevoir à Rome ces immenses horizons[2]. Elle ne découvrit point des contrées bien éloignées de la chaîne
atlantique, mais elle toucha aux limites du Maghreb
du côté du sud. Une autre expédition lui montra
aussi le désert à l'est[3]. Chose remarquable! Rome,
dans ces deux mouvements militaires qui étendaient

[1] Romana arma primùm, Claudio principe, in Mauritaniâ bellavère.
PLIN., *Hist. Nat.*, lib. v, c. 1.

[2] Ventum constat ad montem Atlantem ; nec solùm consulatu perfunc-
tis atque è senatu ducibus, qui tùm res gessère, sed equitibus quoque
romanis, qui ex eo præfuère ibi, Atlantem penetrâsse in gloriâ fuit. *Id.,
ibid.* Plus loin, l'écrivain romain ajoute : Suetonius Paulinus, quem con-
sulem vidimus, primus romanorum ducum transgressus quoque Atlantem
aliquot millium spatio, prodidit de excelsitate quidem ejus quæ cæteri.
Id., ibid.

[3] Omnia armis Romæ superata et à Cornelio Balbo triumphata.... et
hoc mirum, supradicta oppida ab eo capta, auctores nostros prodidisse :
ipsum in triumpho præter Cydamum et Garamam, omnium aliarum gen-
tium, urbiumque nomina ac simulacra duxisse quæ iére hoc ordine : Ta-
bidium oppidum, Niteris natio... Mons Gyri, in quo gemmas nasci titulus,
præcessit. *Ibid.*, c. 5.

sa géographie vers le midi de l'Afrique, suivait la route des caravanes, qui rattachaient déjà dans l'antiquité, à travers le Sahara, les contrées inconnues du Soudan à l'Afrique septentrionale.

Malgré ces progrès, malgré ce regard d'aigle que Rome jetait de toutes parts sur cette grande zone, les Romains n'étudièrent pas mieux que les Grecs la physionomie générale de l'Afrique du Nord; ils ne songèrent point à examiner le rôle que jouent dans son vaste système les mers qui baignent son territoire, et les montagnes dont il est sillonné.

Les Arabes, qui sont, après les Grecs, nos guides et nos maîtres dans la géographie de l'Afrique du Nord, nous ont laissé des travaux plus variés et plus complets. L'Afrique septentrionale se produit de mille manières dans leurs livres. Tantôt ils en parlent sous des couleurs poétiques, tantôt sur un ton didactique et sévère; une autre fois, en voyageurs qui racontent ce qu'ils ont vu. Cela va si bien au génie de l'Orient!

Dans les conceptions de Massoudi, qui a fait du monde un oiseau immense, une espèce d'aigle gigantesque s'épanouissant au soleil, l'Afrique vient la dernière. Elle est la queue de l'oiseau, qui a la tête à Médine, comme le réclame l'honneur de l'islam. Le Maghreb, ou l'Afrique septentrionale, doit être considéré comme une partie de la queue, comme une grande plume que l'oiseau universel baigne dans les mers, au milieu des tempêtes de l'Océan et de la Méditerranée[1].

---

[1] L'ouvrage d'Abou'l-Hassan Aly Massoudi est connu sous le titre sui-

Édrisi a envisagé l'Afrique du Nord sous un point
de vue plus scientifique, mais presque aussi bizarre.
Le globe, pour cet écrivain, est comme un vaste échiquier. La fantaisie arabe respire encore sous cette
forme. Le monde d'Édrisi est divisé en climats, qui
contiennent plusieurs zones; ces zones sont distribuées
elles-mêmes en un grand nombre de carrés. Édrisi,
ou l'auteur de la géographie nubienne, comme on
l'appelle improprement en Europe, parcourt les zones
du sud au nord, et les carrés qui les partagent d'occident en orient. L'Afrique septentrionale se trouve
ainsi morcelée dans son livre; l'unité de la masse
disparaît au milieu de ces divisions qui ne s'appuient
point sur le sol, et qui changent les horizons sans
consulter la terre [1].

Dans le récit de ses longs voyages, Ebn Batouta a
mêlé au tableau des événements qui remplissent sa
vie des notions géographiques sur le Maghreb, principalement sur sa partie occidentale [2]. Le genre de ce

---

vant : *Les prairies d'or et les mines de pierres précieuses*, ou, comme dit
le texte, مروج الدهب ومعادن الجوهر. C'est un de ces vastes recueils
si familiers à la littérature arabe. Il n'a pas un caractère purement géographique : l'histoire, la chronologie et l'astronomie elle même y occupent
une place considérable. M. de Guignes a publié un travail très-intéressant
sur Massoudi et son ouvrage dans la collection des *Notices et Extraits des
manuscrits de la Bibliothèque du Roi*, t. I, p. 1–67.

[1] *L'amusement de l'amateur de la science*, ou نزهة المشتاق, par
Abou Abd-Allah Mohammed el-Edrisi. Voy. la traduction française de ce
livre dans le Recueil de voyages et de mémoires de la Société de Géographie de Paris, t. V et VI.

[2] Un abrégé des voyages d'Ebn Batouta a été publié en Angleterre sous
ce titre : *The travels of Ibn Batuta translated from the abredged arabic*

voyageur célèbre se retrouve à chaque instant dans les monuments de la littérature arabe.

Mais ce n'est pas seulement sous ces trois formes, qui se répètent plus ou moins dans un grand nombre d'ouvrages, que les Arabes nous ont montré l'Afrique septentrionale : de nombreux dictionnaires lui ont été consacrés. Les uns s'appuient sur l'astronomie, tel que le *Livre des Longitudes*; les autres sur la philologie, tel que le *Livre des Homonymes*[1]. Il y en a plusieurs qui sont purement descriptifs, et c'est à cette source qu'il faut rapporter les travaux de ce genre devenus si communs dans les littératures de l'Occident.

Enfin la géographie du Maghreb a été envisagée par les Arabes au point de vue grec et romain, c'est-à-dire d'après les grandes divisions naturelles ou politiques. Abu'l-féda, l'un des écrivains les plus illustres de l'islam, s'est rattaché à cette conception, et c'est peut-être le meilleur guide que l'on puisse suivre pour la géographie de l'Afrique septentrionale. Il faut lui accorder sous ce point de vue la même place qu'à Ptolémée parmi les Grecs, et à Pline parmi les Romains.

Nous ne saurions nous arrêter ici à l'examen de ces

---

manuscript copies preserved in the public Library of Cambridge, with notes illustrative of the history, geography, botany occurring throughout the work, by the rev. Samuel Lee. Le commencement d'un travail plus complet a paru à Lisbonne. Voy. *Viagens extensas e dilatadas do celebre Arabo Abu Abdallah, mais conhecido pelo nome de Ben Batuta, traduzidas por Jose de Santo Antonio Moura.*

[1] كتاب المشترك ـ كتاب الاطوال . Ces deux livres sont cités souvent par Abou'l-féda. Voy. les travaux de ce géographe, et principalement la partie relative au Maghreb.

livres et de tous les autres qui se rattachent au même ordre d'idées. On peut dire en général que ces divers travaux, qui contiennent un grand nombre de notions sur l'Afrique du Nord, n'expriment nullement la physionomie générale de ce grand membre du globe. La science arabe s'éparpille trop aisément ; elle aime trop à se perdre dans des articles séparés, qui deviennent, pour ainsi dire, autant de contes. Les vues synthétiques échappent dans ce morcellement. Mais quelques reproches que l'on puisse adresser sur ce point à la géographie arabe, il faut dire que, par la masse de ses connaissances, elle est supérieure à celle des Grecs et des Romains. L'Afrique septentrionale se révèle mieux dans leurs récits que dans ceux de l'antiquité. Cela devait être. Les Arabes ne se sont point contentés, comme les Grecs, de courir sur le bord méridional de la Méditerranée ; ils ne se sont pas arrêtés, comme les Romains, au milieu des rameaux de l'Atlas. Au lieu de se présenter par le nord, comme ces peuples, ils abordèrent le Maghreb du côté de l'est, et parcoururent une grande partie de ses lignes méridionales. Cette différence explique assez la supériorité de leur géographie. Ils ont pu saisir ainsi mieux que les Grecs et les Romains l'aspect des contrées voisines du Sahara. L'Atlas ne les a point arrêtés. Leurs nombreuses tribus ont inondé ses vallées, et se sont étendues jusqu'à l'Océan. Arrivés en face du détroit, de cette porte des chemins, comme ils l'appellent, ils ne surent pas s'arrêter ; ils voulurent pénétrer plus loin : ce qui ne les empêcha pas de connaître la bordure océanique du

Maghreb. L'islamisme s'étendit sur ce rivage par suite de la grande expansion de la race arabe, et peut-être aussi des secousses qu'elle ressentit au milieu des querelles qui morcelèrent ce vaste empire dont la tête était à Bagdad.

Puissamment initiés à la géographie de l'Afrique septentrionale par la marche même de leur invasion, les Arabes apprirent encore à la connaître par leurs caravanes. Le commerce et la religion, ces deux grands ressorts du peuple de Mahomet, ont promené sans cesse à travers ce grand territoire les tribus arabes. Les hadjis, ou pèlerins, s'avancent continuellement de toutes les parties du Maghreb vers Iskandérïeh et Médinet en-Nébi. D'un autre côté, un double mouvement commercial, qui part de l'est et de l'ouest, relie le nord de l'Afrique aux contrées du Soudan. Le Maghreb est ainsi exploré de tous côtés. Les routes ouvertes par la religion ou le commerce sont les grandes voies des Arabes, et elles s'avancent plus loin que celles des Romains, parce que rien n'arrête cette énergie calme, grave et solennelle comme les horizons où elle se déploie. C'est là la source la plus féconde, il faut le dire, des connaissances géographiques des Arabes sur l'Afrique du Nord. Ebn Batouta, l'infatigable voyageur, vit toujours, et il renouvelle éternellement ses courses, pour raconter éternellement ce qu'il vient d'apercevoir. Sous ce rapport, il ne faut pas juger de la géographie des Arabes par les monuments que l'Europe en connaît. A côté de ces livres, il y en a d'autres qui lui échappent, et qui lui échapperont peut-être longtemps[1]. Puis, que de traditions, que de souvenirs s'ajoutent à ces livres! On ne saurait s'approcher des Arabes sans entendre retentir autour de soi, comme autant d'échos, toutes ces voix populaires. Il y a là une immense géographie qui n'est écrite nulle part, mais qu'on peut lire cependant partout.

Cette Afrique septentrionale, beaucoup mieux connue des Arabes que des Grecs et des Romains, doit être envisagée ici d'une manière plus exacte et plus rigoureuse, sinon dans ses détails, du moins dans sa forme générale. Nous savons déjà quelles sont ses limites : des sables et des flots l'enveloppent de toutes parts. Peu épanouie sur la Méditerranée, plus concentrée encore sur l'Océan, elle n'offre que quelques anses qu'il est difficile à l'industrie humaine de transformer en ports. Derrière ces havres orageux, s'élève le Sahel, qui semble incliner d'un côté vers l'est, et de l'autre vers les régions occidentales. C'est dans cette zone, où la vie déborde, que s'élève un grand nombre de villes où tous les souvenirs se mêlent, où les ruines se confondent avec les ruines, vastes et puissants ossuaires qui renferment dans leur sein les restes de plusieurs civilisations. L'Atlas, l'antique Daran, déroule ses chaînes autour de ses villes ; il les enveloppe solennellement du côté du sud, et tant de peuples se sont

---

[1] Il existe dans nos possessions africaines, entre les mains d'un grand nombre de familles arabes, des manuscrits assez précieux pour l'histoire et pour la géographie. C'est un fonds de richesses littéraires qu'il ne faut pas aborder sans précaution, mais qu'on ne doit pas non plus dédaigner. Ces manuscrits sont ordinairement l'œuvre de marchands ou de pèlerins qui ont suivi les caravanes.

couchés dans ce bassin, qu'il apparaît là comme l'immense muraille d'un immense cimetière. L'Atlas n'est pas seulement une grande crête flanquée de chaînes parallèles, comme l'indique Strabon[1]; c'est un grand système de montagnes, qui semble être la base de toute l'Afrique du Nord, et qui attire à soi par un mouvement énergique cette masse puissante. Une partie du Maghreb, la partie la plus orientale, paraît résister à cette vigoureuse attraction. C'est un plateau séparé qui se détache du corps atlantique et semble courir vers l'Asie. Au delà de ce vaste faisceau de montagnes, dont les crêtes montent dans le ciel comme les flèches d'un immense édifice, le sol descend vers le désert. C'est en grande partie le Pays des Dattes, ou le Bilad el-Djerid, comme dit la géographie arabe. On aperçoit déjà dans cette zone la sécheresse et la stérilité des sables qui lui servent de limites. Une sorte d'harmonie sauvage y prépare le regard aux horizons vides et nus du Sahara.

L'Afrique du Nord se divise ainsi en trois bandes: le Sahel, le Daran et le Bilad el-Djerid. Le Daran, ou l'Atlas, forme le sommet de ce grand organisme terrestre; le Bilad el-Djerid et le Sahel peuvent être considérés comme les deux côtés. L'un descend vers le Sahara, et l'autre vers la Méditerranée, ou mer de Roum. La tête s'allonge vers la terre de Mesr, ou l'Égypte, et les extrémités plongent dans la mer des Ténèbres, ou mer de Ceinture, au sein de notre Océan.

---

[1] Τὸ δ' ὄρος διὰ μέσης ἐκτεινόμενον τῆς Μαυρουσίας.... μέχρι Σύρτεων... καὶ ἄλλα παράλληλα αὐτῷ. Strab., lib. XVII, c. 3.

Ces trois bandes qui composent l'Afrique septentrionale n'ont pas toutes aujourd'hui des centres puissants de population.

Du côté du désert, les tribus et les peuples flottent
comme les sables. A peine rencontre-t-on de loin en
loin quelque kasr, ou château, sur lequel s'appuie la
puissance d'un cheikh ou d'un émir. Le plateau des
montagnes présentait autrefois un grand nombre de
villes ; sans remonter plus haut, l'empire arabe y con-
struisit partout des châteaux et des cités. Des ruines
visitées par les vautours et les aigles de l'Atlas encom-
brent ces grands foyers où pullulait jadis la race humaine. Souvent même ces ruines ont disparu. Il reste cependant encore dans cette zone des centres vivants où
les peuples se pressent et s'agitent. En laissant Agh-
mat, qu'Édrisi a décrite avec pompe, mais qui a perdu
son ancien éclat, on peut citer à l'ouest Marrakesch,
ou Maroc, que la volonté puissante d'Youssef, fils de
Taschafin, éleva dans une grande plaine triste et solitaire où la vie manquait, ainsi que Faz, ou Fez, la ville
de la hache, comme l'indique l'étymologie arabe[1]. On
rencontre ensuite, en avançant vers l'est, Tlemsan, ou
Tlemsen, qui sut rattacher longtemps à ses destinées
une partie du Maghreb. Puis apparaît Madyah, ou
Médéah, que bâtit le premier chef Fatimite Obeïd-Allah
el-Madhy. Il faut nommer aussi Costhinah, ou Con-

---

[1] Abou'l-féda, *Description du pays de Maghreb* : ونقـل ابـن سعيـد
عن الحجازى انهم لما شرعوا فى حفر هلك المدينة وجدوا فأسًا فى
موضع الحفر فسميت بذلك.

stantine, avec son Rummel, qui, considéré du haut des murs, ressemble, d'après l'expression d'Abou'l-féda, à la queue d'une comète tournoyant dans l'abîme[1], et la ville des Biskris, ou Biskarah, qui renferme, suivant les écrivains orientaux, une population mêlée, au sein de laquelle domine toutefois l'élément berber.

Le véritable foyer de la vie humaine, dans le nord de l'Afrique, n'est pas dans le milieu où s'élèvent ces villes. Il faut le chercher sur le Sahel, dans le Berr el-Oudwah ou terre du passage.

Aujourd'hui, comme dans l'antiquité et le moyen âge, toute cette bordure méditerranéenne est semée de villes puissantes, pleines de mouvement et de bruit. A l'ouest, Tandjah ou Tanger semble regarder à la fois la mer de Roum et la mer de Ceinture. Elle assiste à leurs tempêtes comme elle a assisté à toutes les invasions qui ont passé sur ce territoire. Waran, l'Oran de notre conquête, se présente ensuite. Un peu plus à l'est, s'élève du milieu des rochers Djezaïr beni Mezghennân, le château de Khair ed-Din, l'ancien nid de corsaires, Alger la bien gardée, comme disent les Arabes, et comme nous devons dire nous-mêmes en face de l'Europe : cité berbère, qui s'est entée sur des ruines romaines, qui a reçu ensuite dans son sein les Arabes fugitifs de l'Andalous ou de l'Espagne, et qui avec ces Turcs, toujours ardents au meurtre et au pillage, s'est

---

[1] Abou'l-féda, *Description du pays de Maghreb* : وبقسطينة نهر يصب فى خندقها العظيم ويسمع لذلك دوى هآئل ويرى النهر فى قعر الخندق مثل دوابة النجم لشدّة ارتفاع قسطينة عن خندقها

dressée un jour sur les flots, comme une formidable menace de l'islamisme[1]. Après Djezaïr, vient Ennaba, la Bonah des écrivains orientaux, ou Bône, qui nous conduit à Tounous ou Tunis, sorte de ville permanente à côté des ruines de la Carthage de Didon et de celle de Gracchus. Athrabolos el-Gharb, ou le Tripoli de l'Occident, est le dernier nœud du côté de l'est de cette longue chaîne de villes maritimes, qui serre et étreint, vis-à-vis de l'Europe, les flancs de l'Afrique septentrionale. Quand on approche pour la première fois de ce rivage sévère, des images formidables se dressent sous les yeux. Ces villes repoussent au lieu d'attirer. Il semble qu'on puisse lire leur histoire sur les mers et les rochers qui les environnent, et on accuserait Dieu de les avoir faites pour les vautours et les pirates, si la Providence ne s'était pas justifiée par notre conquête.

De ces phénomènes particuliers remontons aux phénomènes généraux.

L'Afrique du Nord, par sa position et le caractère de son sol, est isolée de l'Égypte, qui a concentré toute sa vie sur les bords de son fleuve. A l'extrémité opposée, l'Océan, qui l'enveloppe, l'isole aussi des mon-

---

[1] Abu'l-féda, *Description du pays de Maghreb :* C'est pendant l'époque de la domination ottomane qu'Alger, ou, comme disent les Orientaux, جزائر بني مزغنّان, s'est appelée *la bien gardée*, ou المحروسة. Marmol a traduit les écrivains arabes quand il a dit : « Argel, que los Moros llaman Gezeyr de beni Mozganna, es una famosa ciudad, cabeça d'esta provincia, la qual fue edificada por un pueblo de Bereberes Affricanos llamado beni Mozganna, de donde los escriptores antiguos llamaron la ciudad Mozganna. »

Descripcion general de Affrica, t. III, p. 215.

tagnes placées au delà. Le Sahara, autre Océan, qui roule des sables au lieu de flots, lui sert à son tour de barrière du côté du sud et la sépare des contrées du Soudan, où germent vigoureusement, sous le soleil qui les brûle, les nombreuses variétés de la race éthiopienne. Ainsi, sur ces trois lignes, l'Afrique septentrionale semble placée en dehors de toute influence. Mais la Méditerranée devait verser sur ses bords le mouvement et la vie. Resserrée et groupée autour de son Atlas, l'Afrique du Nord, sans la Méditerranée, ne présenterait à nos regards qu'une masse inerte et immobile. C'est de la Méditerranée que sont venus l'activité, le travail et le bruit. La Méditerranée a porté dans le Maghreb presque tous les peuples qui l'ont envahi, depuis les colonies de Tyr jusqu'à celles que la France cherche à fixer aujourd'hui sur ces bords. L'Atlas, fortement assis sur sa base, l'Atlas avec cette vaste charpente, enracinée dans le sol, forme un contraste utile et harmonieux avec les ondes actives de la Méditerranée. Sans l'Atlas, aucun peuple ne serait resté debout sur cette terre de passage, dans ce foyer mobile de l'invasion. Il est bon, il est utile parfois que le mouvement parti de la Méditerranée s'arrête à cette barrière solennelle, qui monte de la terre au ciel. Il est bon aussi que l'immobile inertie de la montagne soit secouée de temps en temps par la mer ou par les races qu'elle porte. L'Atlas, comme nous le verrons plus loin, explique la permanence de la race primitive. La Méditerranée explique ces nombreuses invasions, qui commencèrent dans les temps reculés, et que la France poursuit aujourd'hui.

L'antiquité avait entrevu de bonne, heure cette double influence. Elle se trouve exprimée dans une des plus vieilles légendes que nous ait léguées l'Orient. Hercule, dans ses longues courses, débarqua, dit-on, un jour sur ces rivages, et il lutta vigoureusement contre Antée, fils de l'inerte Atlas. Dans ce vieux mythe, Hercule représente l'invasion voguant à travers la Méditerranée et se précipitant sur l'Afrique septentrionale. Il exprime le mouvement et l'activité. Antée, fils d'Atlas, au contraire, est le symbole de l'immobilité de l'ancienne race, qui s'appuie fièrement sur ce groupe de montagnes, et semble lui emprunter dans un contact intime ces formes graves et solennelles, cette rude et sévère expression qui la caractérisent.

Quelles que soient les destinées de l'Afrique septentrionale, quel que soit le pouvoir qui la domine, elle n'échappera jamais à ces deux influences de l'Atlas et de la Méditerranée. La vie humaine abondera toujours dans cette mer intérieure, où l'Europe s'épanouit en face du Maghreb et où les deux civilisations les plus fortes de l'antiquité ont trempé leurs puissantes racines. Les côtes de l'Afrique septentrionale sont trop étendues pour pouvoir être gardées sans péril. L'invasion a toujours son sillon tracé à travers cette mer. Sans doute la Méditerranée garantit l'Afrique dans les jours de tempête. Mais dans les moments de calme, lorsque la mer est d'huile, comme disent les Arabes, la Méditerranée devient un lac européen : elle trahit l'Afrique au profit de l'Europe. Heureusement que l'Atlas offre toujours un abri, du moins aux peuples qui ont eu le temps de s'appuyer sur sa masse. Ce double point de vue explique l'histoire de l'Afrique du Nord. Il éclaire en même temps son passé et son avenir.

Nous devons signaler ici une autre influence qui pèse sur l'Afrique septentrionale et entrave ses destinées.

Les fleuves, on le sait, jouent un rôle immense dans l'histoire des peuples. Ces chemins qui marchent, d'après un mot célèbre, sont surtout utiles dans un pays rudement accentué, à travers un sol abrupte et difficile. Ils deviennent en quelque sorte les veines de ce grand corps, et la vie, se répandant à longs flots dans ces puissantes artères, anime et dilate l'organisme jusque dans ses extrémités. L'Afrique septentrionale manque de fleuves. Les rivières qui la sillonnent suffisent à sa riche végétation. Mais elles ne sauraient relier entre elles les diverses parties de ce grand système. Les bassins de ces rivières sont trop étroits pour que la vie puisse y passer. Si ces veines étaient plus fortes, l'Atlas se rattacherait par elles à la Méditerranée. La résistance serait plus près de l'attaque. Le Maghreb aurait une physionomie moins arrêtée, et l'homme y serait plus libre, plus puissant en face des énergies formidables de la nature [1].

---

[1] «Si, parmi les langues, celles-là l'emportent qui répondent par la variété de leurs inflexions, par la richesse de leurs tours, par la souplesse de leurs formes, aux besoins infinis de l'intelligence, ne jugerons-nous pas aussi qu'en géographie certaines contrées ont été dessinées sur un plan plus heureux, mieux découpées en golfes et ports, mieux limitées de mers et de montagnes, mieux percées de vallées et de fleuves, mieux articulées, si je l'ose dire, c'est-à-dire plus capables d'accomplir tout ce qu'en voudra tirer la liberté?»

MICHELET, *Introd. à l'Histoire universelle*, p. 20.

Ce défaut de fleuves, que l'on cherche en vain dans l'Afrique du Nord, et qui manquent, si on peut le dire, à ses harmonies, n'a pas eu pour unique résultat d'empêcher l'unité de territoire; elle a contribué, comme ces montagnes jetées de part et d'autre, à séparer la vie de ses peuples, et à les maintenir dans l'isolement. Presque partout l'humanité a rencontré des centres puissants, d'énergiques foyers qui ont groupé successivement les divers membres des grandes races. Dans l'Afrique du Nord, les membres sont restés épars. La famille a produit la tribu; mais la tribu a été presque toujours, au moins dans la race primitive, l'expression la plus générale de la société. C'est que les attractions ont manqué. Il y en aurait eu avec des fleuves.

Tel est le milieu où se sont produits les peuples les plus puissants de l'antiquité et des temps modernes. Ce bassin, qui n'est, comme nous l'avons dit, qu'une partie de l'Afrique, semble cependant avoir concentré en lui toute la vie africaine. L'Égypte a été sans doute à plus d'une époque le foyer d'un grand mouvement politique; mais, par une attraction étrange, que sa géographie explique du reste, elle incline moins du côté de l'Afrique que du côté de l'Asie. Aussi les anciens, et Hérodote le premier, semblaient-ils la considérer comme un appendice du sol asiatique. La même idée s'est reproduite chez les Arabes. Les uns et les autres, dans cette erreur, qui n'est qu'apparente, ont montré qu'ils connaissaient profondément l'Égypte. Cette partie de l'Afrique semble, en effet, détachée du reste de la masse. Le fleuve qui la traverse et la féconde court du sud au nord, sans la relier par des affluents aux contrées occidentales. Les événements politiques l'ont rattachée quelquefois au continent africain, mais elle n'a pas tardé à s'en isoler pour incliner vers le monde asiatique. De nos jours encore, n'obéit-elle pas à un mouvement semblable? ne regarde-t-elle point l'Orient? L'Égypte n'est pas seulement un don du Nil, comme disaient les Grecs[1]; elle est encore un don de l'Asie. Le Soudan, ou l'Afrique méridionale, a un autre caractère; il est vraiment africain. Mais les générations humaines semblent avoir sommeillé dans cette zone. Quel que soit le zèle de l'historien, il faut bien qu'il s'arrête devant le Sahara, en face de ces sables qu'une évolution éternelle emporte vers l'occident. Peut-il aller demander aux peuples de l'Afrique méridionale, de ce Soudan qui semble déshérité, des nouvelles d'un passé qui n'existe pas même pour eux? L'humanité paraît végéter plutôt que vivre dans ces contrées stériles. Les peuples, accablés par le climat, y rampent, au lieu d'y marcher. Attendons qu'ils se lèvent.

Dans l'Afrique septentrionale, ils se sont levés depuis quarante siècles au moins, ou plutôt ils ont vécu presque toujours debout entre la Méditerranée et l'Atlas. Leur foyer nous est maintenant connu. Ils peuvent venir et se montrer successivement à nos regards. Que la Méditerranée les apporte et que l'Atlas les repousse, nous ne saurions en être surpris : le mythe d'Hercule

---

[1] Hérodote, liv. i.

et d'Antée doit se renouveler plus d'une fois sous nos yeux avant que la France vienne le reprendre. Puisse-t-elle unir dans ses heureux efforts la montagne et la mer! puisse-t-elle réconcilier enfin la Méditerranée et l'Atlas, et les rattacher l'un à l'autre dans une étreinte harmonieuse et féconde!

CHAPITRE II.

De la race primitive de l'Afrique du Nord, ou race Libyenne. — Source et
origine de ce nom. — Synonymie historique du mot Libyen et du mot
Barbar ou Berber. — Premier foyer de la race Libyenne en Asie. — Ses
immigrations dans l'Afrique septentrionale.

Dès que l'on remonte le cours des temps, on est sûr
de rencontrer à l'origine de toutes les histoires quelqu'une de ces nations antiques dont la figure se dérobe
presque entièrement à travers les ombres flottantes du
passé. Ces souches primitives, sur lesquelles sont entées les races humaines, ne sont pas toujours suffisamment indiquées dans les monuments et les traditions.
La distance des siècles nous empêche de les apercevoir
clairement. Le mouvement compliqué de l'histoire s'y
oppose encore. Plusieurs peuples, plusieurs couches
de peuples, si on peut le dire, nous séparent de ces
vieilles races que nous rencontrons à l'origine du
monde historique. L'ethnographie d'un pays, s'il s'a-
git du moins d'un vaste bassin comme celûi de l'Afrique du Nord, ressemble à une série de végétations
qui se couvrent et s'enveloppent successivement. Comment remonter sans peine jusqu'à la première de ces
végétations progressives, à travers lesquelles s'accomplit avec une sorte d'économie divine le développement de l'humanité?

Le premier peuple qui se présente à nos regards dans l'Afrique septentrionale a été désigné sous divers noms, mais principalement sous celui de Libyen. Il serait important de pouvoir remonter jusqu'à la source de cette dénomination ethnographique, et d'en fixer le caractère. D'où vient-elle? A quelle langue doit-on la rattacher? Quelle est sa signification véritable? Voilà des questions qu'il faut résoudre avant d'envisager en lui-même ce vieux peuple, qui a imprimé sa trace avant tous les autres dans l'Afrique septentrionale, et ouvert à l'histoire ses horizons splendides.

On peut reconnaître d'abord que le mot Libyen, comme celui de Libye, auquel il se rattache, n'est pas une création des langues et des littératures modernes; il a sa racine dans l'antiquité. Les Romains l'employaient il y a dix-huit siècles et davantage; les Grecs l'avaient employé avant eux. Il se trouve à chaque instant dans Hérodote, Scylax et Strabon [1]. On le rencontre aussi dans Homère, qui les a précédés de si loin. Pline dit quelque part que c'est une expression grecque; ce sont les Grecs, d'après son témoignage, qui ont donné à l'Afrique le nom de Libye [2]. Cette affirmation est trop absolue, à notre avis. Rien n'établit que le mot Libye ait une origine purement hellénique.

[1] Νέμεται δ' ἔθνη τὴν Λιβύην τὰ πλεῖστα ἄγνωστα, dit Strabon. On peut voir Scylax, Hérodote, et les autres écrivains grecs ou latins, dans la partie de leurs ouvrages relative à l'Afrique. Le mot Λιβύη, Libya ou Libye, s'y trouve reproduit à chaque instant.

[2] Africam Græci Libyam appellavère, quà mare antè eam Libycum incipiens Ægypto finitur. PLIN., *Hist. natur.*, lib. III, c. 1.

Les Grecs ont bien dans leur mythologie une femme désignée sous ce nom[1]; mais il était dans les habitudes de leur esprit de donner aux problèmes historiques et géographiques une de ces solutions gracieuses. C'est ainsi qu'ils ont rendu compte des mots Europe et Asie. Dès qu'une difficulté se présentait, le génie grec accourait avec une de ses créations ; il posait sur la difficulté la figure resplendissante d'une femme, et la mystérieuse origine était expliquée. Ces étymologies séduisantes ne sauraient nous satisfaire. Nous ne croyons pas non plus que le mot Libye doive s'expliquer, comme le voulait le moyen âge, en répétant Varron, par le mot Libs, qui désignait, dans l'esprit des anciens Hellènes, ce vent du sud-ouest que la langue romaine indiquait sous le nom d'africain[2]. Il serait peut-être plus exact de dire que le mot Libs vient du mot Libye. N'est-ce pas une contraction du mot Libus ou Libyen? Les Romains, dans ce cas, n'auraient fait que copier les Grecs, comme ils l'ont fait presque toujours, en donnant le nom d'africain à ce vent qui leur apportait de si rudes tempêtes[3].

On ne saurait donc expliquer complétement par la langue grecque l'appellation dont nous cherchons l'origine, et en même temps la signification et le caractère. Est-il plus sage de la rapporter à l'ancienne langue

---

[1] Il y a, dans les traditions poétiques de la Grèce, une fille d'Épaphe appelée Libye. Voy. Eustath.

[2] C'est ainsi que l'explique Isidore dans *ses Origines.*

[3]   Certantem Icariis fluctibus Africum.

HORAT., Od. I.

égyptienne, continuée par les Coptes ? Dans les livres
de ce peuple, on voit les Libyens désignés sous le nom
de Niphaïat, qui peut être considéré comme une forme
plurielle du mot Phut que nous donne la Génèse, et
qui semble indiquer la race dont Phut est la souche
dans l'antique famille de Cham ou de Ham. Les Grecs,
qui confondaient facilement les lettres, ont pu entendre Liphaïat, au lieu de Niphaïat. Le mot de Libuès ou
Libyens semble venir ensuite naturellement [1].

Quellé que soit l'autorité de cette étymologie, il est
permis de croire que ce n'est point là la véritable
source du mot que nous examinons. L'histoire primitive et la philologie orientale nous en présentent deux
autres qui nous semblent meilleures. On lit dans la
Génèse que Mesraïm engendra Laabim [2]. Mesraïm,
dont le nom se perpétue dans celui de Mesr, rappelle
l'Égypte, et on doit placer à l'ouest de cette contrée,
c'est-à-dire dans l'Afrique septentrionale, le peuple

---

[1] Il n'est nullement nécessaire d'admettre, comme on l'a fait de nos
jours, qu'il y a identité entre les deux noms de Libuès et de Niphaïat,
et que, s'ils paraissent aujourd'hui distincts, il faut attribuer ce résultat à l'une de ces altérations si communes dans l'histoire des langues,
surtout en Orient, où les systèmes graphiques ont été toujours moins sûrs
que chez les peuples occidentaux. Moïse distingue Phut et Laabim, qui
ont dû fournir les deux noms de Niphaïat et de Libuès, ou Λιβύες, et qu'on
peut considérer avec quelque raison comme les pères de la race primitive
de l'Afrique septentrionale. C'est ce qui explique pourquoi les mots Laabim ou Lubim et Phut servent également à désigner dans la Bible les
anciens habitants du Maghreb. « Præterea Libyes in aliis Scripturæ locis
appellantur פוט *Phut*, vel לובים *Lubim*. Boch., *Géog. sacr.*, t. I, p. 279.

[2] At vero Mesraim genuit Ludim et Anamim, et Laabim, Nephthuim.
Gen., cap. 10, v. 13.

dont Laabim fut la souche. Suivant Bochart, les mots
Libye et Libyen n'auraient point cette signification
ethnographique ; ils désigneraient seulement la nature
du sol et du climat de cette zone brûlante et stérile,
voisine de l'Egypte, où l'antiquité grecque dut apercevoir pour la première fois la race libyenne[1]. On peut
accepter ces deux explications. Dans le premier cas,
le nom de Laabim aura indiqué quelque tribu de cette
grande famille ; dans le second, il aura désigné le territoire de cette tribu, et, par suite, la tribu elle-même.
Les Grecs l'ont reproduit en le prenant à l'une de ces
deux sources ; ils l'ont étendu ; ils l'ont vulgarisé.
C'est ainsi qu'il y a quelque vérité dans la citation de
Pline que nous rappelions tout à l'heure. Sous ce point
de vue, il est exact, il est historique de dire que les
Grecs ont donné à l'Afrique le nom de Libye.

Il peut être utile d'examiner maintenant si ce nom

---

[1] Le savant auteur de la *Géographie sacrée* observe que c'était proprement aux Libyens orientaux, c'est-à-dire à la portion de cette race la plus
voisine de l'Égypte, que s'appliquait le nom de Lehabæi, ou Libuès. Or,
le mot לְהָבָה, ou *lehabah*, qui répond à notre mot chaleur, semble convenir parfaitement à cette partie de l'Afrique du Nord qui se rapproche le
plus de l'Orient, terre nue et aride, où la vie manque presque partout, et
où rien ne protége l'homme contre le soleil.

> At quæcumque vagam Syrtin complectitur ora
> Sub nimio projecta die, vicina perusti
> Ætheris, exurit messes, et pulvere Bacchum
> Enecat et nullà putris radice tenetur.
> Temperies vitalis abest, et nulla sub illà
> Cara Jovis terra est : naturà deside torpet
> Orbis, et immotis annum non sentit arenis.
>
> LUCAN., lib. IX.

fut en usage chez le peuple primitif de l'Afrique du
Nord, si ce peuple désignait ainsi son territoire, et si
c'était là son titre national. On peut en douter. Il
semble que ce mot, répété au dehors, n'eut jamais
d'écho, retentissant du moins dans le pays. On ne le
retrouve pas dans les débris qui sont restés, comme
nous le verrons, de ce vieux peuple appelé Libyen;
et il est impossible d'en découvrir quelque trace au
milieu de ses tribus, qui semblent avoir vécu toujours
à l'écart, loin de toutes les secousses des conquêtes et
des invasions. Dans ce milieu, au contraire, comme
parmi les membres de cette grande race qui·ont été
heurtés par les étrangers, on trouve, à la place du mot
Libyen, un nom plus étendu, qui appartient à la fois
à l'Afrique et à l'Asie, celui de Berber ou Barbar.

On ne doit point s'étonner que ce nom de Berber,
qui retentit aujourd'hui dans le monde, ait été longtemps voilé, pour ainsi dire. Les Grecs purent très-bien
l'ignorer. On a vu qu'ils ne firent que toucher, primitivement du moins, le rivage africain, et cependant,
par un singulier hasard, ou plutôt par cette royauté du
génie qu'ils exercèrent au milieu des sociétés antiques,
ils fixèrent en quelque sorte la langue de la géographie
africaine, en empruntant plus d'une fois à l'Orient des
mots qu'ils ne comprenaient pas, mais qu'ils jetaient
dans le moule divin de leur idiome pour les en faire
sortir avec des formes harmonieuses. Mis en contact
avec quelques tribus de l'Afrique du Nord, les Grecs
pouvaient connaître leurs noms sans arriver jusqu'à
celui de la race. Ils virent quelques rameaux de la

souche, et ils les nommèrent sans doute en interprètes fidèles, autant que leur ignorance le permettait ; mais, dans leur précipitation, ils étendirent à toutes les parties de l'arbre le nom peut-être de la première branche qu'ils avaient aperçue, ou du sol qu'elle couvrait, et ils n'eurent pas le temps de corriger cette erreur. Les Carthaginois auraient pu le faire : leurs rapports avec les indigènes furent plus nombreux ; ils pénétrèrent plus profondément dans la masse des tribus africaines. Mais tous les monuments de leur civilisation et de leur science ont disparu. Les Romains, qui purent planter leurs aigles sur l'Atlas et dans le Fezzan, touchèrent en quelque sorte au foyer de la race ; mais ils n'y apportèrent guère l'amour de la philologie ; et puis, esclaves imitateurs de la Grèce d'Homère et d'Hérodote, pouvaient-ils lui résister quand elle présentait une femme, une déesse, aux regards des philologues prêts à courir après un mot étranger ? Il était réservé aux Arabes de proclamer au dehors et de vulgariser le nom national des habitants primitifs de l'Afrique du Nord.

Mais aussi, grâce à l'isolement dans lequel ils avaient vécu, les Arabes n'étaient embarrassés d'aucun souvenir grec ou romain. D'un autre côté, ils n'entrèrent pas dans l'Afrique septentrionale, comme les peuples qui les avaient précédés. Maîtres de l'Égypte, ils se trouvèrent en rapport avec les tribus orientales de la race libyenne, qui avaient conservé mieux que les autres le nom primitif et dans leur course le long de la Méditerranée et de l'Atlas, ils passèrent dans le milieu même de cette antique famille. C'est ainsi qu'ils pu-

rent écrire l'histoire de ses tribus, livre utile et curieux, que l'on peut considérer comme l'un des mo-
numénts les plus remarquables de la littérature arabe [1].

Du reste, il ne faut pas croire que le peuple de Mohammed ait connu avant tous les autres le véritable
nom des Libyens; il semble que l'antiquité l'ait
connu, mais qu'elle se soit hâtée de la détourner de sa
signification. La qualification de Berber ou Barbar,
traduite en grec par Barbaros, dont les latins ont fait
Barbarus, était appliquée par les Égyptiens, comme le
rapporte Hérodote, à ceux qui ne parlaient pas leur
langue [2]. Ce devaient être les anciens Libyens, qui les
enveloppaient au sud pendant qu'ils s'étendaient à
l'est et à l'ouest sur les deux continents africain et asiatique. Les Grecs ne comprirent point qu'il y avait là
un nom propre, et voilà pourquoi ils se servirent de ce
terme dans un sens général, pour désigner les peuples
étrangers à leurs mœurs, à leurs idées et à leur civilisation. Il fut entendu de cette manière par les Ro-

[1] Ce livre fait partie du grand travail d'Ebn Khaldoun, dont nous avons
parlé dans l'introduction. Il a pour titre : *Les Exemples instructifs*, *ou
Recueil du sujet et de l'attribut, concernant les journées des Arabes, des
Persans et des Berbers;* ou, d'après le texte original : العبر وديوان
المبتدا والخبر فى ايّام العرب والعجم والبربر. L'ouvrage d'Ebn
Khaldoun se divise en trois traités : le premier est un ensemble de considérations philosophiques sur les sociétés humaines ; le second comprend
l'histoire des Arabes et celle des États contemporains depuis les temps primitifs; le troisième se rapporte à l'histoire des Berbers. Voy. SACY, *Chrestom.
arabe*, t. I, p. 370.

[2] Voy. Hérodote, liv. I. Par une analogie remarquable, le nom d'*Adjem*,
qui répond à celui de *barbares*, est donné aujourd'hui par les Arabes de
l'Afrique et de l'Asie à ceux qui ne parlent pas leur langue.

mains, qui lui conservèrent toujours ce caractère, et il s'est introduit ainsi dans les langues modernes, en se détachant de plus en plus de son origine.

Malgré ces altérations, il n'est pas impossible de prouver que ce vieux nom avait une signification nationale chez les Libyens. Dans son grand ouvrage sur les Tribus africaines, Ebn Khaldoun cite les Béranis, fils de Ber, fils de Tamla, fils de Mazig, avec lequel nous arrivons au Canaan ou Cam des récits mosaïques. C'est là sans doute la racine du mot Berber, qui ne fait que doubler le nom d'un des pères de la race [1]. Il ne faut donc pas chercher dans la langue arabe, comme le voudraient quelques écrivains de l'Orient et Ebn Kaldoun lui-même, le sens de cette expression ; elle n'indique point, ainsi qu'ils l'ont dit, le caractère de la langue de Libyens [2] ; elle ne désigne pas non plus leur position géographique [3]. Les historiens ara-

---

[1] Voy. *Nouveau Journal asiatique*, t. II. Il y a dans ce recueil un extrait du livre III d'Ebn Khaldoun dans lequel l'écrivain arabe cherche à expliquer le nom et l'origine des Berbers.

[2] Leur langue, dit le même historien, en parlant des peuples de race berbère, est une espèce de jargon barbare dans lequel on distingue plusieurs dialectes. Afrikis, fils de Kiis, fils de Saïfi, l'un des anciens princes Hymiarites de l'Yémen, ayant envahi la Mauritanie, donna son nom à l'Afrique. Lorsque ce roi eut vu ces peuplades étrangères, qu'il eut entendu leur jargon et qu'il en eut remarqué les différentes modifications, il s'écria tout surpris : ما اكثر بربرتكم « Que votre *berberat* est nombreux ! » Car le mot *berberat* signifie en arabe un mélange confus de sons inintelligibles. C'est pour cela qu'on les appela Berbers. T. II du *Nouveau Journal asiatique*.

[3] Léon l'Africain, t. I, liv. I. « D'autres sont de cette opinion que Barbare soit un mot réplique, parce que *bar*, en langage arabesque, signifie désert. »

bes, qui ont parlé de l'Afrique du Nord, ont été préoccupés quelquefois de souvenirs nationaux. La physionomie du Maghreb et les habitudes de ses peuples, au moins dans la partie orientale de cette zone, ramenaient leur esprit vers l'Arabie, et ils cherchaient trop à expliquer, par sa langue et par son histoire, ce qu'ils ne comprenaient pas directement. C'est ainsi qu'ils se sont trompés sur l'origine du mot *Berber* et sur sa véritable signification.

Mais leur erreur est bien moins grossière que celle des écrivains de l'Occident, qui ont voulu l'expliquer au point de vue grec et romain[1]; une pareille explication ne saurait être acceptée. Indépendamment des considérations qui précèdent et qui suffiraient pour la détruire, on peut dire qu'elle est en contradiction avec la chronologie et avec la langue géographique de l'antiquité. Comment l'admettre, en effet, sans ôter à la dénomination que nous appliquons à l'ancienne race libyenne ce caractère de haute antiquité qui lui appartient? C'est sous le nom de *Berbère* ou *Barbare* que cette vieille race a laissé partout des traces de son séjour dans l'Asie méridionale, ainsi qu'au sud de l'Égypte, à une époque

---

[1] C'est ainsi qu'un célèbre orientaliste l'expliquait encore, il y a quelques années, dans un mémoire lu devant l'Académie des Inscriptions. Cette idée se trouve reproduite dans plusieurs ouvrages contemporains; mais personne ne l'a traduite aussi énergiquement que l'écrivain espagnol Hædo : « Moros, Alarbes, Cabayles, y algunos Turcos, todos gente puerca, suzia, torpe, indomita, inhavil, inhumana, bestial ; y por tanto, tuvo por cierto razon el que da pocos años aca acustumbro llamar a esta tierra Barbaria. » *Histor. de Argel.*, édit. de Vallad., p. 126. Tous les auteurs espagnols n'entendent pas cette étymologie comme Hædo. Mariana, par exemple, semble plus près de la vérité : il écrit *Berveria*.

très-reculée. Son nom se trouve reproduit en partie ou bien complétement dans la géographie primitive de ces deux contrées [1].

Ainsi les Libyens sont pour nous les Berbers, et c'est sous ce nom qu'ils auraient dû être désignés. L'antiquité s'est trompée en le repoussant ou en le dénaturant comme elle l'a fait, et les écrivains des temps modernes ne se sont que trop égarés à sa suite.

Si l'antiquité, comme il semble, ne nous a point donné le nom national des premiers habitants du nord de l'Afrique, elle nous a moins fait connaître encore leur point de départ, le secret de leur origine. Les peuples anciens, en général, ont considéré les races primitives comme autochthones, c'est-à-dire nées sur le

---

[1] Il n'est pas difficile de prouver que les mots Βαρβαρία, Βαρβαρίκη, servaient à désigner anciennement certaines parties de l'Asie méridionale, et de l'Afrique orientale en même temps. Arrien et Ptolémée, sans parler de quelques autres écrivains, suffisent pour le démontrer. Le golfe Arabique, qui était le centre d'un grand commerce entre l'Orient et l'Occident, portait le nom de *Sinus Barbaricus*. La rhubarbe, qu'on prenait sur ses rivages, s'appelait *rha barbaricum* ou *rha Barbariæ;* on la distinguait ainsi de celle que fournissait le Pont, et qu'on nommait *rha ponticum*. Galien, parlant de quelques remèdes tirés de l'Éthiopie, dit: Ἀπὸ τῆς Βαρβαρίας; et on trouve ailleurs, dans le Périple de la mer Rouge, ces mots : ἱμάτια βαρβαρικὰ, pour désigner certaines étoffes venues du sud de l'Égypte. Ce qu'il y a de plus remarquable, c'est que le même nom de *Berber* ou *Barbar* se reproduisait à l'extrémité de l'Orient. Les anciens géographes nous montrent dans la péninsule de l'Inde un marché de Berbers : «Barbaricum Indiæ emporium celeberrimum ; » et là, pas plus qu'ailleurs, ce nom n'était point emprunté à la langue grecque ou latine, mais à la langue du pays. Ce n'était point, par conséquent, une épithète appliquée par la civilisation à la barbarie, mais une expression ethnographique. Voy. Ritter, t. II.

sol où elles étaient placées, et sortant de la terre
comme d'une matrice féconde. Ce système ethnographique, si peu scientifique, mais si commode, a été
appliqué aux premiers peuples du Maghreb comme
aux autres peuples primitifs, et, ici comme ailleurs,
les conséquences de cette idée ont pesé longtemps sur
l'histoire. Il est donc important de l'examiner. La
croyance à l'autochthonie des races n'a pas été, dans
les sociétés anciennes, le symbole aventureux de
quelques esprits poétiques. C'était un dogme populaire
qui reposait sur un ensemble de faits, sur un ordre
de conceptions qu'il est facile de saisir.

Ce qui caractérise spécialement les peuples de l'antiquité, c'est l'isolement. Cette existence solitaire doit
être considérée comme l'une des causes principales de
cet orgueil national qui s'est produit quelquefois sous
des formes si puissantes et si énergiques. Les peuples,
dans cet état social, étaient renfermés dans des zones
séparées et distinctes qui rappellent les conceptions de
quelques géographes arabes[1]. Étrangers les uns aux
autres, ils étaient loin de chercher à se relier à un
tronc commun ou même à quelques souches dans lesquelles l'humanité aurait eu ses racines. Les influences géographiques, qui s'affirmaient alors plus
vivement qu'aujourd'hui, mais qui n'étaient pas si bien
comprises, semblaient conduire à la multiplicité indé-
finie des types. Il faut ajouter à ces faits que, d'après
une idée cosmologique en crédit dans les vieux temps,

[1] Voyez, par exemple, ce que nous avons dit plus haut des travaux
d'Édrisi et de son échiquier terrestre.

l'homme, à l'origine des choses, avait été le produit des énergies fécondes de la terre[1]. Les sociétés anciennes, en général, croyaient donc que l'humanité était sortie du sol, et que la plupart des peuples, profondément distincts, appartenaient à diverses races. Que devait-il résulter de cette double conception? Une conséquence bien simple.. C'est que chacun des peuples primitifs était éclos de la terre qui le portait. L'antiquité devait s'arrêter à cette idée surtout, chaque fois que la généalogie de ces peuples n'était pas indiquée, ou qu'elle s'effaçait à moitié dans des souvenirs vagues et confus. De là l'autochthonie.

Voilà comment les Libyens ont été considérés comme autochthones dans l'antiquité.

Cette préoccupation, qui dans les idées anciennes

---

[1]   Principio genus alituum, variæque volucres
Ova relinquebant exclusæ tempore verno.
Folliculos ut nunc teretes æstate cicadæ
Linquunt, sponte suâ victum vitamque petentes.
Tùm tibi terra dedit primùm mortalia sæcla ;
Multus enim calor atque hùmor superabat in arvis.
Hinc, ubi quæque loci regio opportuna dabatur,
Crescebant uteri terræ radicibus apti :
Quos ubi tempore maturo patefecerat ætas
Infantum fugiens humorem aurasque petissens,
Convertebat ibi natura foramina terræ,
Et succum venis cogebat fundere apertis
Consimilem lactis : sicut nunc fæmina quæque
Cùm peperit, dulci repletur lacte, quod omnis
Impetus in mammas convertitur ille alimenti.
Terra cibum pueris, vestem vapor, herba cubile
Præbebat, multâ et molli lanugine abundans.

LUCRET., *De nat. rerum*, lib. v.

tendait à morceler l'humanité, a dû nous faire perdre des traditions précieuses, de puissants témoignages, qui nous auraient servi, dans nos temps modernes, à constater la filiation des races humaines. Sous ce point de vue, on ne saurait trop la déplorer. Ce système, autant que les révolutions, a nui aux documents qui devaient nous apprendre l'origine et le point de départ des Libyens ou Berbers.

Quoi qu'il en soit, il n'est pas impossible de pénétrer jusqu'à leur berceau.

Nous n'avons pas besoin de dire, sans doute, que les Libyens ne sont pas nés du sol, que ces fils de l'Atlas n'ont jamais germé de ses entrailles avec les palmiers, les cactus et les aloès. Il est aussi inutile peut-être d'affirmer contre une autre opinion moderne, qui a trop multiplié les types, que ces anciens habitants de l'Afrique du Nord n'ont pas été le produit d'une création spéciale[1]. Tout à l'heure, en cherchant l'origine et la signification du mot *Libye*, nous avons indiqué de loin le berceau des Libyens. Laabim, l'un de leurs ancêtres, d'après la tradition juive, appartient a l'Orient. Ce que nous avons dit du mot *Berber* et de son histoire nous ramène également vers l'Asie. Moïse est d'accord sur ce point avec Ebn Khaldoun et les autres historiens

---

[1] Voy. entre autres les ouvrages de Virey et de Bory de Saint-Vincent sur *l'homme*. Ces écrivains, et ceux qui les ont suivis, se sont arrêtés aux plus légers accidents pour classer les types dans l'humanité. Leurs travaux peuvent être précieux au point de vue descriptif, mais ils n'ont aucune valeur quand on aborde le grand problème de l'unité ou de la variété fondamentale des races humaines.

orientaux. Les Libyens ou Berbers avaient eu donc ailleurs un foyer avant de s'étendre le long de la chaîne atlantique. Sortis du centre de l'Asie, comme tous les peuples de la Genèse, ils étaient descendus vers le sud et s'étaient partagés entre l'Afrique Orientale et les régions méridionales du continent Asiatique. Ils portèrent ainsi eux-mêmes leur nom dans ces contrées, et il y est resté gravé en quelque sorte, malgré les transformations des peuples et des langues. De vagues traditions, des souvenirs poétiques nous indiquent de loin qu'ils eurent à soutenir à l'est et à l'ouest des luttes violentes. Voilà comment ils touchèrent en même temps à l'Égypte et à l'Inde. Car leur nom ne vit pas seulement dans les souvenirs de l'Égypte ; il retentit encore dans les poëmes indiens, où il se trouve mêlé à l'histoire des bords du Gange [1].

On a vu comment l'antiquité avait omis ou dédaigné de remonter jusqu'à cette lointaine origine. Nous trouvons toutefois dans Strabon, comme un débris des traditions anciennes, un passage important qui se rattache à cette question fondamentale. Quelques-uns, dit Strabon, en parlant des Maures, l'une des branches de la souche libyenne ou berbère, prétendent que ce

---

[1] Le nom de *Berber*, de *Barbara* ou *Warwara*, comme dit le sanscrit, se rencontre plus d'une fois dans les poëmes de l'Inde antique. On voit dans l'*Hitopadesa* que a parole est adressée à un Barbar. Dans le *Ramajana*, il s'agit d'une race d'hommes qui habitent le sud de l'Asie, et qui succombent sous les coups du héros Indien. « Par lui, est-il dit dans ce poëme, furent exterminés les Javanais, les Tambodschas et les Warwaras.» Voy. *Ramaj.* Serampor, publié à Londres, 1806.

sont des Indiens, qui arrivèrent avec Hercule [1]. Nous expliquerons plus tard pourquoi Hercule se trouve là, et pourquoi il se trouve si souvent ailleurs au milieu des événements les plus graves de la vieille Afrique du Nord. En dehors de cette dernière assertion, il reste toujours un fait qui s'accorde avec les souvenirs de l'Égypte, de la géographie orientale et de la poésie indienne.

Nous n'insistons pas davantage sur ces considérations. Nous aurons l'occasion de les appuyer fréquemment, en constatant, au milieu des révolutions du Maghreb, la permanence de la race libyenne, ou berbère, mot nouveau et ancien à la fois, que la France semble appelée à replacer glorieusement dans la géographie des peuples occidentaux, d'où il avait été en quelque sorte banni par les influences littéraires de la Grèce. Il doit nous suffire à présent d'avoir dissipé ce vain système de l'autochthonie que l'antiquité appliquait aux Libyens, et d'avoir reporté leur berceau vers l'Orient.

Autant qu'on peut le conclure d'une étude nécessairement incomplète de ces vieux siècles, les Libyens ne restèrent pas longtemps dans leur patrie primitive. Ils apparaissent dans ces épopées de l'Inde, que nous avons déjà citées, comme une race odieuse, énergiquement poursuivie par ce peuple, qui dominait dans cette partie de l'Orient. Ces secousses, qui durent se

---

[1] Τοὺς δὲ Μαυρουσίους ἔνιοί φασιν Ἰνδοὺς εἶναι, τοὺς συγκατελθόντας Ἡρακλεῖ δεῦρο. Strab., lib. XVII, cap. 3.

renouveler plus d'une fois, les rejetèrent vers les contrées occidentales. Ils s'appuyaient déjà sur l'Afrique,
comme nous l'avons vu. Ils flottaient au midi de
l'Égypte, qui appartenait à la même civilisation que
l'Inde et qui devait les traiter aussi en ennemis [1]. Exilés de l'Orient et contenus du côté du Nil par les Égyptiens, ils s'avancèrent à l'ouest, en laissant çà et là
dans leur bassin primitif quelques restes de leur
nation [2]. Ce monde encore vierge du Maghreb était
le seul chemin qui fût ouvert devant eux, à moins
qu'ils n'eussent voulu se jeter dans le désert. Ils marchèrent ainsi le long de la Méditerranée, et paisibles
possesseurs de ces rivages, ils échelonnèrent leurs
nombreuses tribus aux bords de la mer, dans les

[1] Ce que nous avons dit précédemment des Warwaras de la poésie san-
scrite prouve assez que les Berbers étaient poursuivis par les peuples de
l'Indus et du Gange. Les monuments de l'antiquité établissent également qu'ils le furent par ceux du Nil. Ces vaincus qui, dans les peintures
des temples égyptiens, se courbent devant les Pharaons, appartenaient
évidemment, comme l'observe Sutzen, à cette grande race berbère
que l'on rencontre en même temps dans les deux mondes de l'Asie et de
l'Afrique.

[2] Des rapports frappants entre les peuples de l'Asie méridionale et les
Berbers du Maghreb semblent devoir faire admettre que la race berbère
n'émigra pas tout entière, dans ces temps reculés, vers l'Occident. L'illustre voyageur arabe Ebn Batouta constatait ces rapports, il y a plusieurs
siècles. Ils ont été observés aussi par un grand nombre d'écrivains qui
appartiennent à nos temps, et spécialement par Burkhardt. Un fait remarquable qui vient à l'appui de ces citations, c'est que les Indiens qui
suivirent les Anglais en Égypte au commencement de ce siècle se crurent
dans leur patrie, près du Nil supérieur, à cause du caractère des monuments qu'ils y rencontraient. Ces Indiens devaient être un reste des anciens Warwaras, et ils appartenaient sans aucun doute à la famille berbère.

plaines et sur les versants de l'Atlas, qu'ils appelèrent
Daran[1].

[1] Daran, ou Duris, comme disaient les Grecs, est un mot kabile ou
berber; il signifie simplement *montagne*. Strabon, qui n'était pas un
grand philologue, a indiqué pourtant l'origine berbère ou libyenne de ce
mot : Ἔξω δὴ προελθόντι τοῦ κατὰ τὰς Στήλας πορθμοῦ, τὴν Λιβύην ἐν ἀριστερᾷ
ἔχοντι, ὄρος ἐστίν, ὅπερ οἱ μὲν Ἕλληνες Ἄτλαντα καλοῦσιν, οἱ Βάρβαροι δὲ
Δύριν. Liv. xvii, c. 3. On trouve dans Pline la même indication. L'écrivain latin, après avoir cité le mot *Dyrin*, ajoute : « Hoc enim Atlanti nomen esse eorum linguâ convenit. » Lib. v, c. 1. Il y a dans Shaw un
passage important sur l'étymologie de ce terme géographique. Voici les
paroles du voyageur anglais : « Some of the old geographers have obser-
ved that these mountains were called Dyris and Adyris, or Dyrim and
Addirim, by the indigenæ, or first inhabitants; but have not attempted
to give us the signification of these words. Bochart observes that Atlas,
was called Dyris by the Phœnicians, perhaps from אדיר, *adir*, great or
migthy; and upon the coast of the Tingitania we find Russadirum, Ῥυσ-
σάδιρον, mentioned by Mela, Pliny, Ptolemy and the Itinerary; the same
name the Moors give at present to cape Bon, the Promontorium Mercurii,
and by which they would denote a very large and conspicuous cape or
fore-land. Dyrim therefore, by supplying طور *thor*, حدّ *hadd*, or جبل
djebel, migth signify the mountains of Dyris, or Atlas, or simply the
great mountains only... We have room for another conjecture in deducing
the name from their aspect and situation, ظهر, *dohor*, still signifying
amought the Moors and Arabians the place or aspect of the sun at noon-
day, as the Derom, דרם or דרים, of the Hebrews was a word of the like
import. If then we chose to call it Adderim with Solinus and Martianus,
and not simply Dyrim with Strabo and Pliny, Haddirim, by supplying
حدّ, *hadd*, will signify either the great or else the Southern eminence,
limit of boundary, such as mount Atlas generally is with respect to the
Mauritaniæ, and Numidia or betwixt the Tell and the Sahara. » Shaw's
Travels or Observations relating to several parts of Barbary, p. 7-8.

CHAPITRE III.

Tableau géographique des tribus libyennes avant l'invasion des races étrangères.—Variété de noms, et unité de famille.—Comment s'explique cette nomenclature de peuples appartenant à la même souche. — Physionomie commune.—Identité de mœurs et de caractère.—Bassin occupé par les Libyens ou Berbers.

La propagation des Libyens dans cette Afrique septentrionale où ils étaient entrés dut s'accomplir par une série d'évolutions progressives : ils devaient être assez nombreux quand des haines implacables les chassèrent de l'Orient ; mais on peut croire qu'ils ne l'étaient pas assez pour couvrir tout le Sahel africain. Venus de l'Asie, où les hommes poussent vigoureusement comme les plantes, ils se multiplièrent rapidement ; et, des limites de l'Égypte, cette espèce de pont jeté entre l'Asie et l'Afrique, ils marchèrent à travers les Syrtes et l'Atlas jusqu'à l'Océan. Peut-être même s'avancèrent-ils plus loin. Ils occupaient cette vaste zone, lorsque les Grecs, nos maîtres dans l'antiquité, chaque fois que l'Orient ne parle point, les découvrirent et les contemplèrent. A cette époque malheureusement, ils avaient déjà été heurtés par les invasions du dehors ; mais, malgré les secousses, malgré ces déplacements qu'elles amenèrent, on peut reconnaître la position primitive des nombreuses fractions de la race libyenne ou berbère, dans l'Afrique du Nord.

Suivons-les dans leur marche et commençons par l'est; nous irons de là vers l'occident.

A côté de l'Égypte, le long de la mer, campaient les Adyrmachides, qui durent dans la suite à leur situation et à leurs rapports avec les peuples du Nil de ressembler un peu aux Égyptiens. Aux Adyrmachides succédaient les Giligamnes et puis les Asbytes, que la fondation de Cyrène, ce centre grec isolé dans l'Afrique du Nord, devait plus tard éloigner du rivage et rejeter vers l'intérieur[1]. Ces tribus, dans des temps plus rapprochés de nous, furent désignées sous le nom commun de Marmarides, qui semble être une altération du mot Berber. Ce peuple, en effet, d'après le témoignage de Strabon, occupait les côtes et tout le pays, depuis les Syrtes jusqu'à Cyrène[2]. Après lui, en marchant toujours vers l'Orient, on rencontrait les Auschyses, les Psylles et les Nazamons[3]; les Byzaciens,

---

[1] Hérod., liv. IV, chap. 168 et suiv. Οἰκέουσι δὲ κατὰ τάδε Λίβυες, ἀπ' Αἰγύπτου ἀρξάμενοι· πρῶτοι Ἀδυρμαχίδαι Λιβύων κατοικήντάι, οἳ νόμοισι μὲν τὰ πλέω Αἰγυπτίοισι χρέωνται, ἐσθῆτα δὲ φορέουσι οἵηνπερ οἱ ἄλλοι Λιβύες.... τούτων δὲ ἔχονται Γιλιγάμμαι, νεμόμενοι τὴν πρὸς ἑσπέρην χώρην μέχρι Ἀφροδισιάδος νήσου..... νόμοισι δὲ χρέωνται οὗτοι παραπλησίοισι τοῖσι ἑτέροισι. Γιλιγαμμέων δὲ ἔχονται τὸ πρὸς ἑσπέρης Ἀσβύται· οὗτοι τὸ ὑπὲρ Κυρήνης οἰκέουσι· ἐπὶ θάλασσαν δὲ οὐ κατηκούσι Ἀσβύται· τὸ γὰρ παρὰ θάλασσαν Κυρηναῖοι νέμονται. Ceci était vrai du temps d'Hérodote; mais précédemment, c'est-à-dire avant l'établissement de Cyrène, les Asbytes devaient s'étendre évidemment jusqu'au rivage.

[2] Πρὸς ἕω δ' ἔτι μᾶλλον οἱ Μαρμαρίδαι, προσχωροῦντες ἐπὶ πλέον τῇ Κυρηναίᾳ καὶ παρατείνοντες μέχρι Ἄμμωνος. Strab., lib. XVII, cap. 3.

[3] Ἀσβυτέων δὲ ἔχονται τὸ πρὸς ἑσπέρης Αὐσχίσαι... Αὐσχισέων δὲ τούτων τὸ

parmi lesquels se trouvaient les Maxes, les Gindanes et les Lotophages d'Hérodote, ainsi que ces Machlys qui leur ressemblaient tant, se présentaient après ces divers groupes[1]. Ils s'appuyaient primitivement sur le Sahel jusqu'au golfe, où devait s'élever Carthage. Cet essaim de peuples était flanqué à l'ouest d'autres tribus dont les noms changèrent souvent, mais dont la race se perpétua dans ces deux grandes fractions des Massyliens et des Massaisyliens, indiqués par les Grecs sous le nom de Nomades dont les écrivains latins firent le mot Numides[2]. Les Maurousiens, que les Romains et les habitants du pays désignaient sous le nom de Maures, d'après un géographe de l'antiquité, occupaient le reste du rivage jusqu'au détroit, et formaient ainsi le dernier anneau de cette longue chaîne de peuples libyens ou berbers, qui, avant l'arrivée des races étrangères, enveloppait tout le bord méridional de la Méditerranée [3].

πρὸς ἑσπέρης ἔχονται Νασαμῶνες, ἔθνος ἐὸν πολλὸν.... Νασαμῶσι δὲ προσόμουροι εἰσὶ Ψύλλοι. **Hérodote, liv. IV, ç. 171-173.**

[1] Τὸ δὲ παρὰ τὴν θάλασσαν ἔχονται τὸ πρὸς ἑσπέρης Μάχαι..... Μαχέων δὲ τούτων ἐχόμενοι Γίνδανές εἰσι.... ἀκτὴν δὲ προέχουσαν ἐς τὸν πόντον τούτων τῶν Γινδάνων νέμονται Λωτοφάγοι, οἱ τὸν καρπὸν μοῦνον τοῦ λωτοῦ τρώγοντες ζώουσι... Λωτοφάγων δὲ τὸ παρὰ θάλασσαν ἔχονται Μάχλυες, τῷ λωτῷ μὲν καὶ οὗτοι χρεώμενοι, ἀτὰρ ἧσσον γε τῶν πρότερον λεχθέντων· κατήκουσι δὲ ἐπὶ ποταμὸν μέγαν τῷ οὔνομα Τρίτων ἐστί. **Hérod., ibid.**

[2] Strabon, qui part de l'occident et marche dans un sens inverse à celui d'Hérodote, parle ainsi de ces peuples : Μετὰ δὲ τὴν τῶν Μαυρουσίων γῆν ἡ τῶν Μασσαισυλίων ἐστὶν, ἀπὸ τοῦ Μολοχὰθ ποταμοῦ τὴν ἀρχὴν λαμβάνουσα, τελευτῶσα δὲ ἐπὶ τὴν ἄκραν, ἣ καλεῖται ὅριον τῆς τι Μασσαισυλίων καὶ τῆς Μασυλίθων γῆς. **Liv. XVII, ch. 3.**

Μετὰ δ' οὖν Τρητὸν ἡ Μασσυλιαίων ἐστὶ χώρα. **Ibid.**

[3] **Strabon, ibid., p. 478.** Οἰκοῦσι δ' ἐνταῦθα Μαυρούσιοι μὲν ὑπὸ τῶν Ἐλ-

Si, de l'Océan Atlantique où nous conduisent les Maurousiens, nous revenons vers l'Égypte, en appuyant un peu plus du côté du désert, nous rencontrons le long du Daran une tribu puissante connue sous le nom de Gétules. Cette tribu ou plutôt cet essaim de tribus s'épanouissait au loin du côté de l'est, s'il faut en croire Strabon, qui a peut-être exagéré un peu son bassin. A part le territoire occupé par les Maures, les Gétules couvraient tout le plateau atlantique jusqu'aux Syrtes [1]. Les Garamantes succédaient dans la même zone aux Gétules : ils inclinaient davantage par là même du côté de l'Orient [2].

Nous ne cherchons pas à indiquer ici toutes les divisions primordiales de la grande famille libyenne; cela ne serait pas possible. Ces divisions d'ailleurs ont tellement changé, qu'on ne peut pas toujous en apprécier la date. Une autre circonstance a jeté dans cette question de nouvelles difficultés ; c'est que les écrivains, sur lesquels nous nous appuyons pour l'étude de ces temps reculés, ont abordé très-tard l'histoire de

λήνων λεγόμενοι, Λιβυκὸν ἔθνος μέγα καὶ εὔδαιμον, Μαῦροι δ' ὑπὸ τῶν Ῥωμαίων καὶ τῶν ἐπιχωρίων, ἀντίπορθμον τῇ Ἰβηρίᾳ.

[1] Τὸ δ' ὄρος διὰ μέσης ἐκτεινόμενον τῆς Μαυρουσίας τὸ ἀπὸ τῶν Κώτιων μέχρι Σύρτεων οἰκεῖται, καὶ αὐτὸ καὶ ἄλλα παράλληλα αὐτῷ· κατ' ἀρχὰς μὲν ὑπὸ τῶν Μαυρουσίων· ἐν βάθει δὲ τῆς χώρας ὑπὸ τοῦ μεγίστου τῶν Λιβυκῶν ἐθνῶν, οἱ Γαιτοῦλοι λέγονται. **Strabon, lib. XVII, cap. 3.**

[2] Ἡ δ' ὑπὲρ τῶν Γαιτύλων ἐστὶν ἡ τῶν Γαραμαντῶν γῆ παράλληλος ἐκείνη.... τοὺς δὲ Γαράμαντας ἀπὸ τῶν Αἰθιόπων καὶ τῶν παρωκιανιτῶν ἀφιστάναι φασὶν ἡμερῶν ἐννέα ἤ καὶ δίκα ὁδόν. **Strabon, ibid.**

Hérodote, qui n'a point connu les Gétules, nomme les Garamantes, et les place à l'entrée du désert, assez près de la racenoire ou éthiopienne. Voy. lib. IV, c. 183.

l'Afrique septentrionale, et n'ont connu ses anciens habitants qu'à l'époque des invasions, c'est-à-dire dans un moment où ils avaient dû subir déjà des modifications considérables.

Cette multitude de noms que nous venons d'indiquer n'a pas toujours été envisagée sous son véritable point de vue. L'antiquité s'est égarée quelquefois dans l'ethnographie primitive de l'Afrique du Nord; il y avait le long de l'Atlas et de la Méditerranée tant de centres, tant de noms différents, qu'on pouvait croire avec une apparence de raison que tous ces peuples, répandus de l'Égypte à l'Océan et de la mer Intérieure au Sahara, ne se rattachaient pas à une souche commune. S'ils se confondaient tous dans la même origine, si tout était libyen ou berber dans l'Afrique du Nord avant la période des invasions, comment expliquer toutes ces appellations ethnographiques qui fourmillent dans les écrits de l'antiquité? A quelle source doit-on les rapporter pour en obtenir la signification et pouvoir en fixer la physionomie?

On peut observer d'abord qu'on n'a pas rejeté généralement dans les temps anciens l'unité originelle de cet essaim de tribus, qui se montre à nos regards avant tous les autres peuples, dans l'Afrique septentrionale. Il est vrai que Salluste, en parlant des premiers habitants de cette contrée, semble établir une distinction réelle entre les Libyens et les Gétules[1]; mais cette distinction s'efface bientôt dans son propre récit. Ces deux peuples n'en font plus qu'un, car ils ont le même

[1] Africam initio habuére Gœtuli et Libyes. Sall., *Jug.*, c. 18.

caractère, les mêmes habitudes. Strabon nous dit d'ailleurs plus d'une fois que les Gétules se confondaient dans l'unité de la race Libyenne. Le texte où Pomponius Mela parle des Gétules, comme d'une nation nombreuse, ne saurait nuire à l'autorité de cette citation. La discussion philologique, dans laquelle nous entrerons bientôt, confirmera contre Mela et Salluste, si c'est nécessaire, le témoignage si formel et si précis de Strabon. Les Gétules sont donc des Libyens. On peut en dire autant des Maures et de ces Nomades ou Numides, que Salluste et Procope ont voulu rapporter à une époque postérieure et à une origine différente, mais qui se rattachent évidemment à la souche libyenne[1]. Il est facile de voir dans plusieurs auteurs arabes, entre autres dans Schehab-ed-Dîn, que les Berbers ou anciens Libyens occupaient autrefois tout le bassin de l'Afrique septentrionale[2]. En outre, des écrivains plus

[1] Procope, dans sa guerre des Wandales, fait sortir les Maurousiens, ou Maures, d'une émigration cananéenne dont nous aurons occasion de parler plus loin : Οἱ πρότεροι, ὥσπερ ἐῤῥήθη, ἐκ Παλαιστίνης ἀφίκοντο, καὶ τὰ νῦν Μαυρούσιοι καλοῦνται, c. 10. Ces mots pourraient être acceptés, si l'historien byzantin avait su remonter à ce grand mouvement que propagea partout dans l'Afrique septentrionale la race berbère; mais il ne s'agit pour Procope que d'un mouvement particulier. Quant aux Nomades, ou Numides, Salluste les rattache à ces peuples que l'antiquité nous montre autour du personnage mythique d'Hercule : « Hi paulatim per connubia Gœtulos sibi miscuère, et quià, sæpè tentantes agros, alia deindè alia loca petiverant, semetipsi Numidas appellavère. » *Jug.*, c. 18. Ces passages, et tant d'autres qui leur ressemblent, seront réduits plus bas à leur véritable valeur.

[2] كتاب الجمان من مختصر اخبار الزمان , ou , *le Livre des Perles, recueillies de l'Abrége de l'histoire des siècles,* par Ahmed Schehab ed-Dîn. Cet ouvrage renferme des détails très-curieux sur les Berbers. Voy. *Notices et Extraits*, etc., t. II, p. 124-163.

familiers à l'Europe ont constaté l'origine libyenne des Maures et des Numides. Hérodote, à qui nous devons tant de lumières sur les choses de l'antiquité, nous parle des Numides comme Libyens. Strabon indique aussi les Maures comme sortant de la même source. Les Maures, dit-il, sont une nation libyenne puissante et heureuse. Ainsi les grandes divisions de peuples que nous rencontrons dans l'Afrique septentrionale n'établissent point, avant l'époque des invasions, la multiplicité des types et des familles. Peu importe maintenant que ces divisions se soient accrues sans cesse dans les récits anciens. Ce morcellement de la race primitive de l'Afrique du Nord n'a pu altérer son unité. Le naturaliste, qui divise et nomme séparément les branches d'un grand arbre, ne saurait les arracher du tronc où elles puisent une sève commune. L'unité des premiers habitants du nord de l'Afrique, sous le nom de Libyens, reste établie. Hérodote a parfaitement affirmé ce lien, tout en constatant la séparation et l'isolement des grands membres de la race. Les Libyens, d'après son témoignage, formaient des nations nombreuses et diverses. Cette diversité n'indique évidemment que quelques accidents extérieurs, qui variaient la physionomie de la famille primitive, suivant les influences géographiques, sans altérer jamais ses lignes essentielles. Nous lisons, en effet, toujours dans Hérodote, que le continent africain n'avait que deux races indigènes, les Éthiopiens au sud, et les Libyens au nord [1].

---

[1] Λίβυες μὲν καὶ Αἰθίοπες αὐτόχθονες, οἱ μὲν τὰ πρὸς βορέω, οἱ δὲ τὰ πρὸς νότου τῆς Λιβύης οἰκέουσι. Herod., lib. IV, c. 197.

Maintenant, il nous devient facile d'apprécier cette nomenclature nombreuse de peuples que les écrivains grecs et romains nous ont transmise. Ce qui précède nous en indique déjà le caractère. Mais nous ne voulons pas nous arrêter à ce premier aperçu. Il peut être important de descendre plus profondément dans les origines de cette nomenclature complexe, qui hérisse les livres des écrivains anciens et surtout de Ptolémée. Ce n'est pas que nous songions à rendre compte de tous ces noms de peuples. Un travail philologique de ce genre, malgré son importance, ne saurait être placé ici. Nous devons moins l'exécuter qu'en tracer le plan et en indiquer les faces. Après avoir montré sous un certain point de vue que les anciens habitants de l'Afrique, malgré la diversité de leurs noms, s'unissent et se confondent dans l'unité libyenne ou berbère, il est bon d'aborder cette nomenclature elle-même et de montrer qu'elle a son explication ailleurs que dans la multiplicité des races.

On peut rapporter à quatre sources principales ces nombreuses appellations que nous présente l'ethnographie primitive de l'Afrique du Nord.

Les Grecs ont souvent désigné les peuples par leurs habitudes, par un trait saillant de leurs mœurs et de leur caractère. Il en a été de même des Romains et des autres nations. L'histoire offre à chaque instant de pareils souvenirs. C'est ainsi que nous trouvons dans l'ancienne Afrique les Lotophages et les Nomades ou Numides. Les Lotophages, d'après une tradition poétique ou historique, se nourrissaient du lotos[1]. Les Numides, au rapport de Pline, avaient l'habitude de changer sans cesse de demeure et de promener partout leurs tentes et leurs chars[2]. De là cette double dénomination de Numides et de Lotophages, dont on retrouve ailleurs de nombreux exemples.

Les habitudes et les mœurs des peuples n'ont pas plus influé sur la langue de l'ethnographie que leur position dans le voisinage d'une mer, d'un fleuve ou d'une montagne. Les Atlantes et les Syrtes ont emprunté à leur bassin géographique le nom qui les distingue dans l'antiquité. Les Syrtes habitaient la partie du rivage comprise entre ces deux écueils, où les flots tournoyants entraînaient les sables[3]. Voilà l'origine du mot Syrte, appliqué d'abord au rivage et ensuite au peuple qui l'occupait. Quant au mot Atlantes, l'historien d'Halicarnasse nous indique d'une manière assez précise comment il sortait du sol. Les habitants du pays, dit-il en parlant de l'Atlas, racontent que c'est une colonne du ciel. Ils ont pris de

---

[1] Λωτοφάγοι, οἳ τὸν καρπὸν μοῦνον τοῦ λωτοῦ τρώγοντες ζώουσι · ὁ δὲ τοῦ λωτοῦ καρπός ἐστι μέγαθος ὅσον τι τῆς σχίνου, γλυκύτητα δὲ τοῦ φοίνικος τῷ καρπῷ προσείκελος · ποιοῦνται δὲ ἐκ τοῦ καρποῦ τούτου οἱ Λωτοφάγοι καὶ οἶνον. Hérod., l. iv, c. 177.

[2] Numidæ verò Nomades à permutandis stabulis, mapalia sua, hoc est, domus plaustris circumferentes. Pline, lib. i, c. 3.

[3] Syrtis, quibus nomen ex re inditum. Nam duo sunt sinus propè in extremâ Africâ, impares magnitudine, pari naturâ : quorum proxuma terræ præalta sunt; cætera, uti fors tulit, alta; aliâ in tempestate, vadosa. Nam ubi mare magnum esse et sævire ventis cœpit, limum, arenamque et saxa ingentia fluctus trahunt. Sall., *Bell. Jug.*, c. 78.

cette montagne le nom d'Atlantes[1]. Cette observation
devrait s'appliquer aux Atlantes de Platon, s'ils avaient
jamais existé et si son Atlantide n'était pas, comme
nous l'avons vu, une fiction indienne, mêlée aux souvenirs des révolutions géologiques qui ont tourmenté
les flancs du continent africain et donné à ses membres ces formes abruptes et sévères. Il serait facile de
trouver dans la vieille ethnographie de l'Afrique du
Nord plusieurs autres noms, qui s'expliqueraient par
une semblable origine.

Les langues orientales et principalement les langues
sémitiques ont fourni parfois les appellations qui nous
servent à indiquer encore les anciens pays et les peuples primitifs. Il n'est pas difficile de prouver aujour-
d'hui, grâce aux rapports que nous avons avec l'Orient,
que la vieille langue des Hindous a donné plus d'une
expression à la géographie occidentale. Les relations
de l'Afrique avec l'Asie, surtout depuis l'époque des
invasions, ont laissé bien des traces dans les dénominations de pays et de peuples que nous présentent les
littératures anciennes. Les Maurousiens, ou Mauritaniens, ou Maures, ont dû leur nom à l'influence des
langues sémitiques. C'était un peuple de l'ouest :
telle est en effet la signification de leur nom, si on
le rapporte à son origine véritable. On explique le
mot Byzaciens en le ramenant à la même source,
ainsi que le mot Marmarides que la tradition et l'u-

---

1 Ἐπὶ τούτου τοῦ οὔρεος οἱ ἄνθρωποι οὗτοι ἐπώνυμοι ἐγένοντο · καλέονται
ἄρ δὴ Ἀτλάντις. HÉROD., lib. IV, c. 187.

7

sage ont altéré, mais qu'on peut aisément rétablir[1].

Jusqu'ici des langues étrangères à la race primitive de l'Afrique du Nord nous ont expliqué les divers noms que nous avons cités. Puisque les influences du dehors ont été si profondes, la langue nationale des Libyens ou Berbers a dû se produire plus encore dans un grand nombre de dénominations, et il doit être aisé d'en retrouver des vestiges dans cette nomenclature dont nous étudions les origines. Nous pouvons en effet en citer

---

[1] L'expression *Marmarique*, d'où nous est venu ce nom de *Marmarides*, peut être considérée comme une altération des deux mots *Bar*, *Barca*, qui signifient terre ou désert de Barca. « Quippe בַר *bar* pro agro vel pro deserto tam inter Pœnos potuit esse in usu quàm inter Syros et Arabes. » Boch.—Quant au mot *Barca* ou *Barce*, il vient d'une ancienne vi le de la Cyrénaïque, dont il est question plus d'une fois dans Hérodote et dans les autres écrivains de l'antiquité.

      Barce sitientibus arida ventis,

a dit Silius. Le changement de lettres, qui a fait sortir de cette double racine le mot *Marmarica*, n'a rien d'extraordinaire. Il s'explique facilement par l'histoire des langues, et c'est un fait normal pour la philologie.

Il est plus facile encore de ramener à sa source le mot *Byzaciens*. Il vient du mot *biza* ou בִיצָא qui signifie *Mamelle*. Les Orientaux se servaient autrefois et se servent encore aujourd'hui de ce terme pour désigner un pays remarquable par la richesse de sa végétation et l'abondance de ses produits. Cette métaphore a passé dans les littératures européennes. Homère dit dans ce sens : Οὖθαρ ἀρούρης; et Virgile :

      Terra antiqua, potens armis atque ubere glebæ.

Procope parle d'une ville africaine appelée *Mamma*. Ce mot était la traduction de l'expression orientale. Il y avait deux *Byzacium*, comme l'observe Bochart. La géographie, dans son langage figuré, copiait la nature : « ut gemina sunt ubera, ità geminum fuisse probamus in Africâ Byzacium. »

On s'est trompé souvent, dans les temps anciens et modernes, sur l'origine et le caractère de cette autre dénomination : *Maures* ou *Mauritaniens*. Elle vient du mot אהור, qui signifie l'occident; de là מוהרים *Mauharim*, et par suite *Mauri*. Voy. Boch., *Géogr. sac.*, lib. iv, c. 25.

plus d'un exemple. Le nom de ces Gétules si mal con-
nûs de Salluste se lit dans celui de Djedalah que nous
fournit la langue berbère et qui aujourd'hui comme
autrefois indique une branche importante de la grande
famille des vieux Libyens. Les Garamantes, voisins des
Gétules, tiraient leur nom de Gherma, autre expression
berbère ou libyenne. Enfin, pour indiquer un autre
mot, les Machlyes d'Hérodote ou Mazikes de Ptolémée,
dont le nom, souvent modifié par les auteurs anciens,
se rattache toujours à la même racine, avaient aussi
une dénomination toute libyenne à sa source. Amazig
ou Amarig, dans la vieille langue des Libyens, signifie
homme libre. C'est encore aujourd'hui le nom d'une
portion considérable des tribus berbères[1].

Quatre origines nous expliquent donc cette onoma-
tologie, qui paraît si confuse au premier abord : les
habitudes des peuples, leur position géographique,
les langues orientales, et le vocabulaire des Berbers ou
Libyens.

Il serait inutile d'insister plus longtemps sur cette
question; on voit maintenant combien cette nomenclature est placée en dehors du grand problème ethnographique, qu'il nous a fallu résoudre. Si divers que
soient ces noms, les sources nous en sont assez connues
pour nous permettre d'apercevoir, à travers ce vête-
ment étranger ou national, le lien originel qui rattache-
che, dans un faisceau commun, à la souche libyenne,
tout cet essaim de tribus primitives répandues autrefois dans l'Afrique septentrionale.

[1] Voyez Léon l'Afric., liv. i.

Des signes nombreux, l'expression générale de la physionomie, des habitudes sinon identiques, du moins semblables, reliaient les uns aux autres les divers membres de la famille libyenne. L'antiquité nous en a laissé une description sous laquelle nous retrouvons facilement aujourd'hui leurs descendants. Hérodote les divise en deux classes, ceux de l'est et ceux de l'ouest [1]. Les premiers étaient errants, les seconds attachés au sol. Cette différence s'explique. La nature n'est pas la même à l'est et à l'ouest. Il y a là deux bassins dont nous avons déjà parlé. D'un côté les accidents du sol, sillonné par des montagnes, arrêtaient et fixaient l'homme : de l'autre des horizons libres, des plaines vastes et nues semblaient le convier à d'éternelles courses. Mais des deux cotés c'était le même goût pour la vie agreste et pour les troupeaux. C'était la même rudesse de mœurs et de caractère, les mêmes formes énergiquement accentuées.

Lorsque Scylax parle de la beauté des Libyens, il ne peut vouloir qu'indiquer la maigre et sèche régularité de leur physionomie. Salluste et Procope surtout nous ont conservé les principaux traits qui les caractérisaient. La mollesse du Byzantin et l'épicuréisme de cet insolent Préteur, qui a cherché à se couvrir d'un masque stoïque, durent être effrayés quand ils se trouvèrent en face de cette âpre austérité, de cette simplicité primitive qui leur parut étrangère aux besoins qu'enfante la civilisation sans pouvoir toujours les satisfaire. C'était là certes pour eux un peuple étonnant : pleins des sou-

[1] Hérod., liv. IV.

venirs de Byzance et de Rome, ils ne purent envisager
sans terreur les inspirations grossières qui le diri-
geaient. Hommes robustes et légers, dit Salluste, qui
résistent à toutes les fatigues : leur forte constitution,
presque toujours plus puissante que les maladies, ne
cède qu'au poids de la vieillesse, à moins qu'ils ne pé-
rissent sous la dent des bêtes ou par le fer [1]. Heureux
de coucher sur la terre, d'après le témoignage de Procope, ils n'ont, pour toutes les saisons qu'un habit
grossier, une tunique à long poil, dont il sont constamment revêtus. Ils ne connaissent ni le pain ni le
vin. Le froment et l'orge à l'état naturel suffisent à leur
nourriture [2].

Telle était autrefois, telle a été toujours la physionomie inculte et sauvage des Libyens ou Berbers.

Pour achever de les connaître dans les temps anti-

---

[1] Genus hominum salubri corpore, velox, patiens laborum; plerosque
senectus dissolvit, nisi qui ferro aut bestiis interiéxc : nam morbus haud
sæpè quemquam superat.

SALL., *Bellum Jugurth.*, cap. 17.

Plus loin il ajoute :

Asperi, incultique : quis cibus erat caro ferina atque humi pabulum
uti pecoribus. Hi neque moribus, neque lege, neque imperio cujusquam
regebantur; vagi, palantes, quà nox coegerat, sedes habebant.

Cap. 18.

[2] Οἰκοῦσι μὲν ἐν πνιγηραῖς καλύβαις, χειμῶνί τε καὶ θέρους ὥρᾳ, καὶ ἄλλῳ τῷ
σύμπαντι χρόνῳ, οὔτε χιόσιν, οὔτε ἡλίου θέρμῃ ἐνθένδι, οὔτε ἄλλῳ ὁτῳοῦν
ἀναγκαίῳ κακῷ ἐξιστάμενοι. Καθεύδουσι δὲ ἐπὶ τῆς γῆς κώδιον οἱ εὐδαίμονες
αὐτοῖς, ἂν οὕτω τύχοι, ὑποστρωννύντες. Ἱμάτια δὲ σφίσιν οὐ ξυμμεταβάλλειν ταῖς
ὥραις νόμος, ἀλλὰ τριβώνιον τε ἁδρὸν καὶ χιτῶνα τραχὺν ἐς καιρὸν ἅπαντα ἐνδι-
δάσκονται. Ἔχουσι δὲ οὔτε ἄρτον, οὔτε οἶνον, οὔτε ἄλλο οὐδὲν ἀγαθόν, ἀλλὰ τὸν
σῖτον ἢ τὰς ὀλύρας τε καὶ κριθὰς οὔτε ἕψοντες οὔτε ἐς ἄλευρα ἢ ἄλφιτα ἄγοντες,
οὐδὲν ἀλλοιότερον ἢ τὰ ἄλλα ζῶα ἐσθίουσι.

PROCOP., lib. II, cap. 6.

ques, nous n'avons plus qu'à indiquer le bassin qu'ils occupèrent primitivement dans l'Afrique septentrionale. Nous pouvons déjà conclure de ce qui précède, et surtout de l'étude d'Hérodote, que la race libyenne avant les invasions des races étrangères couvrait cette vaste zone qui s'étend entre la Méditerranée, l'Égypte, le Sahara et l'Océan. Il nous serait facile, après ce que nous avons dit, d'établir qu'ils allaient plus loin du côté de l'Orient. La philologie et les textes arabes, principalement ceux d'Ebn Khaldoun et de Schehab-eddin nous aideraient à le démontrer. Mais nous croyons devoir nous arrêter aux limites de l'Afrique septentrionale, puisque c'est seulement dans ce bassin que nous étudions le mouvement et la succession des races, et que les révolutions historiques et géographiques ne sauraient nous intéresser ici en dehors de cette zone.

CHAPITRE IV.

Peuples de race nègre ou éthiopienne, considérés, ainsi que les Libyens, comme habitants primitifs de l'Afrique du Nord. — Valeur historique de cette idée.—Fondements sur lesquels elle repose.—Preuves de l'idée contraire, et unité ethnographique des anciens habitants de l'Afrique septentrionale.

Si nous en croyons quelques monuments, la race libyenne ou berbère, seule maîtresse à l'origine, d'après ce que nous avons dit, des vastes contrées du Maghreb, dut les partager avec une branche de la race nègre ou éthiopienne, qui, suivant le témoignage d'Hérodote, avait son foyer dans le sud de l'Afrique.

La présence des Nègres au nord du Sahara dans l'antiquité est un fait trop important pour n'être point l'objet des investigations les plus sérieuses. Il y a là une question qui se lie complétement à notre travail, et si elle est bien traitée, il pourra en rejaillir quelque lumière sur l'ethnographie générale de l'Afrique du Nord. Admettons que les Nègres aient habité primitivement avec les Libyens l'Afrique septentrionale : l'existence des Mélano-Gétules ou Libyo-Éthiopiens, dont nous parlerons plus bas, deviendrait entièrement probable, et en outre, il serait moins difficile de fixer le foyer où s'unirent et se mêlèrent, d'après quelques récits, ces deux grandes races du continent africain. D'autres problèmes se présenteraient ensuite, celui-ci par exemple : les Libyens se sont-ils produits les premiers dans l'Afrique septentrionale, ou n'ont-ils pas été précédés par les Nègres? Question qui semblerait devoir être résolue en faveur des peuples noirs contre l'antiquité libyenne.

On peut recourir à divers arguments pour établir que des Éthiopiens ont habité autrefois l'Afrique septentrionale, les uns indirects et les autres directs. Nous commencerons par les derniers, qui sont les plus importants et qui méritent, à ce titre, d'arrêter spécialement nos regards.

Le premier monument qui nous parle des Éthiopiens, comme habitants de l'Afrique septentrionale, est le fameux Périple d'Hannon. Le témoignage du célèbre Carthaginois est assez précis ; mais quelques considérations sur l'ensemble de son récit et sur les destinées qu'il a subies en diminueront peut-être l'importance et la gravité.

Le Périple d'Hannon ne nous est pas parvenu, on le sait, sous sa forme originelle[1]. Cet ancien monument de la navigation et du commerce de Carthage a disparu avec sa nationalité, et c'est une ruine de plus que nous pouvons ajouter à l'histoire de ses ruines.

---

[1] Il est admis généralement que le Périple a été d'abord écrit en langue punique, et ensuite traduit en grec. Voy. Gosselin, *Recherches sur la géographie systématique et positive des Anciens*, t. I. On rencontre pourtant des écrivains qui ne partagent point cette idée. Voici ce qu'a dit entre autres Campomanès : « Como no haya memoria, volviendo al Periplo, de que està obra se traduxesse en griego, estoy persuadido que originalmente la escribió Hannon en este idioma, que era comun entre los Cartagineses en el tiempo de Hannon. » *Ilustracion al Perip.*, p. 15.

C'est la Grèce, ce puissant écho des antiques traditions, qui nous a conservé ce récit; mais, en nous le conservant, elle l'a mutilé; il ne nous reste qu'un extrait du récit d'Hannon. On sait combien ces extraits sont infidèles, et quelle défiance ils doivent inspirer à la critique, lorsqu'elle cherche à jeter un regard profond sur l'antiquité. Les traditions qui nous restent, sous le titre de Périple d'Hannon, offrent plus d'une prise au doute. Quelle que soit l'autorité de quelques écrivains anciens ou modernes qui ont accepté le Périple, on peut s'étonner de plusieurs circonstances de ce récit et de l'entreprise d'Hannon en général[1].

Carthage put confier, sans doute, à cet illustre citoyen le soin de visiter les côtes occidentales de l'Afrique et d'y planter son drapeau : cette mission devient tout à fait vraisemblable, quand on songe à l'influence profonde qu'exerça la famille des Hannon sur les destinées du commerce carthaginois; mais ne peut-on pas regarder comme très-contestable l'existence de ces soixante gros vaisseaux confiés au navi-

---

[1] A côté des hommes qui se sont attachés au Périple dans l'antiquité, il y en a qui l'ont repoussé avec une espèce de dédain. Le langage de Pline, à ce sujet, est remarquable : « Fuére ét Hannonis, Carthaginiensium ducis, commentarii, Punicis rebus florentissimis explorare ambitum Africæ jussi, quem secuti plerique à Græcis nostrisque et alia quidem fabulosa et urbes multas ab eo conditas ibi prodidére quarum nec memoria ulla nec vestigium exstat. » PLINE, lib. v, c. 1. Le récit d'Hannon, dans les temps modernes, n'a pas été moins vivement combattu en France, en Allemagne, en Angleterre et même en Espagne, où il a rencontré de chauds partisans, Campomanès surtout, qui a cherché à le venger des attaques de Dodwell, dont il a pu signaler l'ignorance relativement aux langues orientales. V. *Antigüedad marítima de Cartago.*

gateur de Carthage et des trente mille hommes qui les montaient[1]? Si ce fait était entièrement vrai, nous devrions voir dans cette expédition maritime l'un des efforts les plus considérables qu'ait jamais tentés la rivale de Rome. Or, quel pouvait être le motif de ce puissant effort? quel intérêt si grand devait attirer les forces de Carthage de ce côté de l'Océan?

On ne peut pas admettre que cette grande république songeât à nouer par la mer des relations commerciales avec les familles éthiopiennes placées au delà du Sahara ou sur la zone occidentale; le commerce des caravanes devait lui suffire. Nous ne croirons pas non plus qu'elle cherchât à tourner le désert et à relier le sud au nord par une grande ligne dont elle occuperait les points principaux. De plus puissants intérêts appelaient ou retenaient les forces de Carthage dans le bassin de la Méditerranée. Si l'Océan appelait ses flottes, elle avait les côtes occidentales de l'Espagne, où elle envoya Himilcon[2]. Le génie de Carthage était trop pratique, trop positif pour consacrer des forces considérables à une entreprise placée, pour ainsi dire, en dehors du cercle de ses spéculations commerciales. On peut en dire autant du génie des Hannon, navigateurs intrépides, doués d'un esprit colonisateur, mais avant tout spéculateurs habiles, qui représentent dans l'antiquité le commerce avide de Carthage, comme

[1] Ἔπλευσι πεντηκοντόρους ἑξήκοντα ἄγων καὶ πλῆθος ἀνδρῶν καὶ γυναικῶν εἰς ἀριθμὸν μυριάδων τριῶν. HANN., *Périp.*

[2] Il ne nous reste aucun récit du voyage d'Himilcon, qui, d'après le témoignage de l'antiquité, visita cette partie de l'Océan Atlantique, qui baignait l'Espagne et la Gaule.

les Barcas son ambition militaire[1]. Ajoutons à ces idées qu'il faudrait supposer, avec le Périple d'Hannon, que les Carthaginois ignoraient jusqu'à la géographie des côtes occidentales de l'Afrique, et qu'il serait étrange qu'ils les eussent choisies pour être le foyer de vastes établissements.

En présence de ces considérations, le récit d'Hannon perd sans doute une partie de son importance. Nous pourrions peut-être nous demander maintenant, sans pousser trop loin le doute, si ce fameux Périple doit compter au nombre des documents sérieux. Qui sait s'il a jamais existé? peut-être ce fragment de l'antiquité n'est-il qu'une notice géographique sur l'Afrique occidentale au point de vue grec? Quelque temps après Hérodote, à une époque où la science reculait son horizon et où le monde semblait se dilater sous l'œil intelligent de la Grèce, un Grec put s'arrêter à l'idée de présenter sous la forme d'un voyage les notions vagues de ses contemporains sur l'occident de l'Afrique; qu'il ait donné son voyage comme un extrait d'un journal d'Hannon, rien de plus naturel. Hannon avait pu recevoir du sénat l'ordre de visiter ces contrées. Il avait pu les explorer aussi de son propre mouvement, comme pour obéir à une vocation de famille, à cette sorte de démon domestique qui poussa toujours les Hannon sur les mers. D'ailleurs ce nom, comme nous le disions tout à l'heure, n'était-il pas l'expression même de l'ac-

---

[1] Voy. dans Tite-Live, liv. xxi-xxiv, l'opposition de ces deux grandes familles, qui éclate surtout à l'époque de la seconde guerre punique. C'est l'un des épisodes les plus intéressants de l'histoire de Carthage.

tivité et du génie maritimes de Carthage? Et l'écrivain grec, auteur du Périple, pouvait-il mieux intituler quelques notions de géographie nautique?

Sans exagérer la valeur de ces idées, on peut croire qu'elles doivent inspirer des doutes assez sérieux sur l'authenticité du Périple.

Veut-on que le Périple soit vrai? le passage relatif aux Nègres, comme habitant, dans l'antiquité, l'Afrique du Nord, est loin d'échapper à tout doute.

Au-dessus des rives du Lixus, dit Hannon, habitent les Noirs, peuple grossier et sauvage. Le pays qu'ils occupent est désert, plein de bêtes féroces et entouré de hautes montagnes[1].

Il n'est pas difficile de reconnaître, si on le veut, la position géographique indiquée ici par le Périple. Le nom de Lixus se retrouve, sous une forme voisine de la forme grecque, dans le nom d'un petit fleuve qui coule à quelque distance de Marrakesch ou Maroc. Quant aux montagnes, qui enveloppent, d'après le récit d'Hannon, la patrie de cette race noire, ce sont ces crêtes occidentales de la chaîne atlantique qui traverse, comme nous l'avons vu, le Maghreb de l'est à l'ouest, et semble étendre ses bras nerveux sur l'Océan.

Cette exactitude topographique ne prouve rien relativement au problème qui nous occupe. Pour pouvoir établir, à l'aide de ce passage, qu'une portion de la race éthiopienne vivait jadis au nord du Sahara, il

---

[1] Τούτων δὲ καθ' ὕπερθεν (τῶν Λιξιτῶν) Αἰθίοπες ᾤκουν ἄξενοι, γῆν νεμόμενοι θηριώδη διειλημμένην ὄρεσι μεγάλοις, ἐξ ὧν ῥεῖν φασὶ τὸν Λίξον. HANN., *Périp.*

faudrait qu'on pût s'appuyer sur une expression carac-
téristique du Périple ou de l'extrait. Qui sait comment
ce peuple avait été désigné par Hannon? l'expression
punique a-t-elle été traduite exactement en grec? La
philologie serait ici de quelque importance. Elle ne
trouve malheureusement aucune base. Quelques observations combleront peut-être cette lacune.

Remarquons d'abord que dans l'antiquité, même chez
les peuples les plus intelligents, on n'entendit jamais
bien l'ethnographie; on s'arrêtait à de légers accidents
pour désigner une race, et l'on n'apercevait pas à travers
quelques différences le nœud commun qui rattachait
les uns aux autres les membres d'une grande famille.
C'est ainsi que le nombre des peuples et des races était
toujours exagéré, comme nous avons pu le voir, quand
nous avons parlé des Libyens ou Berbers. L'antiquité,
en agissant ainsi, obéissait en quelque sorte à la loi
qui domine toutes ses conceptions. Époque primitive,
toujours un peu emportée dans ses mouvements, elle
courait à la surface des choses, et, dans son culte pour
la forme, elle cherchait surtout à reproduire les lignes extérieures et les rayons qu'elles réfléchissaient.
Une famille brune, au teint basané, devenait facilement
une famille noire, une branche de la grande race éthiopienne[1]. Il est vraisemblable qu'une pareille exagéra-

---

[1] « Les Anciens ne bornaient pas le nom d'Éthiopiens aux seuls Nègres
proprement dits; ils l'étendaient à tous les peuples dont le teint brun
était d'une couleur foncée, soit qu'ils fussent olivâtres, bruns ou noirs.
C'est pourquoi ils ont donné quelquefois le nom d'Éthiopiens aux Indiens
et à d'autres peuples de l'Asie. » Gosselin, *Recherches sur la géographie
systématique et positive des Anciens*, t. I, p. 92.

tion a été commise à l'égard de ces Lixites, dont parle Hannon. Ces prétendus Noirs devaient être une portion de la race libyenne, à qui le séjour des montagnes pouvait donner facilement une physionomie sauvage. Quant à la couleur plus ou moins noire de la peau, on sait quelles teintes brunes offre parfois le type libyen ou berber.

Mais Hannon n'est pas le seul qui place des Noirs dans la zone septentrionale de l'Afrique. Nous trouvons dans la géographie de Strabon un passage qui semble confirmer celui du navigateur carthaginois, et un autre écrivain, Pomponius Méla, répète à peu près les mêmes paroles[1].

Nous aurions peut-être le droit de dire que Strabon, en parlant ici des Noirs, ne fait que reproduire le Périple. Quand on examine son langage, il est bien difficile de ne pas y voir une variante du texte d'Hannon, ou du Grec, auteur de l'extrait. C'est la même source et par conséquent la même autorité. Que si l'on prétendait le contraire, ce passage de Strabon ne serait guère plus concluant. En effet, Strabon, dans cet endroit, distingue les Éthiopiens des Noirs. Il place les Éthiopiens dans le sud, comme Hérodote et les Noirs dans la zone voisine de la Méditerranée, à côté d'un peuple d'origine orientale, les Pharusiens. Nous pouvons remarquer ici que les Grecs ont toujours désigné sous le nom d'Éthiopiens la race nègre proprement

---

1 Φαρούσιοι δὲ καὶ Νιγρῖται, οἱ ὑπὲρ τούτων οἰκοῦντες πρὸς τοῖς ἑσπερίοις Αἰθίοψι, καὶ τοξεύουσι καθάπερ οἱ Αἰθίοπες. STRAB., lib. XVII, c. 3. Ultrà (de Mauris jam locutus est) Nigritæ sunt et Pharusii usque ad Ethiopas. POMP. MELA, c. 4.

dite, celle qui se distingue de la race blanche, non-
seulement par la couleur de la peau, mais encore par
ce fluide que la peau recouvre, et qu'ils donnaient facilement le nom de Noirs à des peuples basanés que
leur teint rapprochait en apparence de la race nègre
ou éthiopienne. Ceci nous explique la distinction de
Strabon et la valeur de sa citation relativement à ces
Noirs de l'Afrique septentrionale.

Pour établir plus complétement quelle doit être ici
l'autorité de ce géographe, nous devons ajouter que la
partie du travail de Strabon relative à l'Afrique est la
plus faible de son ouvrage. Il se défiait lui-même à ce
sujet de ses connaissances et de celles de son siècle. Les
peuples de la Libye, dit-il, nous sont la plupart inconnus, parce qu'on y a rarement envoyé des armées et
que ce pays est peu fréquenté par les voyageurs. D'ailleurs le petit nombre des naturels du pays qui viennent chez nous n'en raconte que des choses incroyables.
Voilà ce que pensait Strabon. Son témoignage ne
prouve donc pas mieux que le Périple la présence des
Nègres, dans l'antiquité, au nord du Sahara.

Voudrait-on s'appuyer maintenant sur ces écrivains
arabes qui racontent que quelques familles de l'Arabie
s'établirent jadis au sud du Maghreb, près du pays
des Noirs? Mais cette notion vague n'a aucune portée :
peut-être doit-on la considérer comme un souvenir de
géographie grecque : dans tous les cas, on ne saurait
y trouver une preuve de plus en faveur de cette idée
qui place primitivement les Nègres sur le plateau de
l'Afrique du Nord.

Ce serait encore en vain que l'on irait chercher des arguments dans quelque appellation géographique. La philologie serait aussi impuissante que les documents que nous avons examinés jusqu'ici. Ainsi nous ne croyons pas, malgré une tradition dont on retrouve les débris dans les idiomes méridionaux de la France, que le nom de Maures ait été donné aux peuples de l'Afrique occidentale, parce qu'ils étaient noirs. Cette idée se trouve exprimée dans Isidore de Séville. La Mauritanie, dit l'écrivain espagnol, tire son nom du teint de ses habitants. Maure en grec veut dire *noir*. De même que la Gaule a été nommée ainsi à cause de la blancheur de son peuple, de même la Mauritanie a reçu son nom de la couleur noire des indigènes [1].

On a le droit, en présence de ce texte, de se défier un peu des connaissances philologiques d'Isidore. Le mot Maure ou Mauros, entendu dans le sens que lui donne cet écrivain, n'appartient pas certainement à la belle époque de la langue grecque. Il faut le rejeter dans la période byzantine. Les mots *aithiopès* et *mélanès* suffisaient aux Grecs pour désigner la race noire et toutes ses variétés. Ce n'est point à une origine grecque qu'il faut ramener ces deux expressions de Maure et de Mauritanien. Nous avons vu déjà qu'elles dérivent d'une source orientale. Salluste en avait quelque idée, quand il prétendait que c'était

---

[1] Mauritania vocata à colore populorum. Græci enim nigrum μαῦρον vocant. Sicut enim Gallia à candore populi, ità Mauritania à nigredine nomen sortita est. Isid., *De Liby.*, c. 5.

une altération du mot Mède[1]. Il se trompait seulement sur ce dernier point. Le mot Maure, modifié dans sa terminaison par les Grecs et les Romains, appartient, ainsi qu'il a été démontré, à l'une des langues sémitiques ; il signifie *occidental* en hébreu et sans doute aussi dans le vieux dialecte phénicien. L'expression arabe de nos jours, qui rend la même idée, le reproduit en partie dans sa forme originelle. On sait le rôle immense qu'a joué dans toutes les géographies, depuis celle de l'Inde jusqu'à celle des peuples de notre époque, cette idée d'occident et d'occidental. C'est le soleil qui faisait la langue géographique. Les Maures, portion de la race libyenne ou berbère, ainsi que nous l'avons vu, ont donc reçu leur nom national, non pas de leur couleur, qui les aurait ramenés à la race éthiopienne, mais de leur position dans l'ouest du continent africain.

Il nous reste à examiner un dernier argument que nous estimons plus que l'érudition grecque d'Isidore et qui, bien qu'appartenant à un ordre d'idées tout à fait étrangères, peut être placé à côté des textes de Strabon et d'Hannon.

On remarque, dans l'histoire naturelle, une sorte de loi qui semble fixer sous la même latitude et au même foyer certains organismes vivants. Ainsi partout où l'éléphant se rencontre, on découvre ordinairement des peuples noirs, cuivrés ou olivâtres. Cette sorte de lien, qui unit, géographiquement du moins, des or-

---

[1] Nomen eorum paulatim Libyes corrupêre, barbarà linguà, Mauros, pro Medis, appellantes. SALL., *Bell. Jug.*, c. 18.

ganisations essentiellement distinctes, ne doit paraître
étrange qu'à des esprits superficiels. Ce grand monde
de la nature, qui déploie sous nos yeux ses splendides
horizons, se divise en un certain nombre de groupes
ou de centres auxquels se rattachent, par une attraction réciproque, des myriades d'existences. Pour reprendre l'exemple que nous citions tout à l'heure, la
présence de l'éléphant dans l'Afrique du Nord semblerait impliquer la présence dans les mêmes lieux de
quelque tribu éthiopienne, à défaut d'indigènes cuivrés
ou olivâtres; or on ne saurait nier que les éléphants se
soient trouvés autrefois en grand nombre dans l'Afrique
septentrionale, comme ils se trouvent aujourd'hui dans
le centre et le sud du même continent. Personne
n'ignore que Carthage en fit, contre Rome, une formidable machine de guerre, qu'ils vainquirent à Cannes
et furent vaincus à Zama[1]. Admettrons-nous donc que
l'Afrique du Nord vit autrefois à côté de ses éléphants
une race noire? Non, sans doute. Cette induction qui
semble rigoureuse, le paraît moins quand on l'examine sans préoccupation. De ce que les éléphants ne
se montrent aujourd'hui qu'à côté de peuples noirs,
cuivrés ou olivâtres, il ne suit pas qu'ils n'aient jamais
pu exister séparément. Ce rapport géographique qui
les lie n'est pas absolu; il n'est pas radicalement nécessaire. Il est permis d'admettre que les éléphants peuvent exister loin des Nègres, et les Nègres loin des
éléphants. Rien même ne nous oblige à reconnaître,
comme une loi du monde physique, que les Nègres

[1] Voy. l'*Histoire militaire des éléphants*, par M. Armandi.

doivent pouvoir vivre et se reproduire partout où
nous rencontrons les éléphants, qu'ils ont là toutes les
conditions d'existence et comme un foyer qui leur a
été préparé par Dieu dans le plan général des harmonies fécondes de la création. Cette considération
s'applique également aux peuples cuivrés et olivâtres.
Voilà tout ce que nous disent, relativement à la question qui nous occupe, les inductions les plus élevées
de l'histoire naturelle.

Il n'est donc pas vrai que les Nègres aient habité
avec les Libyens, dans les temps primitifs, les contrées
de l'Afrique septentrionale.

Supposons, en finissant, qu'ils s'y soient trouvés un
jour et qu'ils y aient atteint ce degré de force et de
puissance qu'il faudrait leur supposer pour croire,
avec Strabon par exemple, qu'ils ont pu, dans un élan
national, porter les coups les plus rudes aux races
étrangères qui vinrent se fixer auprès d'eux [1]. Il faudrait se demander : comment en sont-ils sortis? par
quelle révolution ont-ils été rejetés au delà du Sahara?
L'histoire serait bien embarrassée pour répondre à ces
questions. Dans le silence absolu des traditions historiques, dans l'absence de tout monument, il faudrait
admettre l'une de ces deux hypothèses : que le flot des
invasions a rejeté les Nègres dans le Sud, au delà de
la mer de sable, comme disent les Arabes, ou qu'ils
ont été victimes de ces révolutions physiques, dont la

---

[1] Ἐγγὺς δὲ τούτου (τοῦ Ἐμπορίκου κόλπου) τὸ ἐν τοῖς ἑξῆς κόλποις κατοι-
κίας λέγεσθαι παλαιὰς Τυρίων, ἃς ἐρήμας εἶναι νῦν οὐκ ἐλαττόνων ἢ τριακοσίων
πόλεων· ἃς οἱ Φαρούσιοι καὶ οἱ Νιγρῖται ἐξεπόρθησαν. STRAB., lib. XVII, c. 3.

marche lente, mais fatale, tend à modifier profondément, dans le cours des siècles, l'état de notre planète. Or ces deux hypothèses sont également inadmissibles.

Prétendre que les Nègres ont reculé devant les races étrangères, c'est méconnaître le mouvement et le caractère des invasions que nous présente l'histoire de l'Afrique septentrionale, et que nous aurons bientôt à examiner. L'Occident de l'Afrique, où se seraient trouvés les Nègres, n'a jamais été que faiblement envahi. Aussi la race primitive, comme nous le verrons plus tard, y a-t-elle conservé, avec toute sa rudesse, l'énergie originelle de son type. L'effort des invasions portait surtout du côté de l'Orient, et quels qu'aient été les résultats de ces grandes secousses, on peut dire qu'avant l'arrivée des Romains, ou plutôt avant celle des Arabes, il n'y eut point de déplacement considérable, parce qu'ils n'y eut point de choc général. Or, ni les Arabes, ni les Romains, ne rencontrèrent des Noirs sur le plateau de l'Atlas. Suétonius, non plus que Mousa, n'eut point à les combattre : c'est qu'ils n'y avaient jamais été. Ils ne pouvaient donc pas reculer devant les invasions.

Nous ne pensons pas non plus qu'ils aient pu disparaître par suite des modifications atmosphériques. Si tard que l'on place cet événement, et on ne peut le rapporter à une époque trop reculée, il est impossible d'admettre que les causes qui agissent incessamment sur le globe et le modifient, aient pu anéantir lentement un peuple. La température moyenne de l'Afrique septentrionale aura baissé, par exemple ; mais cette révolution ne se sera accomplie que par degrés, avec une sorte d'économie, qui aura permis aux peuples placés dans cette zone de modifier leur organisation avec le climat et de trouver toujours un foyer dans ce nouveau milieu [1].

Ainsi, malgré l'autorité d'Hannon, de Strabon et d'Isidore, malgré toutes les considérations scientifiques, il faut reconnaître que la race éthiopienne n'a point habité dans les temps anciens le plateau septentrional de l'Afrique ; qu'il appartint exclusivement, dans l'origine, aux Libyens ou Berbers, seuls autochthones, si nous pouvons le dire encore, puissant essaim de tribus et de peuples, qui, dans leur grande variété de noms et d'usages, présentaient pourtant la même physionomie et se rattachaient originellement à une souche commune.

---

[1] On sait que le globe se refroidit ; mais ce refroidissement s'opère avec une lenteur excessive. Ainsi la température générale de notre planète ne baisse pas d'un degré tous les mille ans. Ce n'est donc pas une pareille révolution qui aura pu chasser les Nègres de l'Afrique septentrionale. Il est remarquable que les Nègres ne peuvent guère se reproduire aujourd'hui au nord du Sahara. La plupart de leurs femmes y sont stériles ; leurs enfants, faibles et rachitiques, y meurent en grande partie dès le bas âge. Ce phénomène devait exister dans l'antiquité, et alors, comme à présent, les Nègres, qui habitaient l'Afrique septentrionale, y étaient amenés, sans doute, par l'esclavage ou par le commerce des caravanes. Leur foyer était ailleurs, c'est-à-dire dans le Sud.

CHAPITRE V.

Il semble que les races primitives n'étaient pas ap-
pelées à de puissants développements. Presque partout
nous les voyons remplacées par des races plus jeunes,
qui ont pris les plus beaux rôles de l'histoire, comme
si les sociétés humaines, dans leur marche à travers
les temps, ne pouvaient germer qu'au sein des ruines.
L'Afrique du Nord, comme on l'a vu et comme on
pourra s'en convaincre plus loin, a conservé ses habitants primitifs. Mais, dans le cours de sa longue existence, l'antique souche libyenne ou berbère a été sans
cesse battue par des flots de peuples étrangers. Il y a
là un choc continuel de nations qui se pressent, se
heurtent et s'entassent. Le mouvement de la mer qui
baigne ces rivages n'est pas plus bruyant et plus
animé.

L'Afrique septentrionale ne pouvait pas manquer
d'attirer les races étrangères. Elle lie plutôt qu'elle ne
sépare l'Asie et l'Europe, ces deux centres féconds de
l'humanité ; aussi l'a-t-on confondue quelquefois avec

ces deux continents [1]. Il faut observer ensuite que la Méditerranée, qui lui sert de limite au Nord, a vu naître les plus grands peuples, les plus puissants empires. Dans l'antiquité comme dans les temps modernes, la vie humaine a fleuri surtout dans ce magnifique bassin. La Méditerranée est dans l'histoire ce qu'est dans les conceptions hindoues ce fleuve merveilleux, où le monde, sous l'image d'une grande plante, se développe puissamment. Comment l'Afrique septentrionale n'aurait-elle pas été couverte par tous les peuples ?

L'Orient a été le point de départ de ces invasions, qui ont couru e long de l'Atlas. L'Occident est venu ensuite, mais il n'a eu que la moindre part dans ces mouvements. Il a suivi d'ailleurs le sillon qui avait été tracé par les races orientales. Le lit, un lit commun à tous ces fleuves, avait été creusé de bonne heure, et il était assez large pour que tous y pussent passer.

Les causes générales qui ont fait voyager l'humanité depuis l'origine des siècles ont produit également cette évolution rapide de peuples dans l'Afrique septentrionale. Ils étaient attirés ici comme ailleurs, et peut-être davantage, par la soif de l'or ou des conquêtes, souvent aussi par le besoin de chercher une patrie nouvelle [2]. Mais quel qu'ait été le principal mo-

---

[1] In divisione orbis terræ plerique in partem tertiam Africam posuêre; pauci tantummodo Asiam et Europam esse; sed Africam in Europâ. SALLUST., *Bell. Jugurth.*, cap. 17.

[2] Nec omnibus eadem causa relinquendi quærendique patriam fuit :

bile de ces peuples voyageurs, il semble qu'ils aient tous
cédé à l'attraction puissante de ce sol où la vie s'é-
panche à longs flots sans attendre le travail de l'homme.

On peut diviser en deux classes les peuples qui ont
paru dans l'Afrique du Nord après la race primitive.
Les uns ont passé rapidement; les autres se sont arrêtés
pour des siècles. Les premiers n'ont pas eu le temps
de s'asseoir : ils ont vécu debout, dans des camps ou
sur le rivage. Les seconds se sont unis avec la terre, et
quelques-uns d'entre eux y ont poussé des racines
profondes.

Il y a aussi deux moments, deux époques dans
l'histoire de ces chocs de races et de nationalités. D'a-
bord c'est un peuple étranger qui en chasse un
autre. Ici la lutte est prompte et rapide : on touche
bientôt au dénoûment. Mais arrive ensuite la race primitive, toujours vivante, toujours armée, et la lutte
ici n'a point de terme. Antée est constamment debout sur les sommets de l'Atlas, et le géant est im-
mortel comme la montagne. Voilà pourquoi le conflit
a été d'autant plus rude que la conquête a marché
davantage vers l'Occident. L'Atlas est là en effet dans
toute sa puissance. Son opposition avec la Méditerranée et les nations qu'elle porte y doit être plus formidable.

alios excidia urbium suarum, hostilibus armis elapsos, in aliena, spoliatos
suis, expulerunt; alios domestica seditio submovit; alios nimia super-
fluentis populi frequentia ad exonerandas vires emisit; alios pestilentia,
aut frequens terrarum hiatus, aut aliqua intoleranda infelicis soli, ejece-
runt; quosdam fertilis oræ, et in majus laudatæ, fama corrupit; alios
alia causa excivit domibus suis. SENEC., *Consol. ad Helv.*, cap. 6.

Quand on songe à toutes ces invasions, il semble que l'Afrique septentrionale soit une terre vouée à d'éternelles tempêtes. Mais, à mesure qu'on pénètre dans ce pays et dans son histoire, le désordre disparaît; on ne tarde pas même à soupçonner une harmonie profonde au milieu de ces bouleversements.

Ce magnifique bassin de l'Afrique du Nord ne ressemble point à nos contrées occidentales, où la vie est lente à se développer, mais aussi d'autant plus lente à mourir. Tout le contraire existe du côté de l'Atlas, et les lois qui gouvernent en ces lieux la vie physique devaient y présider en quelque sorte aux destinées de la vie sociale. Sous ce ciel ardent, où tout rayonne, que le soleil inonde de ses feux, les plantes et les arbres pâlissent pendant le jour : leur sève s'appauvrit, mais la nuit arrive avec des rosées plus abondantes qu'ailleurs, et tout ce monde de la nature, échappant à la défaillance qui le menaçait, se redresse et se dilate avec tout le luxe de la force et de la jeunesse. Comme les plantes et les arbres, les peuples s'altèrent rapidement au contact de ce sol qui les brûle, sous les fortes étreintes de cette nature puissante qui les enveloppe de ses influences. Leur fibre se dessèche et se retire; mais Dieu leur verse alors avec une sage économie, la rosée quelquefois sanglante des invasions, qui les ranime et les féconde.

Nous pourrions rattacher à deux groupes principaux, d'après leur origine asiatique ou européenne, cette longue série de peuples étrangers qui ont passé sur l'Afrique septentrionale. Mais il faudrait rompre l'ordre des temps, et notre but ici est d'établir la succession historique des races dans le Nord de l'Afrique. En restant fidèle à cette conception, nous pourrons nous trouver plus près de la vérité. L'histoire est surtout dans l'évolution chronologique des faits, des idées et des hommes. Nous allons donc envisager, d'après la marche des siècles, les invasions dont l'Afrique du Nord a été le théâtre depuis l'époque des établissements libyens ou berbers, et nous ferons connaître, avec le caractère ethnographique des divers peuples, le foyer où ils se sont arrêtés.

CHAPITRE VI.

Phéniciens ou Tyrio-Cananéens.—De leur foyer en Asie, et de leurs courses dans la Méditerranée. — Caractère et étendue de leurs établissements
dans l'Afrique septentrionale. — Physionomie mêlée des peuples compris dans l'émigration phénicienne du côté de l'Atlas.

Les membres épars de la famille libyenne, ou berbère, occupaient depuis plusieurs siècles l'Afrique septentrionale, lorsque l'Orient jeta sur ses rivages une
race active, courageuse, intelligente, qui vint leur dis-
puter cet antique domaine. C'étaient les Phéniciens,
ou fils d'Anak [1].

[1] Il y a plusieurs opinions sur l'origine et le sens du mot Phénicien.
Les Grecs, dans l'antiquité, cherchèrent à l'expliquer au point de vue de
leur histoire. Le mot Phénicien, d'après le sentiment d'Aristote, venait de
φοινίξαι, et ce nom avait été donné par les Thessaliens aux peuples de
l'Asie occidentale, à cause des ravages que ces peuples exerçaient sur leurs
terres. S'il faut en croire d'autres témoignages, le mot φοίνιξ aurait servi
à désigner les Phéniciens. Ils auraient tiré ainsi leur nom des produits du
sol qu'ils habitaient. C'était, dans ce sens, le peuple des palmiers. Selon
Denys le Périégète, et beaucoup d'écrivains qui l'ont suivi, les Phéniciens,
qu'on rencontre primitivement sur les bords de la mer Rouge, auraient
dû leur nom aux teintes vives de ce rivage. Bochart le ramène, avec raison peut-être, à une autre source. Les Phéniciens sont pour lui les fils
d'Anak, beni Anak (ענק בני). Avec un léger changement de lettres opéré
sans doute par les Grecs, et la forme plurielle, *Beni Anak* est devenu
Phenakim, et de là Φοίνικες, que le mot Phénicien traduit. Le mot Anak
était une expression patronymique chez les peuples d'origine phénicienne.
Il a été souvent reproduit, et il a servi quelquefois à désigner Carthage,
l'un des principaux établissements phéniciens dans l'Afrique du Nord. On
lit dans Plaute, *adre Anak*, c'est-à-dire, *hhadre Anak*, ou demeure d'A-
nak. Voy. le *Pœnulus*, act. V sc. II.

Placés sur la rive orientale de la Méditerranée, les Phéniciens semblaient appelés, par leur position et leur génie, à dominer dans ce bassin et à lier ainsi l'un à l'autre les trois mondes de l'Europe, de l'Asie et de l'Afrique. Ils appartenaient à la race cananéenne, et ils sont quelquefois désignés sous ce nom dans les monuments de l'antiquité [1]. Répandus à l'origine du côté de l'Asie centrale et même dans le Sud, ils se trouvèrent refoulés sur la limite occidentale du continent asiatique par les mouvements tumultueux des peuples qui les pressaient. Grâce à leur intelligence et à leur activité, cette zone étroite, qui plongeait d'un côté dans la mer et se nouait de l'autre à la chaîne du mont Liban, était devenue le foyer des villes les plus riches

---

[1] *Chna*, qu'on peut regarder comme la racine, ou plutôt comme une abréviation du mot Canaan, avait été rendu, comme l'indique Sanchoniaton, par le mot Phénicien. Ces deux expressions avaient, en effet, la même valeur ethnographique, avec cette différence pourtant que la seconde avait un sens moins étendu que la première. Les traducteurs grecs de la Bible ont traduit les mots Canaan et Cananéen par les mots Phénicien et Phénicie. L'influence littéraire de la Grèce a contribué puissamment à vulgariser ces deux dernières expressions, et voilà comment les autres se sont effacées en partie dans les récits de l'antiquité. Toutefois on en trouve encore des souvenirs à une époque assez rapprochée de nos temps modernes. Saint Augustin raconte que, même de son temps, les habitants des environs d'Hippone, ces vieux débris des colonies phéniciennes, se donnaient le nom de Cananéens. « Interrogati rustici nostri quid sint, punicè respondentes Chenani, corruptâ scilicet voce, sicut in talibus solet, quid aliud respondent quàm Chananæi ? » Ces paysans d'Hippone ne se trompaient pas, comme le croyait leur évêque ; ils disaient bien leur nom.

Le mot Canaan vient du verbe hébreu *kanah*, ou כנע, *abattre*, *humilier*. Les destinées futures de la race semblaient être indiquées dans cette expression, qui a fourni le mot כנעני, ou *kenani*, que nous répétons, en l'altérant, dans le mot Cananéen.

et les plus puissantes. Mais ces villes étouffaient dans leurs murailles : elles ne pouvaient plus contenir leurs habitants, qui devenaient chaque jour plus nombreux. Jamais, il faut le dire, les peuples n'ont poussé plus vite que dans ce coin du monde, qui semblait avoir concentré dans son sein toute la sève de l'Asie. Les Phéniciens durent se répandre en dehors de ces limites qui ne suffisaient plus à la forte expansion de leur race. Ils s'élancèrent sur la Méditerranée, et après avoir jeté quelques colonies à l'Est et au Sud de l'Europe, ils parurent s'attacher à l'Afrique septentrionale, qu'ils couvrirent de leurs établissements[1].

Rien de mieux constaté dans l'histoire que l'épanouissement de cette puissante nation sur le bord méridional de la mer Intérieure, comme disaient les Latins. C'est un souvenir qui se trouve partout dans l'antiquité; mais il ne s'y trouve pas seul : on l'y voit constamment mêlé à un nom héroïque et divin, celui d'Hercule, ou Melkkarth.

La part d'Hercule dans les établissements phéniciens est trop considérable, du moins d'après les vieux mythes, pour n'être point l'objet d'un sérieux examen. Hercule marche toujours avec la Phénicie; il conduit ses vaisseaux et dirige ses émigrations. Tous les efforts des républiques phéniciennes se trouvent exprimés dans cette grande figure, dans le rayonnement lointain de cette forme splendide et merveilleuse.

---

[1] Heeren, Ideen über die Politik, den Verkehr und den Handel der vornehmsten Völker der alten Welt, 1 und 2 Theil.

Melkkarth, ou Hercule, était un dieu tyrien avant
d'avoir revêtu, dans la littérature grecque, une expression profonde d'hellénisme. C'était le dieu national de
toutes ces villes, qui rayonnaient avec tant d'éclat sur
les rivages de la Phénicie, comme une sorte de végétation orientale. C'était le roi de la cité, comme l'indique le mot phénicien Melkkarth[1]; c'était un com-
merçant ou un navigateur, comme l'exprime le mot
Hercule, qui, d'après l'observation de Münter, dérive
d'une racine sémitique dont le sens répond à celui
de pied ou de plante[2]. Il allait, en effet, avec les vaisseaux de Tyr poser partout dans la Méditerranée son
pied victorieux. Il ne semblait représenter à l'origine
que l'énergie féconde du soleil[3]. Mais comme la Phénicie ne se développa que par le commerce et la navi-

[1] Mélicerte, Mélicarthé et Melkkarth sont des formes différentes d'un
même mot, qui signifie proprement *le roi de la ville,* מלך־קרתא. On a
voulu expliquer autrement cette expression, et traduire Melkkarth par *le
roi fort;* mais le savant Münter rejette cette interprétation. Voy. *Die Religion der Carthager,* p. 40.

[2] Le mot Hercule, ou Ἡρακλῆς, répond, dans les langues sémitiques qui
l'ont fourni, à notre mot *marchand ou voyageur.* Tel est le sens de l'expression hébraïque הרכל, qui vient évidemment de רכל, que nous devons traduire par *pied.* Ces idées de pied, de voyage, et par suite, de
commerce, se trouvent souvent rapprochées dans les langues et les livres
de l'Orient. Il y a là un rapport qui convient parfaitement au génie sym-
bolique de ces peuples. On peut s'en convaincre en lisant la Bible.

[3] Quoique Sanchoniaton ait distingué Hercule du soleil, s'il faut en
croire Eusèbe, on ne saurait douter de leur identité. C'est ce qui a engagé
quelques orientalistes à rattacher le mot Hercule à ces deux mots :
מלך־ ארתא, qu'il faudrait traduire par *roi de la terre.* Voy. dans la *Sym-
bolique* de Creuzer, t. II, p. 40, ce qu'il faut penser d'Horakel, ou Hercule,
au point de vue des théogonies orientales. Voy. aussi le *Comment. sur la
Bible* de Calmet, dissertation sur les divinités phéniciennes, t. I, p. 749.

gation, il devint bientôt le dieu marchand, le dieu des
courses et des spéculations maritimes. Carthage, la
fille de Tyr, lui donna un autre caractère. Il fut aussi
dans son culte le dieu de la guerre, parce que c'est
avec la guerre et le commerce que la patrie des Hannon et des Barcas porta si loin la puissance de la race
phénicienne. Comme dieu du commerce et de la
guerre, les aigles et les lions lui étaient consacrés. Les
aigles, c'étaient les vaisseaux de Tyr qui volaient jusqu'aux extrémités de la terre, comme le raconte Ézéchiel. Les lions, c'étaient les guerriers de Carthage;
c'étaient Hamilcar et Hannibal, toute cette famille de
capitaines et de héros, qui furent sur le point de fixer
dans l'Afrique septentrionale le siége de l'empire du
monde.

Hercule, ou Melkkarth, n'abandonna jamais les
Phéniciens. Il ne mourut point en Espagne, comme
l'affirme Salluste[1], c'est là un grossier anachronisme.
Il ne pouvait pas mourir avant Tyr et Carthage. Il devait porter encore, de la métropole aux colonies, ce
flambeau qui s'allumait au foyer même de la race et
qui courait sur les mers comme le symbole de cette
vie puissante que la Phénicie répandait sur tous les
rivages. Il ne faut donc jamais séparer Hercule du
peuple phénicien. L'un est la substance et l'autre la
forme; l'un est l'idée et l'autre le signe; alliance étroite,
union intime et profonde, qu'on ne peut briser sans
mutiler l'histoire. On l'a fait quelquefois. et voilà pour-

---

[1] Postquam in Hispaniâ Hercules, sicut Afri pu:ant. interiit.... *Bellum
Jugurth.*, cap. 18.

quoi il était nécessaire d'insister sur la physionomie éminemment phénicienne d'Hercule ou Melkkarth. Nous ne tarderons pas à nous appuyer sur ces observations pour faire envisager à son véritable point de vue l'établissement des Phéniciens dans l'Afrique septentrionale, et pour en déterminer la signification ethnographique.

On voudrait en vain assigner une date précise aux premiers efforts tentés par les Phéniciens dans l'Afrique du Nord. Il faut avouer toutefois qu'ils remontent à une haute antiquité. On ne peut guère, il est vrai, placer au delà du douzième siècle avant notre ère la fondation des premières villes phéniciennes sur le littoral africain [1]. Mais, en s'appuyant sur les traditions primitives de la Grèce, on voit que les navigateurs de Tyr se répandirent à peu près en même temps sur les deux rives de la Méditerranée. Ainsi dans ces récits antiques, le Cadmus phénicien appartient autant à l'Afrique septentrionale qu'à la Grèce [2]. Or on sait que

---

[1] Utique existait avant Carthage, comme semble l'indiquer son nom d'Ancienne. Aristote, qui parlait d'après des livres carthaginois, place sa fondation 287 ans avant l'établissement de Didon : Πρότερον κτισθῆναι λέγεται αὐτῆς τῆς Καρχηδόνος ἔτεσι διακοσίοις ὀγδοήκοντα ἑπτὰ, ὡς ἀναγί- γεται ἐν ταῖς φοινικικαῖς ἱστορίαις. Περὶ θαυμασίων ἀκρωασέων. Édit. de 1619, p. 1165. Malgré les témoignages d'Appien et d'Eusèbe, on ne peut faire commencer Carthage avant le neuvième siècle ; c'est au douzième, par conséquent, qu'il faut rapporter la naissance d'Utique. Mais il n'est pas douteux qu'avant cette époque les Phéniciens n'eussent des stations dans l'Afrique septentrionale. Voy. DODWELL, *Dissert. in Hannon.*

[2]
   Κεῖθι γὰρ ἀντιπόρων ἀνέμων πεφορήμενος αὔραις
   Εἰς χρόνον ἧκε Κάδμος ἔχων Σιδωνίδα νύμφην.

Et plus loin :
   Λιβυστίδι Κάδμος ἀρούρη

son émigration eut lieu dix-huit siècles environ avant
l'époque chrétienne. Les Phéniciens avaient donc posé
depuis longtemps le pied dans l'Afrique du Nord,
quand ils commencèrent à bâtir ces villes dont l'histoire nous a conservé les noms. •

Race commerçante avant tout, la race phénicienne
devait porter au dehors, avec ses spéculations, ses
mœurs et son caractère. La violence et la guerre ne
signalèrent point sans doute ses entreprises. Elle
n'avait pas assez d'énergie belliqueuse pour procéder
par la conquête. Lorsque Carthage le fit, ce fut surtout
avec des éléments étrangers. Les Phéniciens s'avancèrent donc par des voies pacifiques. Des luttes cependant, et de sérieuses luttes, semblent avoir marqué
leurs premiers pas dans l'Afrique du Nord. Hercule,
c'est-à-dire Tyr, eut à combattre Antée, fils d'Atlas. Le
géant libyen, plusieurs fois terrassé, retrouva plusieurs fois des forces nouvelles au contact de ce sol
puissant qui l'avait nourri. L'antiquité ne pouvait
guère indiquer, par un mythe plus expressif, cette re-
lation de l'homme avec la nature, cet hymen de la
race avec la terre, qui donne tant d'avantages aux indigènes, et qui a toujours protégé les Libyens.

Nous ne pensons pas que les Phéniciens aient pu
triompher par la force de ces résistances énergiques
appuyées sur le sol. La seconde partie du mythe, qui
nous montre Hercule soulevant Antée de la terre, nous

Δείμησας πολίων ἑκατοντάδα, δῶκε δ' ἑκάστῃ
Δύσβατα λαΐνέοις ὑψούμενα τείχεα πύργοις.
Dionys. NONNUS, liv. XIII.

paraît être une conception grecque. Elle doit s'être produite à l'époque où les Grecs, s'emparant du dieu tyrien, concentrèrent dans ses muscles puissants toute la force humaine et le présentèrent comme le type des athlètes. Si l'on veut que ce soit là une image phénicienne, il faut admettre que les marchands de Tyr, heureux sans doute d'avoir acheté la paix comme tous les marchands, voulurent se donner, dans une fiction nationale, le mérite d'une lutte glorieusement terminée. Cette explication s'accorde assez bien avec le caractère que les Phéniciens ont toujours manifesté dans l'histoire.

C'est donc par la paix, par des négociations habiles, que ces puissants navigateurs envahirent l'Afrique septentrionale. Ils ne durent pas produire, en se présentant au sein de la race indigène, de ces mouvements brusques, de ces rudes et fortes secousses qui ébranlent les peuples et changent complétement leur bassin. Ils s'étendirent paisiblement le long du rivage. La philologie permet de croire qu'ils abordèrent d'abord dans la zone la plus voisine de l'Égypte, qui devait devenir plus tard un centre grec [1]. Ils s'arrêtèrent ensuite à l'ouest des Syrtes, et c'est ainsi qu'ils marchèrent en suivant la mer vers la portion occidentale de l'Afrique du Nord. Des traités conclus avec les indigènes, des

---

[1] La partie orientale du Maghreb, où nous verrons bientôt accourir une colonie d'Hellènes, dut son nom de Cyrénaïque à la langue des Phéniciens. Les noms de Cyrénaïque et de Cyrène dérivaient du mot phénicien מקיר, qui répond assez à notre mot *jaillir*. C'était le nom d'une fontaine près de laquelle les Grecs s'établirent.

concessions achetées à grand prix, voilà quelle fut la base de leurs établissements. L'histoire est ici d'accord avec la poésie, et l'on peut appliquer à toutes ces villes phéniciennes qui s'élevèrent sur le bord méridional de la Méditerranée, la merveilleuse légende qui courait dans les temps anciens sur l'origine de Carthage.

D'après ce vieux récit, on rencontra une tête de bœuf en creusant les fondements de la ville d'Elissa. Cette tête de bœuf, emblème de servitude, déplut au prêtre tyrien, qui présidait à la naissance de la cité nouvelle. On alla creuser plus loin, et l'on trouva cette fois une tête de cheval, symbole de guerre et de conquête [1]. Ce fut là seulement qu'on posa, d'après la légende, la première pierre de cette autre Tyr. Il est plus exact de dire que Carthage commença par la tête de bœuf, c'est-à-dire par la soumission et le tribut, et qu'elle arriva ensuite à la tête de cheval, c'est-à-dire à la force, à la puissance et à la domination.

Il en fut de même des autres villes, que les Phéniciens bâtirent successivement à l'est et à l'ouest de Carthage. Ces fondateurs de colonies, au lieu de conquérir la

[1] Itaque, consentientibus omnibus, Carthago conditur, statuto annuo vectigali pro solo urbis. In primis fundamentis caput bubulum inventum est; quod auspicium quidem fructuosæ terræ, sed laboriosæ perpetuoque servæ urbis fuit : propter quod in alium locum urbs translata. Ibi quoque equi caput repertum, bellicosum potentemque populum futurum significans, urbi auspicatam sedem dedit. JUST., *Histor.* lib. XVIII, cap. 5.

> Effodère loco signum, quod regia Juno
> Monstràrat, caput acris equi; sic nam fore bello
> Egregiam et facilem victu per sæcula gentem.
>
> VIRG., *Æneid.* lib. I.

Silius reproduit le même fait dans le IIᵉ livre de ses *Puniques*.

place qu'elles devaient occuper, la demandaient aux Libyens, aux possesseurs primitifs du sol, qui devaient le
vendre chèrement à ces nouveaux venus[1]. C'est ainsi
que la Phénicie envahit insensiblement le rivage. Elle
avait de distance en distance des villes célèbres, des
centres puissants, qui étaient comme les nœuds de
cette vaste domination qui courait le long de la côte.
Telles furent avec Carthage, qui semble attirer à elle
tout ce monde phénicien, Leptis, Hadrumette, Utique,
les deux Hippones, et plusieurs autres[2].

Pour étendre ce long réseau de villes sur la zone
septentrionale de l'Afrique, il fallut sans doute le travail de plusieurs générations. Mais les hommes pullu-

---

[1] Elissa delata in Africæ sinum, incolas loci ejus, adventu peregrinorum
mutuarumque rerum commercio gaudentes, in amicitiam sollicitat;
deindè, empto loco.... Just., *Histor.* lib. xviii, cap. 5.

> Fatali Dido Libyes appellitur oræ;
> Tùm pretio mercata solum, nova mœnia ponit.
>
> Sil. Ital. *Punic.* lib. ii.

[2] Il est à remarquer que, parmi les noms des villes qui furent fondées
par les Phéniciens dans l'Afrique du Nord, il n'y en a pas un seul qui
exprime une idée de guerre ou de conquête. Ainsi, Leptis vient de לבת,
ou *lapt*, qui signifie proprement *station*. Sabrata emprunte son nom à
עבר, ou *sabar*, qui répond à notre mot *réunir*. On rend la même
idée, en le rapportant au mot הוא, qui veut dire *rassembler*. Les noms
d'Utique et de Carthage, qui ont une autre signification, n'expriment
point pourtant des idées militaires. Carthage vient de קרתא חדתא, ou
kartha hadtha, c'est-à-dire *ville nouvelle;* Utique, de עתיקא, ou *atica*,
ville ancienne. Nous pourrions chercher le sens des autres noms sans sor-
ir du cercle des mêmes idées. On ne trouve nulle part une signification
de guerre. Il ne devait pas en être ainsi des établissements romains. Le
mot *castrum* ou *castra* devait s'y reproduire plus d'une fois. C'est que les
Romains étaient avant tout un peuple conquérant et guerrier, tandis que
les Phéniciens n'étaient guère que des marchands.

laient dans la Phénicie, et Hercule était infatigable.
Que de fois il renouvela ses courses à travers la Méditerranée! enfin il arriva à l'Océan, dit le mythe, qui
traduit ici complétement l'histoire.

Avant d'entrer plus profondément dans l'examen
de cette invasion phénicienne et des questions d'ethnographie qui s'y rattachent, nous pouvons apprécier
l'influence que ces étrangers, venus de l'Asie, durent
exercer sur les destinées de la race primitive. Les Phéniciens, avons-nous dit, ne refoulèrent pas brusquement les Libyens, mais ils les enveloppèrent du côté
de la Méditerranée, comme ils devaient le faire plus
tard du côté de l'Océan. Grâce à cette barrière, la mer
devint étrangère aux indigènes qui se replièrent au
sein des terres et prirent ce caractère continental qui
les a toujours distingués et qui les distingue encore
aujourd'hui [1]. Les invasions qui suivirent fixèrent en
quelque sorte ce mouvement. Les habitants primitifs
se resserrèrent de plus en plus au lieu de se dilater;
ils s'assimilèrent davantage au continent qui les portait, à ces formes brusques et arrêtées, qui semblent
s'être retirées sur elles-mêmes, comme si une force interne les avait empêchées de s'étendre vers les mondes
voisins.

La concentration des Libyens fut donc le résultat
de l'invasion phénicienne. Pour mieux apprécier ce
fait, il faudrait connaître l'étendue de cette invasion,

---

[1] Les Berbers, ou, pour parler comme l'antiquité, les Libyens, n'ont
dans leurs dialectes aucune expression pour désigner la mer. Ils se servent du mot arabe بحر. Cette observation n'a pas échappé à la sagacité
de Ritter.

et les lignes qui lui servirent de limites. Les Phéniciens se fixèrent sur le rivage, et les Libyens, resserrant leur masse, se retirèrent devant eux. Mais où s'arrêta ce mouvement ? jusqu'où s'avança ce premier flot de peuples que l'Orient jetait à côté de la race primitive sur l'Afrique du Nord ?

L'invasion des Phéniciens, comme on a pu le voir, fut surtout maritime. Il est vrai qu'avec Carthage ils s'avancèrent un peu vers l'intérieur, et quelques termes géographiques, empruntés à la vieille langue de la Phénicie, pourraient faire admettre qu'ils allèrent assez loin [1]. Mais on voit dans Salluste, et dans quelques autres écrivains, que les villes qu'ils fondèrent s'élevèrent le long de la côte [2]. Ainsi on peut dire qu'ils suivirent le rivage depuis les Syrtes jusqu'à l'Océan. Arrivés là, ils se replièrent vers le sud. S'il fallait s'en rapporter au Périple d'Hannon, que nous avons déjà examiné, ils auraient occupé une assez grande partie de l'Afrique occidentale. On doit se rappeler aussi que Strabon plaçait sur cette côte un grand nombre d'établissements phéniciens [3]. Ce qu'il y a de certain, c'est que cette première invasion orientale pénétra là, plus qu'ailleurs, dans le cœur du pays. En effet les Pharusiens, dont parle Pomponius Méla, confinaient, d'après cet écri-

---

[1] L'ancien nom de Costhinah ou Constantine, Cirtha, était emprunté évidemment à la langue phénicienne. Nous avons cité plus haut le mot קרתא, qu'il reproduit exactement.

[2] Hipponum, Hadrumetum, Leptim aliasque urbis in orâ maritimâ condidère. SALLUST., *Bell. Jugurth.*, cap. 19.

[3] Φοινικικὰς δὲ πόλεις κατεσκευασμένας παμπόλλας τινὰς, ὧν οὐδέν ἐστιν ἰδεῖν ἴχνος. STRAB., lib. XVII, cap. 3.

vain, à la race noire, c'est-à-dire qu'ils s'avançaient
assez dans le sud [1]. Or ces Pharusiens, comme nous le
verrons bientôt, avaient été jetés là, d'après toutes
les vraisemblances, par les émigrations tyrio-cananéennes. Il faut observer aussi que quelques-uns des
peuples orientaux, qui, d'après le récit de Salluste,
sortirent de l'armée d'Hercule, s'étaient établis loin
du rivage [2].

Quoi qu'il en soit de cette question, qu'il est assez
difficile de résoudre complétement, on voit que les
Phéniciens qui se fixèrent en Afrique n'étaient nullement un peuple homogène. On n'a guère observé jusqu'à présent combien il y avait d'éléments divers dans
cette invasion, qui partit de la Phénicie. Ce n'étaient
pas seulement les habitants de Tyr, de Sidon, de Bi-
blos et d'Aradus, qui voguaient avec leur Hercule à travers les mers et couraient s'établir au pied de l'Atlas.
De nombreux débris des peuples orientaux les suivaient. L'Asie occidentale, à cette époque, était si re-
muée, que les peuples y flottaient dans d'éternels orages.
Souvent même ils en étaient chassés. La Phénicie les
recevait dans ses villes et les versait sur l'Occident.
C'était un *printemps sacré*, qui se renouvelait sans cesse,

---

[1] Ultrà Nigritæ sunt et Pharusii usque ad Æthiopas. POMP. MELA, *De
Situ orbis*, lib. i.

[2] Après avoir parlé de certains de ces peuples qui s'assirent sur le bord
de la Méditerranée, ou, comme on dirait aujourd'hui avec la langue des
indigènes, sur le Sahel, l'écrivain latin ajoute : « Sed Persæ intrà Oceanum
magis. » *Bell. Jugurt.*, c. 18. C'est à peu près la même indication que
celle de Pomponius Méla. Il y a quelque différence dans les noms; mais
on verra plus bas comment s'explique cette différence.

pour parler la langue religieuse et poétique de l'antiquité. Voilà pourquoi la tradition nous montre, à la suite d'Hercule, une foule de nations orientales. Le récit de Salluste, malgré sa couleur mythologique, appartient ici complétement à l'histoire. Après qu'Hercule, dit l'historien romain, eut péri en Espagne, comme le pensent les Africains, son armée, composée d'un grand nombre de peuples, désormais sans chef, commença à se dissoudre au milieu de mille contestations rivales. Parmi ces peuples, les Mèdes, les Perses et les Arméniens passèrent en Afrique et s'y établirent[1]. Ce que nous avons dit précédemment du rôle d'Hercule doit nous faire voir ce qui est grec et ce qui est phénicien dans ces paroles, où les idées de la Grèce se mêlent aux conceptions orientales. Quelle que soit l'explication que l'on adopte à cet égard, il restera toujours vrai que les Phéniciens n'étaient pas seuls quand ils envahirent l'Afrique septentrionale, et qu'un essaim de peuples marchait avec eux.

Mais quels étaient ces peuples? doivent-ils être désignés sous les noms que leur donne l'historien romain? Il est permis d'en douter.

Un critique du dernier siècle voulait substituer aux Perses les Phérésiens, qui semblent avoir été indiqués par Méla, aux Mèdes les Madianites, et aux Armé-

---

[1] Sed postquàm in Hispaniâ Hercules, sicut Afri putant, interiit, exercitus ejus, compositus ex variis gentibus, amisso duce, ac passim multis sibi quisque imperium petentibus, brevi dilabitur. Ex eo numero Medi, Persæ et Armenii, navibus in Africam transvecti, proxumos nostro mari locos occupavère. SALLUST., *Bell. Jugurth.*, cap. 19.

niens les Araméens[1]. Si l'auteur du livre de Jugurtha
puisa, comme il le dit, dans des chroniques cartha-
ginoises, il dut mal traduire les noms[2]. Mais peut-être
doit-on rapporter son erreur à une autre cause. Salluste, qui savait que l'invasion fyrio-cananéenne entraînait à sa suite une partie de l'Orient, put chercher à
donner des noms à tous ces peuples qui suivaient les
Phéniciens. Or, rien de plus vague dans l'antiquité que
les qualifications de Mèdes et de Perses employées par
Salluste. On peut en dire autant du mot Arménien.
Ces termes, sans avoir une valeur bien précise, s'ap-
pliquaient en général aux peuples de l'Asie occidentale. Voilà comment Salluste a pu s'en servir.

Du reste, on peut croire que l'historien romain a
écrit d'une manière inexacte des noms qui lui étaient
étrangers et qu'il lisait peut-être dans une langue étrangère. Il est permis, dans ce cas, de remplacer les peuples orientaux par ceux que nous avons nommés.
Quelques lignes de Procope, qui méritent d'être étu-
diées, semblent conduire à ce résultat. D'après cet
auteur, il faut chercher aux environs de la Palestine
les noms et les foyers de ces peuples, qui suivirent
dans l'Afrique du Nord l'émigration phénicienne[3].

---

[1] Voy. les Mémoires de l'abbé Mignot sur les Phéniciens, dans les tom.
XXXIV-XLII de l'Académie des Inscriptions et Belles-Lettres.

[2] Qui mortalis initio Africam habuerint, quique posteà accesserint, aut
quo modó inter se permixti sint, quamquàm ab eâ famâ quæ plerosque
obtinet, diversum est, tamen, uti ex libris punicis, qui regis Hiempsalis
dicebantur, interpretatum nobis est, utique rem sese habere cultores ejus
terræ putant, quàm paucissumis dicam. SALLUST., *Bell. Jugurth.*, cap. 17.

[3] Ἐπειδὴ Ἑβραῖοι ἐξ Αἰγύπτου ἀνεχώρησαν καὶ ἄχρι τῶν Παλαιστίνης ὁρίων
ἐγένοντο, Μωσῆς μὲν σοφὸς ἀνήρ, ὃς αὐτὸς τῆς ὁδοῦ ἡγήσατο, Θνήσκει, διαδέ-

Procope parle en effet des Jébuséens et de plusieurs autres peuples, désignés, dit-il, dans les livres juifs, qui, à la suite de l'ébranlement causé en Orient par le déplacement des Hébreux, se virent contraints à passer en Afrique. Ils y apportèrent la langue de la Phénicie, et dressèrent deux colonnes où ils gravèrent ces mots : « Nous avons fui la face de Josué, le brigand, fils de Navé. » L'écrivain de Byzance se trompe en rapportant uniquement au mouvement de Josué la marche vers l'ouest de toutes ces familles orientales. Il se trompe encore quand il dit que ces Cananéens, chassés de l'Orient par la conquête juive, étaient venus par terre à travers l'Égypte jusqu'à Tingis. C'étaient les vaisseaux de la Phénicie qui les avaient apportés. Melkkarth entraînait avec lui une partie de l'Orient.

Voilà comment il faut considérer cette invasion phé-

χεται δὲ τὴν ἡγεμονίαν Ἰησοῦς ὁ τοῦ Ναυῆ παῖς, ὃς ἔς τε τὴν Παλαιστίνην τὸν λαὸν τοῦτον εἰσήγαγε, καὶ ἀρετὴν ἐν τῷ πολεμῷ κρείσσω ἢ κατὰ ἀνθρώπον φύσιν ἐπιδειξάμενος τὴν χώραν ἔσχε καὶ τὰ ἔθνη ἅπαντα κατασόρεφάμενος, τὰς πολεῖς εὐπετῶς παριστήσατο, ἀνίκητός τε παντάπασιν ἔδοξεν εἶναι. Τότε δὲ ἡ ἐπιθαλασσία χώρα ἐκ Σιδῶνος μέχρι τῶν Αἰγύπτου ὁριῶν Φοινίκη ξύμπασα ὠνομάζετο· βασιλεὺς δὲ εἰς τὸ παλαιὸν ἐφειστήκει, ὥσπερ ἅπασιν ὡμολόγηται, οἱ Φοινικῶν τὰ ἀρχαιότατα ἀνεγράψαντο. Ἐνταῦθα ἔθνη πολυανθρωπότατα, Γεργεσαῖοί τε καὶ Ἰεβουσαῖοι καὶ ἄλλα ἄττα ὀνόματα ἔχοντα οἷς δὴ αὐτὰ ἡ τῶν Ἑβραίων ἱστορία καλεῖ. Οὗτος ὁ λαὸς ἐπεὶ ἄμαχον τι χρῆμα τὸν ἐπηλύτην στρατηγὸν εἶδον, ἐξ ἠθῶν τῶν πατρίων ἐξαναστάντες ἐπ' Αἰγύπτου ὁμόρου οὔσης ἐχώρησαν· ἔνθα χῶρον οὐδένα σφίσιν ἱκανὸν ἐνοικήσασθαι εὑρόντες, ἐπεὶ ἐν Αἰγύπτῳ πολυανθρωπία ἐκ παλαιοῦ ἦν, ἐς Λιβύην ἐστάλησαν, πόλεις τε οἰκίσαντες ἔσχον, ἐνθαῦτα τε καὶ ἐς ἐμὲ τῇ Φοινίκων φωνῇ χρώμενοι ᾤκηνται. Ἐδείμαντο δὲ καὶ φρούριον ἐν Νουμιδίας πόλει, οὗ νῦν πόλις Τίγισις ἐστί τε καὶ ὀνομάζεται. Ἔνθα στῆλαι δύο ἐκ λίθων λευκῶν πεποιημέναι ἄγχι κρήνης εἰσὶ τῆς μεγάλης, γράμματα φοινικικὰ ἐγκεκολαμμένα ἔχουσαι τῇ Φοινίκων γλώσσῃ λέγοντα ὧδε· ἡμεῖς ἐσμεν οἱ φυγόντες ἀπὸ προσώπου Ἰησοῦ, τοῦ λῃστοῦ υἱοῦ Ναυῆ., Procop., vol. I, p. 440, *Coll. de la Byzant.* Bonn.

nicienne. C'était un grand mouvement de peuples que les révolutions de l'Asie, et les luttes dont elle était le théâtre, rejetaient dans la Méditerranée et sur l'Afrique du Nord. Ils allaient chercher une patrie nouvelle avec le commerce de la Phénicie, et ils s'établissaient, sous ses auspices, à côté de cette grande race libyenne ou berbère, qui s'était assise solitairement le long de l'Atlas.

CHAPITRE VII.

Hellènes, ou Grecs. — Leur invasion dans la partie orientale de l'Afrique du Nord. — Leur point de départ, et appréciation de ce mouvement au point de vue de l'ethnographie et de l'histoire. — Tentatives ultérieures. — Quelle en fut l'issue. — Pourquoi la Grèce ne se mêla pas d'une manière plus puissante aux peuples de l'ancienne Afrique septentrionale.

Pendant que les Phéniciens, entraînant avec eux plusieurs familles asiatiques, couvraient une grande partie de l'Afrique du Nord, il s'opérait, du côté de l'Est, un mouvement qui fut moins considérable sans doute, mais que nous ne devons point négliger, parce qu'il introduisit un autre peuple, une nouvelle race sur cette terre ouverte à toutes les invasions.

Utique et Carthage, ces deux grands centres de la vie phénicienne en Afrique, brillaient déjà de tout leur éclat, quand quelques fugitifs, partis d'un autre foyer, descendirent sans bruit au delà des Syrtes, à deux pas de l'Égypte, et s'y établirent; ce fut vers 631 avant notre ère. Ces fugitifs venaient de Théra, l'une de ces îles qui scintillent sur la Méditerranée, entre l'Europe et l'Asie, et qui semblent flotter entre ces deux continents dans une radieuse indépendance. Comme la plupart des îles ses voisines, Théra était sortie d'une de ces révolutions géologiques, qui changèrent si souvent la physionomie mobile du bassin méditerranéen. Le volcan qui la rongeait lui fit donner le nom de brûlée.

Mais elle s'étalait avec tant de grâce au milieu de ses compagnes, qu'on lui donna aussi le nom de très-belle[1]. D'après les légendes mythologiques, elle était éclose d'une motte de terre qu'un Argonaute avait laissée tomber dans les flots[2]. Cette motte de terre, chantée par Pindare, avait une origine précieuse pour nous. Elle fut prise, s'il faut en croire la poésie grecque, sur le rivage africain[3]. L'antiquité voulait-elle consoler par une fiction ces Grecs fugitifs, qui s'éloignaient de Théra

[1] L'île de Théra fut primitivement désignée sous le nom de Καλλίστη. Le volcan qu'elle portait dans ses entrailles lui valut ensuite l'épithète de μάχρη Καμμένη, pour la distinguer d'une autre île volcanique moins considérable. Le nom de Théra lui vint d'une autre source; elle le dut au Lacédémonien qui conduisit une colonie sur son territoire. Tous ces noms, qui rappelaient des souvenirs historiques ou géographiques, ont été remplacés, dans la langue des Grecs modernes, par celui de τὸ Νησί τῆς ἁγίας Εἰρήνης, l'île de sainte Irène; de là Santorin.

[2] Le nom de cet Argonaute était Euphème. Voir son rôle poétique et merveilleux dans le récit d'Apollonius.

[3] Ἂν δ' εὐθὺς ἀρπάξαις ἀρούρας

Δεξιτερᾷ προτυχὸν

Ξένιον μάστευσε δοῦναι.

Οὐδ' ἀπίθησέ νιν, ἀλ-

λ' ἥρως, ἐπ' ἀκταῖσιν θορὼν,

Χειρί οἱ χεῖρ' ἀντερείσαις

Δέξατο βώλακα δαιμονίαν.

Πεύθομαι δ' αὐτὰν κατα-

κλυσθεῖσαν ἐκ δούρατος

Ἐναλίᾳ βᾶμεν σὺν ἅλμᾳ,

Ἑσπέρας, ὑγρῷ πελάγει σπομέναν.

Ἦ μάν γιν ὄτρυνον θαμά

Λυσιπόνοις θεραπόν-

τεσσιν φυλάξαι· τῶν δ' ἐλάθοντο φρένες.

Καί νυν ἐν τᾷδ' ἄφθιτον νά-

σῳ κέχυται Λιβύας εὐρυχόρου

Σπέρμα πρὶν ὥρας.

PIND. Pyth. IV.

pour aller habiter l'Afrique? ou bien n'exprimait-elle pas plutôt par cette idée d'antiques rapports qui avaient rattaché la côte africaine à l'île de Théra et à ses habitants? On est porté à le croire, quand on songe aux courses aventureuses dont la Méditerranée fut le théâtre dans les temps primitifs et dont les vagues souvenirs ont dû se perpétuer plus d'une fois dans les poésies ou les croyances populaires des vieux siècles.

La colonie que Théra vit partir pour l'Afrique septentrionale appartenait, comme sa population, à cette grande race des Hellènes qui pesa d'un si grand poids dans les destinées de l'antiquité, et devint, dans ses agitations intelligentes et fécondes, le lien de l'Asie et de l'Europe. Ce n'étaient pas des Ioniens qui siégeaient à Théra, mais des Doriens, c'est-à-dire l'élément le plus rude et le plus inculte, mais aussi le plus puissant de la race hellénique. Des convulsions intérieures troublèrent le repos de ces insulaires, et ce fut à la suite de ces convulsions qu'une partie des habitants, conduite par Battus, gagna la mer et se dirigea vers l'Afrique[1]. Tel est du moins le motif le plus probable

---

[1] Justin et Hérodote donnent une autre origine à l'établissement des Cyrénéens. Voici la version de l'auteur latin : « Cyrene autem condita fuit ab Aristæo, cui nomen Battos propter obligationem linguæ fuit. Hujus pater Cyrinus, rex Theramenis insulæ, cùm ad oraculum Delphos, propter dedecus adolescentis filii nondùm loquentis, dum deprecaturus venisset, responsum accepit, quo jubebatur filius ejus Battos Africam petere et urbem Cyrenem condere, usum linguæ ibi accepturus. Cùm responsum ludibrio simile videretur, propter solitudinem Theramenis insulæ, ex quâ coloni ad urbem condendam in Africam tàm vastæ regionis proficisci jubebantur, res omissa est. Interjecto deindè tempore, velut contumaces, pestilentiâ deo parere compelluntur; quorum tàm insignis paucitas

que l'on puisse donner de leur déplacement. Ils débar-
quèrent un peu au hasard sur le premier rivage qui
se présenta, et la nature y parut si belle et si splendide
à leurs yeux, qu'ils s'y arrêtèrent. Cette côte était, en
effet, l'une des contrées les plus riches et les plus remarquables de l'Afrique septentrionale. D'après les
récits anciens, cette nouvelle patrie avait été révélée
par un oracle à Battus[1]. Nous n'avons point à discuter
cet oracle. L'antiquité, dont l'esprit était profondément religieux, n'a jamais manqué de placer un
dieu dans les événements solennels. Ce qu'il est important de remarquer ici, c'est qu'il ne faut pas
croire, en s'appuyant sur cette tradition, que les Grecs
de Théra n'avaient aucune idée du pays où ils devaient

fuit, ut vix unam navem complerent. Càm venissent in Africam, pulsis
accolis, montem Cyran, et propter amœnitatem loci, et propter fontium
ubertatem, occupavêre. Ibi Battos, dux eorum, linguæ nodis solutis, lo-
qui primùm cœpit. » Lib. xiii, cap. 7.

On trouve à peu près les mêmes idées dans l'historien d'Halicarnasse,
qui dut inspirer Justin, ou plutôt Trogue Pompée. Voy. Hérod., liv. iv.

Quoi qu'il en soit, il était reconnu dans l'antiquité que ce fut la discorde
qui poussa les Grecs vers l'Afrique du Nord. Ὁ δὲ Μενεκλῆς πιθανωτέραν
δοκεῖν φησὶ τὴν περὶ στάσεως αἰτίαν, μυθικωτέραν δὲ τὴν περὶ τῆς φωνῆς. PIND.,
Schol. Pythiq., iv. Le mot Battos, ou Βάττος, qui signifie muet en grec,
explique une partie du récit d'Hérodote et de Justin.

[1] Ἔνθα ποτὲ χρυσέων

Διὸς ὀρνίχων πάρεδρος,

Οὐκ ἀποδάμου Ἀπόλ-

λωνος τυχόντος, ἱέρεα

Χρῆσεν οἰκιστῆρα Βάττον

Καρποφόρου Λιβύας, ἱερὰν

Νᾶσον ὡς ἤδη λιπὼν

Κτίσσειεν εὐάρματον

Πόλιν ἐν ἀργινόεντι μαστῷ.

PIND. Pyth. iv.

9

se fixer. L'opinion contraire semblerait devoir résulter de ce que nous avons dit de l'origine plus ou moins merveilleuse de leur île. On sait en outre que, même dans les temps anciens, il fut possible à la Grèce de recueillir quelques vagues notions sur l'Afrique du Nord. Chose remarquable! le rôle de Cadmus, dans la poésie antique, n'est pas limité à la Grèce, il s'étend aussi sur l'Afrique, et cet ancien initiateur des races occidentales à la civilisation de l'Orient paraît rapprocher les trois mondes de l'antiquité.

Il semble donc que Battus et ses compagnons ne s'arrêtèrent point sur un sol complétement inconnu. Ils ne se dirigèrent vraisemblablement de ce côté que parce qu'ils étaient sûrs de n'y point rencontrer les Phéniciens qui couvraient le reste du rivage[1]. Le nom de Cyrène, qu'ils donnèrent à leur ville, peut bien indiquer, ainsi que nous l'avons déjà dit, que ces Orientaux y avaient passé avant eux, mais ils ne s'y étaient pas arrêtés. La place demeurait libre.

Les fondateurs de Kuren, ou Cyrène, étaient très-peu nombreux, quand ils s'établirent dans ce bassin. Leur petit nombre, d'après le récit de Justin, les avait empêchés d'abord d'obéir à l'oracle, qui les envoyait en Afrique. Cette poignée d'insulaires ne pouvait pas comprendre qu'elle dût fonder un état dans un monde aussi vaste. Le même historien ajoute, et ce témoignage

---

[1] Igitur ad Catabatbmon, qui locus Ægyptum ab Africâ dividit, secundo mari, prima Cyrene est, colonia Theræon, ac deinceps duæ Syrtes, interque eas Leptis; dein Philænôn Aræ, quem, Ægyptum versùs, finem imperii habuêre Carthaginenses; post aliæ punicæ urbes. Sall., *Jug.*, c. 19.

est encore plus précieux, qu'il suffit d'un vaisseau pour porter ce petit peuple dans son nouveau foyer.

Toutefois, on doit observer que cette population ne tarda pas à s'accroître. De nouveaux colons vinrent partager ses destinées[1]. Il en accourut un grand nombre des Cyclades et des Sporades, ainsi que des deux Grèces, européenne et asiatique. Mais l'élément primitif ou l'élément dorien domina toujours, comme l'indique l'idiome qui était en usage à Cyrène[2].

Grâce à ces renforts, les Grecs purent s'étendre sur le rivage et appuyer un peu vers l'intérieur. Dans ce dernier mouvement, ils heurtèrent les Libyens ou Berbers de l'Est. Mais la nouvelle colonie se trouva en mesure de lutter victorieusement contre ces tribus. Ce qui prouve qu'elle formait déjà un centre assez important[3]. Un autre fait nous conduit à la même idée :

---

[1] Ἐπὶ μὲν νῦν Βάττεώ τε τοῦ οἰκιστέω τῆς ζώης, ἄρξαντος ἐπὶ τεσσαράκοντα ἔτεα, καὶ τοῦ παιδὸς αὐτοῦ Ἀρκεσίλεω ἄρξαντος ἑκκαίδεκα ἔτεα, οἴκεον οἱ Κυρηναῖοι, ἐόντες τοσοῦτοι, ὅσοι ἀρχὴν ἐς τὴν ἀποικίην ἐστάλησαν· ἐπὶ δὲ τοῦ τριτοῦ Βαττέω τοῦ εὐδαίμονος καλεομένου Ἕλληνας πάντας ὥρμησε χρήσασα ἡ Πυθίη πλέειν, συνοικήσαντας Κυρηναίοισι Λιβύην. Ἐπεκαλέοντο γὰρ οἱ Κυρηναῖοι ἐπὶ γῆς ἀναδασμῷ· ἔχρησε δὲ ὧδε ἔχοντα·

> Ὃς δέ κεν ἐς Λιβύην πολυήρατον ὕστερον ἔλθῃ
> Γᾶς ἀναδαιομένας μέτα οἱ πόκα φαμὶ μελήσειν.

Συλλεχθέντος δὲ ὁμίλου πολλοῦ ἐς τὴν Κυρηνήν.... HÉROD., liv. IV.

[2] On n'a qu'à lire les hymnes du poëte Synésius, par exemple, pour s'en convaincre.

[3] Quà tempestate Carthaginienses pleræque Africæ imperitabant, Cyrenenses quoque magni atque opulenti fuêre. SALLUST., *Bell. Jugurth.*, cap. 79.

Dans la suite de ce chapitre, où l'historien romain parle de la lutte des Cyrénéens contre les Carthaginois, on lit ces mots : « Postquàm utrinque legiones, item classes, sæpè fusæ fugatæque, et alteri alteros aliquantùm

nous voyons dans l'histoire que Cyrène voulut aussi
gagner du terrain du côté de Carthage : de là une lutte
entre les Carthaginois et les Cyrénéens. Elle finit,
comme on sait, par le dévouement héroïque des Phi-
lènes. Mais il paraît qu'avant cette conclusion pacifique
il y avait eu des démêlés sanglants. Cyrène avait combattu sur terre et sur mer. Salluste parle de ses flottes
qui naviguaient à cette époque dans la Méditerranée,
sans doute dans la partie orientale. Il résulte assez de
ces souvenirs que ces Grecs, transplantés dans le nord
de l'Afrique, commençaient à y être nombreux.

Cependant, quelle que soit la valeur que l'on attache
à ces témoignages, l'invasion hellénique, qui commença
et finit pour ainsi dire à Cyrène, devait être presque
inaperçue dans le mouvement général des peuples de
l'Afrique du Nord. Qu'il y a loin de cet établissement
caché en quelque sorte dans un coin du rivage, entre
l'Égypte et les Syrtes, à l'occupation phénicienne qui
l'avait précédée, et à toutes ces invasions plus ou
moins puissantes qui devaient la suivre ! Ces Grecs
devaient être doublement isolés, au moins du côté de
l'Afrique, dans cette ville qu'ils venaient de fonder et
dans celles qui pouvaient se grouper autour d'elle.
Le nombre de ces colons n'était pas assez considérable, ils ne formaient pas une masse assez imposante
pour qu'ils pussent se porter ailleurs. Ensuite le désert
les enveloppait en partie. Cyrène·dans ce milieu, avec

attriverunt.... » Ce texte, où il y a peut-être un peu d'exagération, doit
faire admettre cependant qu'à une époque assez voisine de son origine,
Cyrène s'était élevée à une haute puissance.

les villes qu'elle dominait, ne devait être qu'une espèce d'oasis grecque, perdue dans le continent africain.

La Grèce, avec son activité et ses instincts, aurait occupé sans doute une plus grande place en Afrique, ses peuples auraient agi plus puissamment sur les peuples de cette contrée, si elle s'était moins jetée vers l'Orient pour y suivre les Achménides. Toutefois, dans ce mouvement hardi qui l'emportait vers le monde asiatique, elle ne perdit pas entièrement de vue le bord méridional de la Méditerranée, elle essaya même de l'atteindre et de le conquérir, en se portant davantage du côté de l'Ouest.

Alexandre, dans le cours de ses conquêtes, sembla se rattacher plus d'une fois à cette idée. L'Égypte, soumise à ses armes, lui livrait l'entrée de l'Afrique septentrionale. On crut un instant qu'il allait s'y élancer. Cette société grecque, dont Cyrène était le centre, parut l'y convier au nom de l'hellénisme et des intérêts qu'il représentait. Un passage de son historien, Quinte-Curce, confirmé par la parole plus grave et plus sévère de Diodore, nous a conservé le souvenir d'une alliance qui fut formée à cette époque entre la Libye hellénique et le glorieux conquérant de l'Égypte, et qui semblait avoir pour but d'ouvrir au guerrier macédonien le chemin de l'Occident[1]. Ce projet ne fut

---

[1] Secundo anno, descendit ad Mareotim paludem. Eò legati Cyrenensium dona attulère, pacem, et ut adiret urbes suas petentes. Ille, donis acceptis, amicitiàque conjunctà, destinata exsequi pergit. Q. Curt. Ruf., lib. iv, c. 1.

Diodore exprime à peu près la même pensée dans le texte suivant :

Κατὰ μέσην δὲ τὴν ὁδὸν ἀπήντησαν αὐτῷ πρίσβεις παρὰ Κυρηναίων, στέφα-

point exécuté. Alexandre était impatient de saisir l'Asie. Il voulait apporter dans cet ancien berceau des religions et des dieux comme un caractère divin. Voilà pourquoi, au lieu de s'avancer du côté de l'Atlas, il s'enfonça dans les sables qui enveloppaient ce temple libyen, si célèbre dans l'antiquité : il en sortit à peu près dieu, comme il le désirait, et consacré désormais pour les conquêtes les plus merveilleuses, il courut prendre la monarchie des Perses, avec les peuples et les empires plus ou moins inconnus qui l'environnaient.

Au retour de ses longues courses dans l'extrême Orient, son regard se reporta sur l'Afrique du Nord. Les peuples de cette contrée lui envoyèrent des députés à Babylone. Il ne reçut pas seulement les hommages des Grecs de la Cyrénaïque, comme sur les bords du Nil; parmi ces ambassadeurs étrangers qui se pressaient autour de lui et qui venaient s'humilier devant sa gloire, le vainqueur de Darius put reconnaître les représentants des Carthaginois et de toute ces familles tyrio-cananéennes qui étaient échelonnées du côté de l'ouest le long de la mer intérieure[1]. Carthage, en effet, d'après l'aveu de l'antiquité, craignit pendant quel-

νον κομίζοντες καὶ μεγαλοπρεπῆ δῶρα, ἐν οἷς ἦγον ἵππους πολεμιστὰς τριακοσίους καὶ πέντε τέθριππα τὰ κράτιστα. Ὁ δὲ τούτους μὲν ἀποδεξάμενος, φιλίαν καὶ συμμαχίαν συνέθετο πρὸς αὐτούς. **Lib. xvii, cap. 49.**

[1] Ἐξ ἁπάσης σχεδὸν τῆς οἰκουμένης ἦκον πρέσβεις, οἱ μὲν συγχαίροντες ἐπὶ τοῖς κατορθόμασιν, οἱ δὲ στεφανοῦντες, ἄλλοι δὲ φιλίας καὶ συμμαχίας τιθέμενοι, πολλοὶ δὲ δωρεὰς μεγαλοπρεπεῖς κομίζοντες· τινὲς δὲ ὑπὲρ τῶν ἐγκαλουμένων ἀπολογούμενοι· χωρὶς γὰρ τῶν ἀπὸ τῆς Ἀσίας ἐθνῶν καὶ πόλεων, ἔτι δὲ δυναστῶν, πολλοὶ καὶ τῶν ἐκ τῆς Εὐρώπης καὶ Λιβύης κατέστησαν· ἐκ μὲν Λιβύης Καρχηδόνιοι καὶ Λιβυφοίνικες καὶ πάντες οἱ τὸ παράλιον οἰκοῦντες μέχρι τῶν Ἡρακλείων στηλῶν. **Diod. Sic., lib. xvii, c. 113.**

ques instants une invasion qui aurait brisé peut-être sa puissance pour fonder un empire grec sur ses ruines [1]. Le sort de Tyr et des autres villes de la Méditerranée orientale devait effrayer toutes ces colonies africaines qui en étaient sorties. Ce sentiment que l'antiquité leur attribue n'était que trop légitime.

L'intention d'Alexandre était bien de saisir tout ce monde méditerranéen jusqu'aux Colonnes d'Hercule, pour aller reprendre l'Europe à son extrémité et mêler ses races aux races de l'Asie et de l'Afrique, de la même façon à peu près qu'Aristote, son maître, accouplait les idées [2]. Mais la mort l'arrêta sur le seuil de ces grands

[1] Inter hæc Carthaginienses, tanto successu rerum Alexandri magni exterriti, verentes in persico regno et Africam vellet adjungere, mittunt ad speculandos ejus animos, Hamilcarem, cognomento Rhodanum, virum solertiâ facundiâque præter cæteros insignem. Augebant enim metum et Tyrus urbs, auctor originis suæ, capta, et Alexandria, æmula Carthaginis, in terminis Africæ et Ægypti condita, et felicitas regis, apud quem nec cupiditas nec fortuna ullo modo terminabatur. Justin., lib. II, c. 5.

[2] Voy. les détails curieux d'Arrien sur les projets d'Alexandre au moment de sa mort. L'auteur de la *Pharsale* s'en est souvenu dans son éloquente invective contre le fils de Philippe :

> Macedum fines latebrasque suorum
> Deseruit, victasque patri despexit Athenas ;
> Perque Asiæ populos, fatis urgentibus actus,
> Humanâ cum strage ruit, gladiumque per omnes
> Exegit gentes ; ignotos miscuit amnes,
> Persarum Euphraten, Indorum sanguine Gangen,
> Terrarum fatale malum, fulmenque quod omnes
> Percuteret pariter populos, et sidus iniquum
> Gentibus. Oceano classes inferre parabat
> Exteriore mari. Non illi flamma nec undæ,
> Nec sterilis Libye, nec Syrticus obstitit Ammon.
> Isset in Occasus, mundi devexa secutus....
>
> LUCAN., lib. X.

desseins. L'Afrique septentrionale échappa de la sorte
à la main d'Alexandre et à celle de la Grèce.

Des projets plus sérieux d'invasion eurent lieu quelque temps après. La Méditerranée fut franchie par les
Grecs à l'ouest de Cyrène, et les établissements orientaux qui s'appuyaient sur Carthage furent sur le point
d'être remplacés par un empire hellénique.

Au milieu de ce travail puissant et merveilleux
d'expansion, qui sema partout dans l'antiquité les Hellènes comme les Pélasges, la Grèce n'avait pas couvert
seulement les rivages de l'Asie, elle avait envahi également le bassin central de la Méditerranée; et presque
au moment même où elle prenait pied dans le nord
de l'Afrique avec les colons de Théra, elle atteignait la
Corse, la Sicile et l'Italie méridionale, où elle jetait
des essaims de population plus nombreux. Elle se trouvait là assise en face des plus beaux rivages de l'Afrique
septentrionale. De la Sicile, qui devint un ardent foyer
d'hellénisme, elle n'avait qu'à faire un pas pour atteindre, sur la rive opposée, les établissements phéniciens : ce pas fut fait.

Un aventurier dont l'audace peut sembler du génie,
Agathocle, vivement poursuivi en Sicile par les Carthaginois, qui, placés à la tête des colonies orientales
dominaient à cette époque dans l'Afrique du Nord,
traversa mystérieusement la mer en véritable pirate,
et tomba comme une tempête à côté de Carthage et
d'Utique [1]. L'aventurier sicilien, au milieu de ses

---

[1] Cùm igitur victores Pœni Syracusas obsidione cinxissent, Agathocles-
que se neque viribus parem neque ad obsidionem ferendam instructum

courses, dans sa vie errante et vagabonde, avait deviné,
sinon appris, quel était le caractère des nations africaines, quels intérêts et quelles passions s'agitaient
dans leur sein. Il savait combien la domination des
Phéniciens et des Carthaginois y était contestée par la
race primitive ou Libyenne, et il comptait pouvoir s'appuyer sur les antipathies de cette vieille race. Il songeait à une alliance de l'Atlas et de la Méditerranée
entre lesquels il voulait écraser ses adversaires pour
élever sur leurs débris un empire grec en face de
l'Europe [1].

L'idée d'Agathocle était grande et généreuse, et on
put d'abord croire à son succès. Les Carthaginois furent
vaincus. L'ancienne race, les Libyens ou Berbers se-
condèrent le mouvement des Hellènes, et des sympathies de famille attirèrent vers eux les Cyrénéens, qui
leur envoyèrent des secours considérables. C'était un
ancien lieutenant d'Alexandre, Ophellas, qui domi-

---

videret, super hæc à sociis crudelitate ejus offensis desertus esset, statuit
bellum in Africam transferre, mirà prorsùs audaciâ, ut quibus in solo
urbis suæ par non erat, eorum urbi bellum inferret, et qui sua tueri non
poterat, impugnaret aliena, victorque victoribus insultaret. *Hist.* Just.,
lib. xxii, c. 4.

Voy. aussi Diodore, liv. xx, ch. 8 et suiv.

[1] Nec in repentino Pœnorum metu, modicum momentum victoriæ fore,
qui tantâ audaciâ hostium perculsi trepidaturi sint. Accessura et villarum
incendia, castellorum urbiumque contumaciam direptionem, tùm ipsius
Carthaginis obsidionem. Quibus omnibus non sibi tantùm in alios, sed et
aliis in se sentient patere bella; his non solùm Pœnos vinci, sed et Siciliam liberari posse. Nec enim moraturos in ejus obsidione hostes, cùm
sua urgeantur. Nusquàm igitur alibi facilius bellum, sed nec prædam
uberiorem inveniri posse. Nàm, captâ Carthagine, omnem Africam Sici-
liamque præmium victorum fore. Just. *Histor.*, lib. xxii, cap. 8.

naît alors au delà des Syrtes. Tous ces soldats illustres qui avaient suivi le conquérant en Asie, s'étaient enivrés d'ambition autour de sa tente. Ophella s'y était formé, comme tous les autres, à des projets de guerre, de conquête et de gloire. Maître de Cyrène, il avait rêvé une vaste domination du côté de l'Occident. Il courut donc se joindre aux troupes d'Agathocle, entraînant sur ses pas une armée nombreuse, et mieux qu'une armée, une colonie, d'après l'expression d'un ancien historien[1]. Ce n'étaient pas seulement des Grecs de Cyrène et des villes voisines qui se pressaient sous son drapeau : il y avait aussi des Grecs européens, des Athéniens. La Grèce continentale, la patrie commune de tous ces Hellènes répandus en Afrique et dans les îles de la Méditerranée, s'é'ait associée à cette expédition, qui semblait devoir lui ouvrir un monde nouveau. Malheureusement tous ces efforts échouèrent. Ophellas périt victime des embûches d'Agathocle, jaloux de son pouvoir et de son crédit, Agathocle lui-même ne tarda pas à être repoussé par les Carthaginois, dont il avait d'abord ébranlé la puissance. Les Hellènes siciliens repassèrent avec lui brusquement la mer et durent se replier sur eux-mêmes.

Depuis cette époque, la Grèce parut oublier les pays

---

[1] Ὁ δ' οὖν Ὀφέλλας, ἐπειδὴ παντ' αὐτῷ πρὸς τὴν στρατείαν κατεσκεύαστο λαμπρῶς, ἐξώρμησε μετὰ τῆς δυνάμεως, ἔχων πεζοὺς μὲν πλείους τῶν μυρίων, ἱππεῖς δὲ ἑξακοσίους, ἄρματα δὲ ἑκατὸν, ἡνιόχους δὲ καὶ παραβάτας πλείους τῶν τριακοσίων· ἠκολούθουν δὲ καὶ τῶν ἔξω τάξεως λεγομένων οὐκ ἐλάττους τῶν μυρίων. Πολλοὶ δὲ τούτων τέκνα καὶ γυναῖκας καὶ τὴν ἄλλην παρασκευὴν ἦγον, ὥστε ἐμφερῆ τὴν στρατιὰν ὑπάρχειν ἀποικίᾳ.

DIOD., lib. XX, c. 41.

qui s'étendaient à l'ouest de la Cyrénaïque. Alexandre l'avait tournée vers le monde oriental : elle s'y était enivrée, à sa suite, de science, de gloire et de lumière. Il devait lui être bien difficile de songer à l'Occident. Toute la vie grecque s'écoula donc désormais vers l'Asie.

Ainsi l'invasion d'Agathocle, qui devait couvrir les établissements phéniciens et asseoir victorieusement l'hellénisme au pied de l'Atlas, ne laissa point de traces. Celle d'Alexandre ne fut qu'un rêve éclatant et lumineux de son âme, et la Grèce ne tint à l'Afrique du Nord, du moins ethnographiquement, que par cette colonie de Cyrène, isolée et comme emprisonnée dans son petit territoire.

CHAPITRE VIII.

Juifs. — A quelle époque on les rencontre pour la première fois dans l'Afrique du Nord. — Peuple de fugitifs dans l'antiquité ainsi que dans les temps modernes. — Comment l'Asie et l'Europe les rejettent tour à tour sur le bord méridional de la Méditerranée. — Leur propagation dans ce bassin par suite d'émigrations successives. — Principaux lieux où ils s'établissent.

Cette zone solitaire de l'Afrique septentrionale où s'étaient fixés les Hellènes de Théra reçut aussi dans l'antiquité une population d'origine asiatique, les Juifs ou Ihoud, pour parler la langue du Maghreb. Il est vrai que ces Juifs, jetés là brusquement par les révolutions de l'Asie, ne formèrent pas un grand corps de peuple. Les siècles suivants devaient leur apporter plus d'une recrue. Toutefois, ils n'étaient pas alors en si petit nombre dans l'Afrique du Nord que l'histoire ait de la peine à les y découvrir. On peut même dire qu'ils comptaient déjà sérieusement parmi les races étrangères qui se pressaient dans ce grand foyer à côté de la race primitive.

Il y a deux époques bien distinctes dans l'histoire du peuple juif. Tant que sa nationalité subsiste, ce peuple étrange et merveilleux semble replié sur lui-même aux bords du Jourdain. Sa législation, ses mœurs, ses idées religieuses le clouent sur cette terre que Jéhovah lui a donnée. Si l'intérêt l'en éloigne quelquefois, il ne tarde pas à rentrer à Jérusalem, qui l'attire toujours, comme s'il lui était impossible de vivre ailleurs. Dès que sa nationalité s'écroule, il brise ce lien indissoluble qui l'attachait à sa vieille terre de Chanaan. Heurté de toutes parts, poussé à chaque instant par le choc des peuples et des empires, il court et se répand sur tous les chemins, comme s'il regrettait d'être resté assis pendant des siècles dans un coin de l'Orient. Rien n'arrête dans sa marche fatale cet infatigable voyageur, qui n'a plus de foyer ni de patrie, et ses courses éternelles frappent tellement l'esprit des peuples, qu'ils ont cru tous apercevoir un fantôme qui se promène depuis deux mille ans, et qui n'a pas eu le temps de secouer la poussière que tous ces voyages ont amassée sur sa tête.

Grâce à cette destinée singulière, les Juifs, qui avaient vécu si longtemps isolés au fond de la Palestine, ont pénétré partout. C'est ainsi qu'ils sont entrés dans l'Afrique du Nord.

Il n'est pas toujours facile de fixer l'époque où les Juifs ont apparu pour la première fois dans un pays. L'histoire ne voit guère que ce qui se fait avec bruit, et les Juifs ne sont pas des conquérants. Ils ont marché dans l'ombre et en silence, et ils se sont glissés comme des muets, à côté des peuples soulevés presque partout contre ces proscrits.

Cette lamentable dispersion de la race hébraïque n'eut lieu, à vrai dire, qu'au moment de la ruine de Jérusalem. Il ne faut pas croire cependant que les Juifs ne se soient point trouvés avant cette époque dans l'Afrique septentrionale. Ils y étaient environ depuis quatre siècles quand leur capitale fut détruite.

Immédiatement après la mort d'Alexandre, c'est-à-dire plus de trois cents ans avant l'ère chrétienne, l'Asie occidentale fut le théâtre de nombreuses révolutions. Au milieu de ces secousses, la Judée tomba dans les mains d'un de ces capitaines qui se disputèrent avec tant d'acharnement le splendide héritage du conquérant macédonien. C'était Ptolémée Soter, le chef et le fondateur de la dynastie des Lagides. Le monarque égyptien, voulant pacifier la Judée où s'agitaient toujours des ferments de discorde, eut recours à cette ancienne politique orientale dont la Palestine avait été déjà la victime. Il arracha violemment à leurs foyers un grand nombre de Juifs, qui furent transportés dans cette partie de l'Afrique du Nord où nous avons vu se former un centre grec [1].

Trente mille Israélites furent introduits ainsi dans la Cyrénaïque : d'autres ne tardèrent pas à se grouper autour d'eux. L'Égypte, sous le gouvernement des premiers Ptolémées, attira beaucoup les Orientaux et principalement les Juifs, qui passaient de là sans peine dans la Pentapole.

Nous devrions admettre, indépendamment de tout témoignage, que ces diverses émigrations avaient conduit de la Palestine à Cyrène ou aux environs une masse d'hommes assez considérable. Ces Juifs, que la vio-

---

[1] Voy. FLAV. Jos., *Antiq. Juiv.*, liv. XII, et Basnage, *Histoire des Juifs*, vol. VII, c. 7. D'après Aristée, les juifs auraient paru en Égypte à l'époque de Psammetichos ou Psammetichus. Alexandre, deux siècles plus tard, y en aurait conduit également un certain nombre. Ces deux assertions, dont la seconde est acceptée par Basnage, ne reposent sur aucun fondement bien solide.

lence ou l'intérêt avaient mêlés aux Hellènes africains et aux Berbers orientaux, jouent bientôt après un rôle important dans l'histoire de la Cyrénaïque. Leur figure nous apparaît à travers les principaux événements qui s'accomplissent dans ce pays ; et la conquête romaine, qui vient les saisir là comme ailleurs, les y rencontre avec une certaine puissance[1].

La Lybie cyrénéenne retint-elle ces familles juives accourues de l'Asie? N'en versa-t-elle pas quelques-unes du côté de l'Ouest, le long de la Méditerranée? et ne peut-on pas croire que les Juifs se sont ainsi propagés dans l'Afrique septentrionale?

Un pareil mouvement n'était guère possible à l'époque de leur arrivée. Ce petit monde grec où ils venaient s'asseoir, était isolé, comme nous l'avons vu, des établissements tyrio-cananéens, qui étaient échelonnés le long du rivage; et, vers l'intérieur, il y avait la foule compacte des tribus indigènes, dont les rangs ne s'ouvraient point facilement aux étrangers. Les Juifs ne sortirent donc point alors des limites un peu étroites de la Cyrénaïque. Ils purent et ils durent le faire dans la suite, quand Rome vint camper elle-même sur le bord méridional de la Méditerranée, et qu'une seule

---

[1] On peut se rappeler la formidable insurrection des Juifs cyrénéens sous Trajan. L'histoire nous les montre avec une physionomie moins imposante, mais encore respectable, sous Vespasien, sous Auguste, et enfin quelque temps auparavant : témoin cette inscription grecque, rencontrée à Tripoli, et transportée à Aix. Parmi les juifs, dont les *Actes des Apôtres* nous signalent la présence à Jérusalem dans la première fête de la Pentecôte, figurent ceux de Cyrène, « partes Libyæ, quæ est circà Cyrenen, » C. 2, v. 10. C'étaient les descendants de ces anciens émigrés dont nous parlons.

domination enveloppa toute l'Afrique du Nord, depuis la mer extérieure jusqu'à l'Égypte. Les monuments littéraires des premiers siècles nous montrent en effet les Juifs sur le sol de Carthage, et ailleurs, dans le bassin occidental [1]. Ils avaient dû en partie y pénétrer par l'Est, en longeant ou en tournant les Syrtes. Mais une autre route put également les y conduire; c'est ce qu'il importe d'examiner.

S'il fallait en croire certaines traditions qui circulaient en Espagne dans le moyen-âge, les Juifs y auraient déjà paru dans l'antiquité, et quelques familles de leur race s'y seraient établies à côté des Phéniciens [2]. Ils auraient pu ainsi, avant leur translation dans la Cyrénaïque, aborder l'Afrique du Nord par l'Océan ou par le détroit qui lie les deux mers.

On ne saurait douter que les Juifs n'aient visité autrefois la partie occidentale de la Méditerranée, sinon sur leurs vaisseaux, du moins sur les vaisseaux tyriens, à la suite de Melkkarth. Ils devaient connaître à la fois

---

[1] Saint Augustin, Tertullien et les autres écrivains ecclésiastiques de l'Afrique du Nord, s'adressent assez souvent aux Juifs. V. leurs ouvrages.

[2] Les rabbins espagnols ont cherché à produire des preuves à l'appui de ce fait. Ils ont parlé entre autres choses d'une tombe qui aurait été découverte à Sagunte, et dans laquelle aurait été enseveli un officier de Salomon, Adoniram. Une inscription était nécessaire ou convenable tout au moins; elle n'a pas manqué en bon et bel hébreu (זחואכבר אדוגירם...), et, pour mieux témoigner de son antiquité, la précieuse inscription a perdu quelques lettres. Un autre tombeau, découvert également à Sagunte, doit être ajouté à celui d'Adoniram. Villalpand, qui l'avait vue, en parle dans ses *Commentaires sur Ézéchiel*, et il y croit assez pour admettre que les Juifs autrefois ont été disséminés dans toutes les parties du monde.

l'extrême Afrique et l'extrême Europe. Les souvenirs
un peu vagues que réveille le nom de Tarsis ou Tar-
tessus nous les font entrevoir dans ces temps reculés
sur les bords mêmes de l'Atlantique. Y fondèrent-ils
des établissements, comme leurs descendants l'ont pré-
tendu plus tard? Jetèrent-ils là quelques familles de
leur sang? Rien n'autorise à le croire, et tout même
semble démontrer le contraire.

Les Juifs, dans l'antiquité, se serraient et se grou-
paient, comme nous l'avons dit, autour de Jérusalem. S'ils s'en écartaient quelquefois pour aller chercher ailleurs des richesses, ils ne manquaient pas
d'y revenir, tant ils se sentaient attirés par ce centre
à la fois religieux et politique. En un mot, ils voya-
geaient, mais ils n'émigraient point. On doit voir ici
quelle peut être la valeur de cette tradition, qui les
assecit en Espagne avant la chute de leur nationalité.
Une pareille tradition n'a aucune racine dans l'histoire, et Basnaga a raison de la repousser[1]; elle fut
inventée sans doute par les Juifs de la Péninsule, à
l'époque où ils étaient si cruellement persécutés par
les chrétiens et où il eût été si important pour eux
de prouver que leurs familles étaient étrangères à

[1] *Histoire des Juifs*, liv. vii, c. 9. « Cela favorise sensiblement l'antiquité des Juifs en Espagne ; mais elle n'en est pas mieux fondée. Quand
on aurait conservé le tombeau d'Adoniram tout entier, il n'en serait pas
moins faux que Salomon ait rendu l'Espagne tributaire (c'est une des
prétentions de ces rabbins que nous citions tout à l'heure), et la conséquence que nous en tirons est qu'on ne doit pas croire aveuglément ces
monuments que des imposteurs ont pris plaisir à enterrer pour faire il-
lusion aux simples. »

la mort du Christ[1]. On pourrait y voir aussi l'orgueil de la race, cherchant à exagérer son antiquité en dehors même de la patrie; mais cette hypothèse serait moins raisonnable. L'orgueil national des Juifs n'a pas franchi les frontières de l'ancienne Judée. Dans tous les cas, l'histoire ne saurait admettre ce fait.

Il faut placer plus près de nous, c'est-à-dire dans les premières années de notre ère, l'établissement des Juifs en Espagne. La Péninsule ne les compta véritablement parmi ses hôtes qu'au moment où la ruine de leur patrie les dissémina sur tous les points du globe.

[1] Un fait du même genre s'est produit en Allemagne, et quoi de plus naturel? Là aussi il s'agissait d'échapper à des violences, à des persécutions, qui pesaient partout sur la race juive. Donc les israélites allemands ont cherché de leur côté, comme ceux de la Péninsule, à rapporter leur établissement au delà du Rhin à une époque bien antérieure au christianisme; et ce qu'il y a de remarquable, c'est que leurs ennemis ont accepté cette fiction historique. Ainsi, pour allumer la haine des chrétiens contre ces tristes restes d'Israël, on ne cherchait point à prouver précisément que leurs ancêtres habitaient la Judée quand le Christ fut mis à mort. On trouvait plus naturel de supposer des lettres qu'ils avaient dû recevoir à cette époque de leurs frères d'Orient. En voici une adressée, disait-on, aux Juifs d'Ulm. « Nous avons sujet de rendre grâces à Dieu, qui nous a » délivrés d'une grande affliction ; car nous vous apprenons que Jésus » le Nazaréen, fils de Joseph, est mort. Nous ne pouvions plus supporter » ses blasphèmes : nous l'avons dénoncé au préteur romain, qui a reçu » notre accusation, l'a fait fouetter et crucifier selon ses mérites. Il a » aussi mis en fuite ses disciples. Dieu vous conserve. » A ces lettres, les Juifs en opposaient d'autres conçues dans un sens tout différent. Le sanhédrin de Worms, par exemple, aurait écrit à Jérusalem pour qu'on laissât aller Jésus, et qu'on ne le tuât point. Quoi qu'il en soit, les Juifs de Worms semblent avoir démontré aux yeux de l'empereur et des États germaniques l'antiquité de leur séjour sur les bords du Rhin. C'est ainsi, du moins, qu'on explique les priviléges dont ils jouirent à une époque où leurs coréligionaires étaient opprimés autour d'eux par une législation barbare.

Il est facile de voir qu'ils durent se diriger préférablement alors vers cette partie de l'Europe. Les souvenirs de la Phénicie, dont l'histoire avait été mêlée plus d'une fois à leur histoire, ne pouvaient manquer de les y convier. Ils y étaient attirés aussi par leurs propres traditions; c'était d'ailleurs un centre inépuisable de richesse, et quel autre pays, dans notre monde occidental, pouvait mieux leur rappeler la nature et le ciel de l'Orient? La Méditerranée les y conduisait après quelques jours d'une navigation facile. Ils pouvaient y pénétrer encore par la Grèce et par l'Italie. Aucun obstacle ne s'opposait à ce voyage. Le monde était vraiment ouvert à ces proscrits, car la domination romaine embrassait tout le bassin méditerranéen, et quelque route que suivissent ces exilés de l'Asie, ils marchaient partout sous les yeux de Rome, dont le drapeau flottait à la fois sur les mers et sur les continents.

La presqu'île Ibérique attira donc un grand nombre de Juifs. Ils se fixèrent principalement dans le Midi, où ils retrouvaient quelques traces de leur nation parmi les anciens établissements des navigateurs tyriocananéens. C'est là, en effet, que nous les montre l'histoire dans les premiers temps du christianisme [1]. Ils ne tardèrent pas à s'y multiplier, et quand l'Espagne tomba sous la domination des Westgoths, ou Goths occidentaux, ils y occupaient une place assez considérable. Comme ils étaient condamnés à ne trouver nulle part de repos, ils se virent sans cesse tourmentés par le zèle religieux des conquérants. Les conciles de

---

[1] Il existe un édit d'Antonin qui les concerne.

Tolède, qui constituèrent en Espagne la monarchie gothique, s'occupèrent beaucoup des Juifs, et l'on rencontre à chaque instant dans cette législation, plus sacerdotale que politique, les prescriptions les plus sévères contre cette malheureuse race [1]. L'Inquisition, qui devait naître quelques siècles plus tard, s'annonçait.

Ces violences durent jeter dans l'Afrique du Nord plusieurs de ces familles israélites. Leurs intérêts les y conduisaient moins. On doit remarquer d'ailleurs que les Juifs espagnols étaient plus attachés à la terre que ceux des autres parties du monde. Ce n'était plus enfin la même domination des deux côtés du détroit. Au moment où les Westgoths pesaient sur la Péninsule, l'Afrique septentrionale avait cessé d'être romaine pour devenir tour à tour Wandale et Byzantine. La conquête arabe, qui devait suivre bientôt, comme nous le verrons, rapprocha depuis et unit par leurs extrémités l'Afrique et l'Europe : une espèce de pont fut jeté sur ce bras de mer qui les sépare; mais les Juifs occidentaux ne semblent pas en avoir profité beaucoup pour se porter du côté de l'Atlas. Pourquoi l'auraient-ils fait? Ils étaient bien mieux aux environs de Cordoue, Séville et Grenade.

L'invasion musulmane avait dû sembler un événe-

---

[1] « Ces lois, dit M. Beugnot, attaquaient les Juifs jusque dans leur conscience; leur défendaient de célébrer le sabbat et la pâque; de se marier suivant la loi de Moïse; de pratiquer la circoncision; en un mot, de régler leur vie d'après leurs lois religieuses. Les peines ordonnées contre l'infraction à ces édits étaient le feu ou la lapidation. » *Les Juifs d'Occident*, p. 186. Voy. Montesquieu, *Esprit des lois*, liv. xxviii, c. 7, et le texte même des lois wisigothes dans la collection de Lindinbrog.

ment heureux à ces Juifs, si violemment poursuivis
par le fanatisme des Westgoths, et on peut en croire
les chroniques chrétiennes qui les accusent d'avoir ac-
cueilli l'islam avec joie. Ces sympathies prévinrent les
Arabes en faveur des Juifs, auxquels ils tenaient d'ailleurs par le culte, par la langue, et par le lien plus
étroit encore d'une commune origine. De là une espèce d'alliance et d'intimité entre les deux races. Isaac
et Ismaël, ennemis jusqu'alors, se reconcilièrent, et les
Juifs, sous le sceptre des Musulmans, jouirent d'une
existence paisible et heureuse. Ils se virent souvent
comblés d'honneurs et de richesses. L'Espagne devint
comme une patrie nouvelle pour ces exilés, qui se trouvèrent glorieusement associés à la civilisation dont elle
fut alors le théâtre [1].

Il n'en était pas de même dans le Nord de l'Afrique.
Les Juifs qui avaient pu s'y réfugier sous les dominations précédentes ou depuis la conquête de l'islam,
devaient y être moins favorisés, parce que les Arabes
ne s'y étaient point appuyés sur eux comme en Espagne. De plus, l'Afrique septentrionale était moins
tranquille que la Péninsule. Des rivalités éternelles y
armaient à chaque instant les uns contre les autres les
Arabes et les Berbers, toujours prêts à se rappeler

---

[1] Les Juifs du Midi, au moyen âge, ont complétement différé de ceux
du Nord. Ceux-ci nous apparaissent avec le génie pratique des peuples de
l'Europe sous sa forme la moins généreuse. Ceux-là ont emporté avec
eux, dans notre sombre Occident, la rêverie asiatique. Le Shylock de
Shakspeare, le Barabas de Marlow et l'Isaac de Walter Scott sont vrais,
mais à condition toutefois qu'on ne les transporte point dans l'Europe
méridionale

qu'ils étaient les anciens possesseurs du sol. Les Juifs avaient tout à craindre au milieu de ces secousses, et il est vraisemblable que plus d'une famille israélite se trouva ainsi rejetée au nord du détroit. Observons enfin que l'Espagne était devenue un foyer éclatant de science hébraïque et qu'elle appelait à soi, plus qu'aucun autre pays, les partisans des idées cabalistiques et du Talmud. C'est ainsi que nous rencontrons parmi les docteurs juifs des hommes qui étaient nés à Fez ou dans quelque autre ville de l'ancienne Mauritanie.

Toutes ces circonstances contribuèrent à tenir éloignés de l'Afrique septentrionale les Juifs occidentaux ou les Sephardim, comme les nomment leurs historiens. Ils y pénétrèrent sans doute, mais en petit nombre, et ils ne s'y groupèrent nulle part de manière à former une masse respectacle. Aussi n'apparaissent-ils que rarement dans les récits arabes relatifs à cette contrée. Abou'l-féda, dans sa description du Maghreb, parle, comme d'une singularité, de deux cents Juifs qui vivaient sous la protection des Arabes dans une des villes de ce bassin, et qui, selon toutes les vraisemblances, descendaient de cette population transplantée que nous avons vue s'établir dans la zone orientale [1]; ce qui prouve qu'il n'y en avait point ailleurs, ou que, s'il y en avait, ils disparaissaient, pour ainsi dire, dans les rangs épais des peuples qui les environnaient.

[1] **Abou'l-féda.** *Description du Maghreb :* وقصر اليهود المذكور على هنة برج كبير وعدّة اليهود الدين به الى يومنا هذا ما يزيد على مايتى يهودى.

Il en fut autrement à la fin du moyen âge. L'Espagne ne jeta plus seulement dans l'Afrique occidentale quelques familles juives, comme elle avait pu le faire jusqu'alors, elle y en envoya une multitude. On peut contester, jusqu'à un certain point, les émigrations partielles qui avaient eu lieu dans les siècles précédents. Le mouvement qui s'accomplit à cette époque eut une autre importance, et il intéresse au plus haut degré l'ethnographie atlantique.

L'islam, dont les Sephardim avaient salué l'avénement glorieux, s'était effacé dans la Péninsule. Les Westgoths, après plusieurs siècles de luttes et d'efforts, avaient eu le bonheur de se relever sur ses débris. La religion, associée dès l'origine à ces combats héroïques, était entrée plus profondément que jamais dans l'âme de ce peuple, formé par la main des prêtres. Ce n'était plus seulement une croyance, un système d'idées métaphysiques et morales, mais une vive et ardente passion qui s'était allumée dans la guerre et que la paix ne devait point calmer. Les Juifs, si persécutés autrefois, devinrent l'objet d'une haine plus âpre et plus violente[1]. On avait un nouveau reproche à faire à ces ennemis du Christ. N'avaient-ils pas été les amis

---

[1] Quelques mots, empruntés à la table générale de l'histoire de Mariana, montrent suffisamment quelle fut l'existence des Juifs, en Espagne, dans les derniers temps de leur séjour : Iudios forzados a bautizarse — piden no los forcen a comer carne de puerco — Hacen los esclavos. — Muchos dellos se convertien en Aragon, en Castilla. — Estatuto de Toledo contra sus descendientes. — Mandan à los Iudios y Moros anden señalados — imponenles un particular tributo — Alborotanse los pueblos contra los Iudios. Marian. *Historia general de España.*

et les alliés des Arabes? La législation des conciles de
Tolède, si impitoyable qu'elle fût, ne sembla plus suf-
fisante. Ferdinand et Isabelle, qui régnaient alors,
eurent recours à des moyens plus énergiques. Ils dé-
crétèrent que tous les Juifs devraient, dans l'espace de
quatre mois, sortir de l'Espagne ou embrasser le christianisme. Tous ceux qu'on prendrait au delà de ce
terme seraient condamnés à mort. Les Juifs essayèrent
de fléchir le roi. Ils offrirent des présents, des trésors ;
mais tout fut inutile. De même que le serpent se bouche
les oreilles pour ne pas entendre la voix de l'enchanteur, dit le Juif Abravanel, de même le roi ferma son
cœur à nos prières et déclara qu'il ne révoquerait pas
son édit pour tous les trésors que les Juifs pourraient
lui offrir. L'Espagne, qui arrivait après plusieurs siècles
d'orage à l'unité politique, marchait avec la même
énergie vers l'unité religieuse. Les Sephardim, chassés
par Ferdinand et Isabelle, durent partir : ce fut la plus
triste et la plus lamentable des émigrations [1].

---

[1] Voici, dans notre langue, le récit d'Abravanel. Il a été inséré dans
un de nos recueils périodiques, qui l'avait emprunté d'une publication
anglaise. On y retrouve, malgré la distance des siècles, les accents douce-
loureux de Jérémie. « Quand la proclamation fut publiée, dit l'historien
juif, j'étais à la cour, et je ne cessai d'implorer la compassion du roi.
Trois fois je me jetai à genoux devant le monarque. O roi ! m'écriai-je,
accordez-nous un regard de merci. Ne traitez pas vos sujets avec tant de
cruauté. Demandez-nous plutôt nos vases d'or et d'argent ou des dîmes
considérables. Les juifs sacrifieront volontiers tout ce qu'ils possèdent
pourvu qu'ils puissent rester dans ce pays. Je conjurai aussi les amis que
je comptais parmi les fonctionnaires du gouvernement d'apaiser le cour-
roux du monarque. Je suppliai ses conseillers de l'engager à révoquer
son décret. Mais, de même que le serpent se bouche les oreilles avec de
la poussière pour ne pas entendre le voix de l'enchanteur, de même le

Le nombre de ces fugitifs était considérable, même d'après les récits les moins exagérés. Zurita en compte cent soixante-dix mille, Cardoso un peu moins, Barrioz et Mariana, bien davantage. Ils étaient trois cent mille environ, suivant le témoignage de cet écrivain juif que nous citions tout à l'heure, et dont la parole nous semble mériter ici d'autant plus de crédit, que non-seulement il racontait ce qu'il avait vu, mais qu'il fut mêlé lui-même à cette grande tragédie.

Dans leur fuite précipitée, quelques-uns de ces Juifs se jetèrent sur le Portugal, où ils ne devaient pas être longtemps en repos. La plupart errèrent au hasard sur la Méditerranée. Les uns allèrent rejoindre les Juifs du nord de l'Europe, les Askhenazim, pour employer

roi, fermant son cœur à nos prières, a déclaré qu'il ne révoquerait pas son édit pour tous les trésors que ces sujets pourraient lui offrir. A sa droite se tenait la reine, l'ennemie des Juifs, qui l'excitait d'une voix courroucée à poursuivre ce qu'il avait si heureusement commencé. Ce fut donc en vain que nous mîmes tout en usage pour faire changer de dessein au roi. Partout où la nouvelle du décret parvint, notre nation le déplora avec de grandes lamentations. Balancés sur les flots épouvantables de l'abîme, on s'exhortait et s'encourageait l'un l'autre. Quoi qu'il nous arrive, supportons encore toutes nos calamités pour la gloire de notre nation et de notre religion. Défendons-les contre leurs odieux persécuteurs. S'ils nous laissent la vie, nous vivrons; s'ils nous la prennent, nous mourrons; mais ne violons jamais notre sainte loi, la fidélité de nos affections et les conseils de la sagesse. Abandonnons plutôt, et Dieu veuille que ce soit pour notre bien, abandonnons nos établissements et cherchons une autre patrie. » Ils partirent donc un jour au nombre de trois cent mille, à pied et sans armes, rassemblés de toutes les provinces, jeunes et vieux, femmes et enfants, prêts à suivre telle direction que le ciel leur donnerait. Je fus de ce nombre, et nous partîmes avec Dieu pour guide. » Abravanel, préface du *Livre des Rois*. Voyez, dans Basnage, des détails intéressants sur cet écrivain, *Histoire des Juifs*, liv. ix, chap. 25.

leur langage historique. Les autres, et ce fut le plus
grand nombre, s'arrêtèrent dans la partie occidentale
de l'Afrique du Nord, qui leur était déjà connue et où
les appelaient d'ailleurs leurs anciennes relations avec
les Arabes. Ils y arrivèrent dans l'état le plus déplorable. Mais ils ne tardèrent pas à sortir de cette situation douloureuse. Bientôt on les vit se répandre de
toutes parts. Ils s'attachèrent surtout aux villes du littoral, qui offraient plus d'éléments à leur activité[1].

C'est ainsi qu'ils se disséminèrent de l'Ouest à l'Est,
où ils avaient été précédés, comme nous l'avons dit, par
d'autres proscrits de leur race : misérable ruine de
peuple qui venait s'asseoir tardivement à côté de ses
ancêtres, sur les ruines de la plupart de ces nations que
l'Atlas va nous montrer entre ces deux émigrations si
tragiques !

[1] *Africa illustrata*, lib. II, cap. 1. p. 29.

CHAPITRE IX.

Romains. — Origine et développement de leur puissance. — Comment ils
apprécièrent de bonne heure l'importance de la Méditerranée. — Leur
invasion dans l'Afrique du Nord. — Quelle était à cette époque leur
physionomie ethnographique. — Caractère de leurs établissements. —
De leur étendue.

————

Déjà l'Europe avait pénétré dans l'Afrique du Nord
avec les Grecs, mais elle s'était arrêtée sur le rivage
entre Carthage et l'Égypte, c'est-à-dire presque sur les
limites de l'Afrique septentrionale. Elle pénétra plus
loin avec les Romains, qui succédèrent aux Grecs et aux
Juifs de Cyrène, ainsi qu'à ces nombreux essaims de
familles asiatiques accourues de la Phénicie.

Les Romains avaient commencé longtemps après les
Phéniciens; ils étaient aussi plus jeunes que les Hébreux
et les Hellènes qui les ont précédés, comme nous venons de le voir, sur le bord méridional de la Méditerranée. Ce n'était à l'origine qu'une troupe de fugitifs
rassemblés au hasard dans un coin de l'Italie[1]. Mais
ces brigands, qui devaient devenir les législateurs du
monde, semblaient déjà se préparer à le conquérir.
Rome naquit et se développa au milieu de la guerre.
Voilà pourquoi la poésie ancienne, qui traduit presque
toujours l'histoire, a placé près de son berceau tant

[1] Eò ex finitimis populis turba omnis, sine discrimine liber an servus
esset, avida novarum rerum perfugit : idque primum ad cœptam magnitudinem roboris fuit. T. Liv., lib. I.

d'énergiques symboles, la louve qui nourrit les fondateurs de la cité [1], la tête de cheval ou d'homme que
l'on trouva en creusant les fondements de son temple[2],
et ces dix-huit vautours qui furent aperçus dans les
airs[3]. Ce nombre a été compté par la tradition, et il ne
pouvait guère y en avoir moins pour annoncer conve-
nablement le caractère belliqueux du nouveau peuple.

Plusieurs éléments servirent à constituer l'esprit romain à son origine. Les Pélasges, que l'on rencontre
partout dans l'antiquité, jetèrent dans Rome le génie
des aventures, ce démon inquiet et turbulent, qui
pousse toujours les peuples actifs et leur montre à
chaque pas un monde nouveau. Les Latins y apportèrent ces mœurs simples, graves et sévères qui les caractérisaient, avec cet ardent amour du sol dont rien
n'égale la puissance. Les Étrusques recouvrirent ces

---

[1] Tenet fama, quùm fluitantem alveum quo expositi erant pueri, tenuis
in sicco aqua destituisset, lupam sitientem ex montibus qui circà sunt,
ad puerilem vagitum cursum flexisse; eam summissas infantibus adeò mi-
tem præbuisse mammas, ut linguâ lambentem pueros magister regii
pecoris invenerit. T. Liv., *ibid*. Relictis catulis, lupa vagitum secuta,
ubera admovit infantibus, matremque se gessit. Flor., lib. i, c. 1.

[2] Sed illud horrendum quod molientibus ædem in fundamentis humanum repertum est caput. Nec dubitavere cuncti monstrum pulcherrimum
imperii sedem caputque terrarum promittere. Flor., lib. i, c. 7. Se-
cutum aliud magnitudinem imperii portendens prodigium est, caput
humanum integrâ facie aperientibus fundamenta templi dicitur appa-
ruisse. Quæ visa species, haud per ambages, arcem eam imperii caputque
rerum fere portendebat, idque itâ cecinêre vates. T. Liv., lib. i.

[3] T. Liv., *ibid*. et Flor., lib. i, c. 1. Uter auspicaretur et regeret, adhibere
placuit Deos... Prior ille sex vultures, hic postea, sed duodecim videt:
sic victor augurio urbem excitat, plenus spei bellatricem fore : itâ illæ
adsuctæ sanguine et prædâ aves pollicebantur.

divers éléments nationaux des formes solennelles et religieuses qu'ils avaient apportées de l'Orient, et qui se perpétuaient avec éclat dans leurs lucumonies [1].

Ainsi constituée, Rome grandit, elle grandit vite; des populations fortes et pleines de vie l'enveloppaient de tous côtés : elle les combattit vaillamment. Elle savait que le dieu Terme et la Jeunesse n'avaient pas voulu être déplacés à l'inauguration du Capitole, et quoiqu'un peu barbare, elle avait compris tout de suite, comme l'aurait fait une ville grecque nourrie d'Homère et de Platon, qu'éternellement jeune, elle ne devait jamais reculer [2]. Elle marcha donc toujours en avant. Elle lutta d'abord pour la liberté, puis pour la défense de son territoire, enfin pour l'empire. C'est ainsi qu'elle soumit tous les peuples de race latine qui l'environnaient. Maîtresse de l'Italie centrale, elle s'avança vers le Sud, à travers cette Campanie dont le ciel est si doux, dont la végétation est si belle, où Cérès et Bacchus, d'après les légendes mythologiques, rivalisèrent de prodigalité [3]. Elle atteignit ainsi la Grande Grèce, et elle eut bientôt emporté toutes ces villes helléniques qui rayonnaient le long de la mer.

Assis à Tarente et dans tout le sud de la Péninsule,

---

[1] V. Niebuhr, roemische Geschichte. 1. Band. 2. Auflage.

[2] Quod quùm inauguraretur, cedentibus cæteris Deis, mira res dictu! restitere Juventus et Terminus. Placuit vatibus contumacia numinum, siquidem firma omnia et æterna pollicebantur. Flor., lib. 1, c. 7. Voy. aussi le liv. 1 de T. Live.

[3] Omnium non modo Italiâ, sed toto orbe terrarum pulcherrima Campaniæ plaga est. Nihil mollius cœlo : denique bis floribus vernat. Nihil uberius solo : ideò Liberi Cererisque certamen dicitur. Flor., lib. 1.

les Romains dans les beaux jours apercevaient de loin la Sicile, qui avait appartenu autrefois au système italique, et qui dans ce moment devenait presque romaine. Quand ils se virent en face de cette opulente proie, séparée et comme arrachée de l'Italie qu'ils possédaient, ils brûlèrent de la saisir, dit Florus[1]. Voilà ce qui emporta Rome de ce côté et la rapprocha violemment de Carthage, c'est-à-dire de l'Afrique septentrionale. Le continent manquait à ce mouvement d'expansion qui l'entraînait : elle courut sur la mer. Comment s'arrêter au moment de la force et de la jeunesse, dans ce second âge de la vie où le sang bouillonne, où les passions fermentent comme dans un foyer ardent? Le patriotisme de Tite-Live devient impudent ou niais quand il cherche à montrer que Rome, en se jetant sur la Sicile, y était appelée par une idée de droit[2]. Rome suivait sa pente, voilà tout, et c'est ainsi qu'à travers la Sicile et la Méditerranée elle devait s'avancer vers l'Afrique du Nord.

Des rapports pacifiques unirent les Romains avec cette contrée longtemps avant l'époque où ils purent songer à l'envahir. Il semble qu'ils aient aperçu, pour ainsi dire à l'origine, le rôle immense qui était réservé

---

[1] Igitur victor Italiæ populus, quum à terrâ fretum usque venisset, more ignis, qui obvias populatur incendio sylvas, interveniente flumine abrumpitur, paulisper substitit. Mox quùm videret opulentissimam in proximo prædam quodammodo Italiæ suæ abscissam et quasi revulsam, adeò cupiditate ejus exarsit, ut quatenùs nec mole jungi nec pontibus posset, armis, belloque Iungenda et ad continentem suam revocanda videretur. Flor., lib. ii.

[2] Tit. Liv., Epit., lib. xiv.

à la Méditerranée dans l'histoire de l'Occident. Peuple continental avant tout, d'après l'expression même de leurs écrivains, ils n'en comprirent pas moins ce grand intérêt maritime, et on peut croire que cette pensée leur inspira en partie le traité qu'ils conclurent avec les Carthaginois, l'an 509 avant notre ère, ou deux cents et quelques années après la fondation de Rome, c'est-à-dire dans un moment où, resserrés encore sur les rives du Tibre, ils connaissaient à peine le bassin de la Méditerranée. Le port d'Ostie, et le mouvement commercial dont il était le centre, les avaient bien introduits dans cette mer; mais ils étaient restés sur le rivage. Ils avaient dû apprendre à la mieux connaître par leurs voisins les Étrusques, dont l'existence trop mystérieuse nous échappe malheureusement dans le lointain des siècles, mais qui, malgré les ténèbres dont ils sont enveloppés, nous apparaissent à cette époque comme un peuple marchand et navigateur[1]. Chose digne de remarque : ces Étrusques auxquels Rome se mêle si souvent dans son premier âge, étaient engagés alors dans des ligues et des alliances avec les Carthaginois[2]. Il est assez vraisemblable que cette circonstance ne fut pas étrangère à la conclusion de ce traité où les Romains s'assurèrent des droits sur cet empire maritime placé à leurs portes.

Dans cette convention célèbre, qui a échappé au génie superficiel de Tite-Live, mais que l'intelligence

---

[1] Hérodote, lib. I, c. 165 et suiv. Voy. aussi Philostrate, *Icon.*, lib. I.

[2] Aristote nous a conservé le souvenir des traités qui rapprochèrent et unirent les deux peuples. Voy. *Polit.*, lib. III, 9.

historique de Polybe nous a judicieusement conservée, Rome était loin sans doute de parler en maîtresse. C'était plutôt Carthage qui dictait la loi à sa future rivale et lui donnait, avec défiance et jalousie, une sorte d'hospitalité avare sur la Méditerranée. Ainsi le pavillon romain était exclu de ce rivage fertile où Carthage était assise. Il lui était également interdit de s'approcher de la Sardaigne. Mais il était admis dans la Méditerranée occidentale, et, ce qu'il y avait de plus précieux pour les Romains, il obtenait les mêmes avantages que le pavillon carthaginois dans toutes les parties de la Sicile qui reconnaissaient la domination punique [1].

La véritable importance de ce traité pour Rome, c'était de l'asseoir solidement sur la mer Intérieure, de la rapprocher des îles répandues sur sa surface et de la relier ainsi en quelque sorte à cette Afrique septentrionale qui s'élève en face de l'Europe. Ce point de vue ne dut point échapper aux Romains. A mesure que leur puissance grandissait et que leur domination se développait, ils parurent se rattacher davantage à cette pensée féconde. C'est ainsi qu'une nouvelle

[1] Εἰσὶ δ' αἱ συνθῆχαι τοιαίδε τινέ· ἐπὶ τοῖςδε φιλίαν εἶναι Ῥωμαίοις καὶ τοῖς Ῥωμαίων συμμάχοις καὶ Καρχηδονίοις καὶ τοῖς Καρχηδονίων συμμάχοις· μὴ πλεῖν Ῥωμαίους μηδὲ τοὺς Ῥωμαίων συμμάχους ἐπέκεινα τοῦ Καλοῦ ἀκροτηρίου, ἐὰν μὴ ὑπὸ χειμῶνος ἢ πολεμίων ἀναγκασθῶσιν· ἐὰν δέ τις βίᾳ κατενεχθῇ, μὴ ἐξέσθω αὐτῷ μηδὲν ἀγοράζειν μηδὲ λαμβάνειν, πλὴν ὅσα πρὸς πλοίου ἐπισκευὴν ἢ πρὸς ἱερά. Εν πέντε ἡμέραις δὲ ἀποτρεχέτωσαν οἱ κατενεχθέντες. Τοῖς δὲ κατ' ἐμπορίαν παραγιγνομένοις μηδὲν ἔστω τέλος πλὴν ἐπὶ κήρυκι ἢ γραμματεῖ· ὅσα δ' ἂν τούτων παρόντων πραθῇ, δημοσίᾳ πίστει ὀφειλέσθω τῷ ἀποδομένῳ, ὅσα γ' ἂν ἐν Λιβύῃ ἢ ἐν Σαρδόνι πραθῇ. Εὰν Ῥωμαίων τις εἰς Σικελίαν παραγίγνηται ἧς Καρχηδόνιοι ὑπάρχουσιν, ἴσα ἔστω τὰ Ῥωμαίων πάντα. POLYB., lib. III.

convention, fondée sur les mêmes bases, fut conclue avec Carthage environ deux siècles après, c'est-à-dire l'an 348 [1]. Rome n'obtenait point de nouveaux avantages, mais elle se faisait confirmer dans ses anciens priviléges : elle achevait d'acquérir, en face de Carthage et de ses flottes, droit de cité sur la Méditerranée. Une double sanction fut donnée dans la suite à ces arrangements, qui furent renouvelés à deux reprises, d'après le témoignage d'un historien latin, en 305 et un peu plus tard [2].

Depuis cette époque jusqu'à la première tentative des Romains sur les côtes de l'Afrique septentrionale, il s'écoula près d'un demi-siècle. Il y eut un espace de temps bien plus long entre cette tentative et la date des premiers établissements de Rome sur le rivage africain.

Quand on songe aux luttes des Romains contre Carthage, et au succès qui les suivit, on peut s'étonner qu'ils ne se soient pas établis plus tôt dans l'Afrique du Nord. Après la victoire des îles Égates, ils se contentèrent de prendre la Sicile, à laquelle fut rattachée bientôt la Sardaigne, que la politique jalouse des Carthaginois avait fermée, comme nous l'avons vu, à leur pavillon. Après la victoire de Zama, qui semblait leur livrer le bord méridional de la Méditerranée, ils ne s'avancèrent pas plus loin. Les dominateurs de l'Afrique septentrionale furent seulement abaissés, et Rome re-

[1] Polyb., lib. iii.

[2] Cum Carthaginiensibus eodem anno fœdus tertiò renovatum, legatisque eorum qui ad id venerant, comiter munera missa. Tit. Liv., lib. ix, c. 43. Cum Carthaginiensibus quartum fœdus renovatum est. *Ibid*, Epit., lib. xiii. Voy. Diodore, fragments du xxxiii° livre.

leva à côté d'eux la puissance de la race indigène. Il n'y eut pas encore d'établissement. Ce fut longtemps après, c'est-à-dire au moment de la chute de Carthage, l'an 146, que Rome s'arrêta enfin sur ce sol qui avait été foulé tant de fois par ses légions.

Après la première guerre punique, les Romains n'étaient guère intéressés à s'asseoir immédiatement dans l'Afrique du Nord. Carthage était d'ailleurs assez puissante encore pour les en empêcher. Il suffisait à Rome, à la fin de cette grande lutte, d'avoir détruit l'empire maritime de sa rivale, comme l'observe un écrivain des vieux temps, et saisi le sceptre de la Méditerranée. L'Italie s'était prolongée au profit des Romains jusqu'en Sicile et en Sardaigne. La superbe république avait là deux bras puissants qu'elle étendait à travers la mer du côté des Syrtes et de l'Atlas. Après la seconde guerre punique, l'occasion semblait plus favorable pour s'arrêter en Afrique et y jeter les bases d'une vaste domination. Carthage ne pouvait plus résister : la force et la vie s'étaient retirés de ce grand corps à moitié détruit. Pourquoi donc les Romains ne s'établirent-ils point sur ses ruines[1] ?

Une partie du génie de Rome consista toujours à

---

[1] Cette question fut vivement discutée à Rome, à l'époque de la seconde guerre punique, et le traité que Scipion venait de conclure y fut l'objet des critiques les plus sévères. Il faut lire dans Appien le récit de ces débats, où apparaît dans son véritable caractère cette grande politique romaine, si digne de notre admiration. Le sénat, comme l'observe Appien, approuva la conduite du vainqueur de Zama. Ἡ δὲ βουλὴ κατὰ ἄνδρα παρ' ἕκαστον ψῆφον ᾔτει, καὶ ἐς τὴν Σκιπίωνος γνώμην οἱ πλείους συνέδραμον. *De reb. punic.*, lib. VIII, c. 65.

savoir attendre, à fouler longtemps une terre avant de s'y fixer. Rome n'avait pas un peuple à jeter sur chaque pays qui tombait sous sa main. Il fallait qu'elle le créât, en partie du moins, au sein de ce pays. De là ces lenteurs, qui durent coûter plus d'une fois à son ambition, mais qu'elle s'imposa toujours pour éviter la honte d'un mouvement rétrograde. Cette politique, utile partout, devenait nécessaire dans l'Afrique du Nord. Sans doute les Carthaginois étaient abattus, et il dépendait de Rome, après la seconde guerre punique, de les anéantir complétement ; mais derrière Carthage, humiliée et vaincue, il y avait l'ancienne race libyenne ou berbère qui occupait toujours la plus grande partie du sol. Ses tribus flottaient, à l'Est et à l'Ouest, dans la plus complète indépendance. Syphax et Massinissa, disait le vieux Fabius, se préfèrent aux Carthaginois pour l'empire de l'Afrique ; mais ils préfèrent les Carthaginois à tous les autres peuples [1]. Il fallait créer des Romains, si c'était possible, parmi les indigènes : Rome le fit, et il y en avait déjà beaucoup, lorsqu'elle envoya Scipion l'Émilien ruiner de fond en comble la patrie d'Annibal. Dès ce moment l'occupation romaine commença.

Il s'agit de voir la marche qu'elle suivit.

Les Romains, après avoir détruit Carthage, firent de son territoire une province qui prit le nom d'Afrique et qui répond, dans la géographie de nos jours, au

---

[1] Et Syphax et Masinissa se quàm Carthaginienses malunt potentissimos in Africà esse; Carthaginienses quàm quemquam alium. Tit. Liv., Lib. XXVIII.

beylik de Tunis. Ils occupèrent aussi la plupart des villes phéniciennes échelonnées sur ce rivage. Plus tard, une partie de la Numidie fut ajoutée à cette province. Les résistances de la race primitive venaient d'être vaincues dans Jugurtha, leur plus énergique représentant. Une autre province, celle de Numidie, fut formée quelque temps après, et la partie occidentale ou Mauritanie finit par être occupée. Rome s'était retirée une fois de la Mauritanie après s'en être emparée, comme si elle eût craint de ne pouvoir s'y maintenir. Elle y reparut quand elle pensa que le génie des habitants était suffisamment préparé à sa domination. La conquête de la partie orientale, ce centre grec et juif à la fois, devait l'embarrasser moins. Il lui fut facile, quand elle le voulut, de l'atteindre par l'Égypte, cette terre plus asiatique qu'africaine.

Rome ne se contenta point de dominer sur le rivage comme les Phéniciens ou les Carthaginois : elle pénétra dans l'intérieur. Elle occupa le pays en peuple continental, tandis que Carthage n'était point sortie de son génie maritime. Ainsi, sans compter les camps que Rome établit en avant dans les terres et dont on peut encore admirer les restes, elle forma des établissements et des colonies jusqu'au sein même de la famille libyenne, par exemple dans les murs de Cirtha, qui avait toujours échappé non-seulement à la domination, mais encore à l'influence des Phéniciens. Envisagée sous ce point de vue, l'invasion romaine dépassait ce qui l'avait précédée et elle devait dépasser tout ce qui allait suivre, à l'exception pourtant des

Arabes, qui, comme nous le verrons, ont pénétré plus profondément dans ce bassin.

Il semble, en présence de ce développement, que les Romains durent jeter en Afrique une masse d'habitants considérable. On s'arrête à cette pensée surtout quand on parcourt l'Afrique du Nord, où l'on rencontre à chaque instant des ruines romaines que plusieurs siècles de barbarie n'ont pu effacer. Il n'en fut pas ainsi toutefois. L'Afrique septentrionale prit sans doute une physionomie romaine. Mais ce fut le génie de Rome plutôt qu'un grand déplacement de races, qui accomplit cette révolution. Rome envoya moins des familles que des soldats dans cette contrée. Le dernier de ces Gracchus, tant calomniés dans les livres, conduisit, il est vrai, sur le rivage africain, six mille colons pris dans les rangs du peuple [1]; mais ce fait doit être considéré comme une espèce d'exception dans l'histoire de l'occupation romaine. Un historien, contemporain de Tibère, fait observer que depuis le sixième consulat de Marius jusqu'à son époque, Rome n'avait envoyé que des colonies militaires en dehors de l'Italie [2]. Depuis Tibère, on suivit à peu près le même

[1] Appien, lib. VIII, c. 136. Nous trouvons le même fait dans un fragment de Tite Live : C. Gracchus, Tiberii frater, tribunus plebis, continuato in alterum annum tribunatu, legibus agrariis latis, effecit ut complures coloniæ in Italiâ deducerentur, et una in solo desertæ Carthaginis, quò ipse triumvir creatus coloniam deduxit. Ep. 60. Il y a dans V. Paterculus une observation précieuse qui se rapporte à cet événement; voici ses paroles : Carthago in Africâ prima extra Italiam colonia deducta est. VELL. PATERC. *Hist.*, l. I, c. 15.

[2] Neque facilè memoriæ mandaverim quæ nisi militaris post hoc tempus deducta sit. VELL. PATERC., lib. I, p. 15.

système. Il eût été imprudent de l'abandonner en
Afrique, surtout dans la partie occidentale, où la race
indigène semblait toujours disposée à combattre contre
les étrangers, et où elle fatiguait leur domination par
de continuelles secousses [1]. Les colonies qui passèrent
la Méditerranée sous Claude, Vespasien et Trajan, et
s'établirent dans la Numidie et la Mauritanie, étaient
donc spécialement militaires. Or les soldats romains,
du moins jusqu'au règne de Claude, ne jouissaient
point des droits de la famille, et Tacite, qui écrivait
plus tard, a dit qu'ils mouraient presque tous sans
postérité. Ainsi l'Afrique fut conquise plutôt qu'occupée par les Romains, qui n'y jetèrent qu'une population peu considérable relativement à l'étendue de
cette zone.

Quant à cette population, romaine par les mœurs,
par la langue et par les idées, on ne peut pas dire
qu'elle le fût par le sang ; sous ce rapport, elle n'était
pas même italienne. C'était un mélange de plusieurs
races, pénétrées du même esprit par cette discipline
puissante que Rome exerça avec tant d'autorité sur les
peuples de l'ancien monde. Rome n'avait jamais été
une au point de vue ethnographique. Nous l'avons vue
grandir au milieu de divers éléments. A l'époque où

[1] Tous les textes des écrivains de cette époque, concernant l'Afrique
du Nord, forment, pour ainsi dire, autant de bulletins militaires. Ce
sont des bruits permanents de guerre qui éclatent du côté de l'Atlas. On
a recueilli dans un ouvrage précieux aux érudits tous ces textes si nécessaires pour l'intelligence de ces temps. Voy. *Recherches sur l'Histoire
de l'Afrique septentrionale, pendant la domination romaine*, par
M. Dureau de Lamalle.

elle remplaça les Carthaginois dans l'Afrique septentrionale, la physionomie des Romains était bien plus mêlée qu'elle ne l'avait été jusqu'alors. Les affranchis et les fils d'affranchis augmentaient tous les jours. Ils remplissaient les rangs des armées romaines. Il fallait bien recourir à eux pour atteindre partout dans le monde. Ce mouvement de peuples que Rome attirait dans son sein pour les rejeter sur l'univers après les avoir transformés, était alors plus vif et plus puissant que jamais[1]. L'unité romaine n'existait point dans le sang, mais dans l'idée. La toge allait ainsi couvrir successivement les épaules de tous les peuples. Mon Dieu! s'écriait éloquemment Tertullien dans la nouvelle Carthage, que cette illustre toge a donc fait de chemin! Elle a passé tour à tour des Pélasges aux Lydiens, des Lydiens aux Romains, et des Romains aux Carthaginois[2]. Symbole de cette fière civilisation latine qui devait envelopper le monde, la toge, même avant Tertullien, avait été acceptée par plus de vingt nations, et voilà comment les armées romaines qui conquirent l'Afrique septentrionale étaient si mêlées.

Il y a une ressemblance, à ce point de vue, entre l'invasion phénicienne et l'invasion romaine. Les Phéniciens, comme nous l'avons dit, avaient amené avec eux plusieurs familles orientales. Une partie de l'Occi-

---

[1] Montesquieu a dit dans son langage éclatant et vigoureux : « C'était une circulation des hommes de tout l'univers : Rome les recevait esclaves et les renvoyait Romains. » *Grand. et décad. des Romains*, chap. 13.

[2] Pro! quantùm circumeavit à Pelasgis ad Lydos, à Lydis ad Romanos, ut ab humeris sublimioris populi Carthaginienses complecteretur, Tertull., t. II, *De Pallio*, p. 498.

dent suivit Rome, sans compter d'autres éléments étrangers qui devaient se trouver sous ses drapeaux, et qui entrèrent dans les colonies qu'elle fonda sur la rive africaine.

CHAPITRE X.

Wandales. — De leur origine septentrionale et de leur rôle dans le monde germanique. — Le plus agité et le plus inquiet de tous les peuples d'outre-Rhin. — Tableau de leurs émigrations indisciplinées à travers l'Europe. — Pourquoi ils ne font que camper en Espagne. — Leurs établissements dans l'Afrique du Nord. — Limites de leur empire dans cette contrée.

Le vaste et magnifique empire que les Romains avaient fondé à la suite des Juifs, des Hellènes et de ces familles orientales, représentées dans l'histoire par l'Hercule de Tyr, devait s'effacer sous les pas des Wandales, ce peuple errant et vagabond, comme l'indique l'étymologie allemande[1]. L'Europe du Midi régnait au pied de l'Atlas avec les Romains : l'Europe du Nord,

[1] Die Vandalen sind Deutsche, und ihr Name wird am wahrscheinlichsten von dem Wort wandeln herumziehen hergeleitet ; er ist also in seiner ursprünglichen Bedeutung mit der Benennung, Sueven, von schweifen, völlig einerley. K. Mannert, *Geschichte der Vandalen*, p. 1.

Cette étymologie, acceptée par Mannert et par d'autres écrivains, nous engage à écrire *Wandales* au lieu de *Vandales*. Nous trouvons des traces de cette orthographe dans plusieurs auteurs des premiers siècles, tels que Cassiodore, Idatius, Salvien et Jordanès. La littérature grecque nous offre aussi des exemples de cette manière d'écrire. Procope dit bien Βανδίλοι, mais nous lisons Οὐανδάλοι dans Théophane et dans Olympiodore.

On a voulu rattacher le mot *Vandale* aux deux racines *dail* et *win* ou *wen*, *dail* signifiant partie, et *vinna* être brave ; mais une pareille explication nous semble forcée. Nous aimerions mieux adopter la tradition de Tacite : Quidam autem licentiâ vetustatis plures Deo ortos, pluresque gentis appellationes, Marsos, Gambrivios, Suevos, Vandalos adfirmant. *Germ.* 2. Voy. l'ouvrage de Grimm, *Deutsche Mythologie*, p. 219.

qui commençait à se révéler au monde, accourut avec leurs successeurs.

Les Wandales appartenaient à cette grande race germanique qui devait abattre l'empire dont Rome était le centre et remplacer par des peuples nouveaux les vieux peuples de l'Occident. Ces barbares, pour parler comme Rome, avaient la physionomie et le caractère de leur race. Leurs cheveux étaient blonds, leurs yeux bleus, leur taille élancée[1]. C'étaient de grands corps, pleins de force et de vie, admirablement propres aux fatigues de la guerre. Il semble cependant qu'ils aient été moins braves que les autres Germains, car nous les voyons presque toujours reculer devant eux. Du reste ils étaient comme eux sobres et chastes. Les joies de la conquête et l'enivrement du plaisir n'avaient pu corrompre encore ces tribus vierges, dont la figure mâle et sévère avait séduit de loin la grande âme de Tacite, noblement indignée contre les vices qui dévoraient la société antique[2].

Avant de se jeter sur l'Afrique du Nord et d'en chasser les Romains, les Wandales avaient longtemps erré à travers l'Europe. L'histoire nous les montre primitivement sur les bords de la Baltique, entre la Vis-

---

[1] Λευκοὶ γὰρ ἅπαντες τὰ σώματά τέ εἰσι, καὶ τὰς κόμας ξάνθοι· εὐμήκεις τε καὶ ἀγαθοὶ τὰς ὄψεις. PROCOP., *De bello vand.* lib. I, c. 2.

[2] Erubescamus, quæso, et confundamur. Jam apud Gothos impudici non sunt, nisi Romani, jam apud Vandalos, nec Romani. Tantùm apud illos profecit studium castimoniæ, tantùm severitas disciplinæ, non solùm quòd ipsi casti sint; sed, ut rem dicamus novam, rem incredibilem, rem pene etiam inauditam castos etiam Romanos fecerunt. Salvian., *De gubern. Dei*, p. 122.

tule et l'Elbe. Pressés sans doute par leurs voisins, ils
s'appuyèrent ensuite, comme on peut le voir dans Jordanès, sur la rive gauche du Danube, où nous les
voyons campés entre les Goths, les Hermondures et
les Marcomans, autres rameaux de la même souche[1].
Leurs querelles avec leurs frères de la famille gothique
les poussèrent bientôt vers la Pannonie, où ils se
fixèrent[2]. Ils n'étaient pas assis là dans un foyer tranquille. La Pannonie était comme le grand chemin de
tous ces peuples du Nord, qui se jetaient sur l'ancien
monde pour s'enrichir de ses dépouilles. Les Wandales, toujours inquiets d'ailleurs, se mêlèrent au
torrent. Ils quittèrent la Pannonie à la voix de Sti-
licon, et s'élancèrent sur la Gaule avec les Alains, que
d'anciens souvenirs semblaient rattacher à l'Orient
et à ses peuples, mais qu'un long séjour dans le
nord de l'Europe avait rapprochés de la race germanique. Un autre peuple errant et flottant comme eux
dans ce mouvement général, le peuple des Suèves,
grossit alors leur armée, et les trois nations, unissant
leurs efforts, pénétrèrent à travers les Pyrénées au

1. Erant namque illis tunc ab Oriente Gothi, ab Occidente Marcomanni,
à Septentrione Ermenduri, à Meridie Hister, qui et Danubius dicitur.
Jord., *De rebus Get.*, c. 22.

2 Wandalis bellum indictum est à Geberich, rege Gothorum, ad littus
prædicti amnis Marisiæ ubi tunc diù certatum est ex equali. Sed mox
ipse rex Visumar magnà cum parte gentis suæ prosternitur. Geberich
verò ductor eximius, superatis deprædatisque Wandalis, ad propria
loca, undè exierat, remeavit. Tunc perpauci Wandali, qui evasissent,
collectà imbellium suorum manu, infortunatam patriam relinquentes,
Pannoniam sibi a Constantino principe petiére, ibique per sexaginta
annos plus minùs sedibus locatis, imperatorum decretis ut incolæ famu-
lârunt. Jord., *De rebus Get.*, c. 22.

sein de l'Espagne[1]. La Péninsule, que Rome, mourante
elle-même, ne pouvait guère défendre, fut partagée
entre les conquérants. Les Alains campèrent à l'est
et à l'ouest dans la Lusitanie et la province cartha-
ginoise, c'est-à-dire qu'ils s'assirent à la fois sur les
deux mers. Une partie de la Gallicie fut occupée par
les Suèves, qui avaient ainsi la clef des Sierras du
Nord ; le reste appartenait aux Wandales, qui pe-
sèrent sur le centre et qui, prolongeant en même temps
leurs tribus vers le Sud, occupèrent toute la Bétique[2].
C'est de là que, reprenant leur course à travers la mer,
ils se portèrent quelque temps après du côté de l'Atlas,

Si l'on en croyait Cassiodore et quelques écrivains
qui l'ont suivi, l'invasion des Wandales dans l'Afrique
du Nord devrait être regardée comme une espèce de
fuite[3]. Les Wandales étaient pressés par les Goths, leurs
ennemis mortels, qui les avaient suivis en Espagne et
qui parurent un instant vouloir les suivre encore sur
le bord méridional de la Méditerranée.

D'après Salvien, au contraire, qui a vu dans ce dé-

---

[1] Intereà antè biennium Romanæ irruptionis, excitatæ per Stiliconem
gentes Alanorum, Suevorum, Vandalorum, multæque cum his aliæ, Fran-
cos proterunt, Rhenum transeunt, Gallias invadunt, directoque impetu
ad Pyrenæum usque perveniunt. P. Oros., Lib. vii, c. 40. V. *Auct. Miscel.*,
Lib. xiii, p. 72.

[2] Subversis memoratâ plagarum grassatione Hispaniæ provinciis, Bar-
bari ad pacem ineundam, Domino miserante conversi, sorte ad inhabi-
tandum sibi provinciarum dividunt regiones. Gallæciam Wandali occu-
pant et Suevi, altam in extremitate Oceani maris occiduâ. Alani Lusita-
niam et Carthaginiensem provincias, et Wandali, cognomine Silingi,
Bœticam sortiuntur. Idat., *Chroniq.*, p. 232.

[3] Gens Wandalorum à Gothis exclusa de Hispaniâ ad Africam transit.
Voy. aussi Jord., c. 33, et Idat., p. 234.

placement des races une sorte de loi divine régénérant le monde, les Wandales ne fuyaient point. Ils avaient passé librement de la Gaule en Espagne, dit l'éloquent évêque; aucun sentiment de crainte ne les en avait chassés. Je veux, ajoute-t-il, qu'ils aient eu peur dans la Gaule; mais en Espagne, où ils avaient bravé tant de fois l'effort des armées romaines, pouvaient-ils craindre de s'y arrêter, d'y fixer leurs tentes au milieu de leurs victoires et de leurs triomphes? Ne savaient-ils pas que les Romains, même en s'appuyant sur les Barbares, étaient incapables de leur résister? Ils pouvaient donc vivre à leur aise sur ce sol qu'ils avaient conquis. Ils ne craignaient point; mais cette main céleste qui les avait attirés en Espagne pour punir les vices de ses peuples, les poussait vers l'Afrique pour la ravager. Ils avouaient eux-mêmes que ce qu'ils faisaient n'était point leur œuvre, mais qu'ils marchaient entraînés par la volonté divine[1].

C'est ainsi que la philosophie chrétienne au cinquième siècle envisageait ce mouvement. Dieu, en effet, semble éclater là plus qu'ailleurs.

[1] Nullâ formidine coacti ex Galliâ in Hispaniam transcendebant. Sed esto, inter Gallias formidabant; quid in Hispaniâ, ubi exercitus nostros etiam bellando contriverant, numquid consistere, aut permanere metuebant jam victores, jam triumphantes? Quibus ad hunc fortitudinis fastum contigerat ascendere, ut post experimenta belli diù parati intelligerent sibi Romanæ Reip. vires etiam cum Barbarorum auxiliis pares esse non posse, Potuerant ergò illic degere, nec timebant : sed illa utique cœlestis manus, quæ eos ad punienda Hispanorum flagitia illùc traxerat, etiam ad vastandam Africam transire cogebat. Ipsi denique fatebantur non suum esse quod facerent, agi enim se divino jussu. Salvian., *De Gubern. Dei*, liv. v, p. 115.

Mais, en dehors de ces considérations, il est facile d'apercevoir d'autres motifs qui purent aussi diriger les Wandales vers leur nouvelle conquête. Ce qui a toujours distingué leurs tribus au milieu des autres familles germaniques, c'est leur mobilité, c'est leur nature errante et vagabonde. Parmi tous ces peuples qui dans les premiers siècles de l'ère chrétienne coururent de tous côtés sur les débris de l'empire romain, il n'y en a aucun qui se soit promené autant que les Wandales. Ils sillonnèrent tour à tour les continents et les mers. Leur génie inquiet et tourmenté cherchait sans cesse de nouveaux horizons. Arrivés à l'extrémité de l'Europe, ils s'y seraient peut-être arrêtés si l'Afrique septentrionale ne leur eût point apparu à travers le détroit. L'Atlas était trop près pour ne pas attirer ces infatigables voyageurs.

On peut croire aussi que la politique de Geisérich contribua puissamment à les tourner de ce côté. Il paraît que Geisérich n'était arrivé au pouvoir qu'en sacrifiant à son ambition Gondérich, son frère naturel. Le désir de faire oublier ce meurtre et de rattacher à sa cause les Wandales devait lui inspirer l'idée de quelque grande entreprise, d'autant plus que c'était une âme ardente, pleine de courage et d'activité, toujours prête comme dit l'historien des Goths, à soulever des orages[1]. Il faut ajouter à ces faits que le gouverneur de l'Afrique du Nord, Boniface, irrité contre l'Empire,

[1] Erat Gizericus staturâ mediocris, equi casu claudicans, animo profondus, sermone rarus, luxuriæ contemtor, irâ turbidus, habendi cupidus, ad sollicitandas gentes providentissimus, semina contentionum jacere, odia miscere paratus. Jord., *De reb. Get.*, c. 33.

avait appelé quelque temps auparavant, pour servir
sa vengeance, les conquérants de l'Espagne.

L'invasion fut résolue. Les Wandales se réunirent,
l'an 429, sur les rivages de la Bétique, et on les vit
bientôt paraître sur la côte opposée. Leur armée était
composée de divers éléments. Plusieurs peuples s'y
mêlaient les uns aux autres. C'était, d'après Possidius,
le biographe et l'ami de saint Augustin, une masse considérable de nations barbares, Wandales, Alains, Goths,
et autres[1]. Les Wandales étaient sans contredit les plus
nombreux. Les Alains et les Goths, auxquels il faut ajouter les Suèves, que Possidius n'a point nommés, ne devaient fournir qu'une portion peu considérable de l'armée de Geisérich. Les Suèves étaient devenus les ennemis
des Wandales, qui les avaient rejetés vers le nord de
la Péninsule, et qui au moment de s'embarquer leur
livrèrent encore une bataille sanglante[2]. La haine qui
séparait les Wandales des Goths était encore plus profonde : quant aux Alains, ils étaient presque anéantis
à cette époque par suite des luttes qu'ils avaient eu à
soutenir contre les Goths[3].

L'armée des Wandales, au moment de l'invasion,
comptait environ cinquante mille hommes capables de
porter les armes[4]. Puis venait une multitude de vieil-

---

[1] Manus ingens diversis telis armata et bellis exercita immanium gen-
tium Vandalorum et Alanorum commixtam secum habens Gothorum
gentem, aliarumque diversarum personas, ex Hispaniæ partibus trans-
marinis, navibus Africæ influxit. Possid., *Vit. August.*, c. 28.

[2] Idat., *Chron.*, p. 234.

[3] *Id. ibid.*, p. 233.

[4] Transiens igitur quantitas universa, calliditate Geiserici ducis, ut

lards, de femmes et d'enfants, car ce n'était pas une armée seulement qui s'avançait avec Geisérich, c'était un peuple avec des débris d'autres peuples qui avaient tous leur berceau dans le nord de l'Europe.

Ces nouveaux conquérants de l'Afrique septentrionale suivirent une marche opposée à celle des nations ou des races qui les avaient précédés dans ce bassin. Les Juifs se présentèrent, au moins primitivement, par la zone orientale. Les Grecs ou Héllènes, forcés par leur petit nombre de se replier sur eux-mêmes, s'étaient arrêtés dans l'Est, où ils avaient débarqué. Les Romains et les Phéniciens, avec toutes ces familles orientales qui se pressaient à leur suite, avaient marché vers l'Ouest, le long de l'Atlas. Les Wandales, au contraire, à qui l'Ouest fut d'abord ouvert, se hâtèrent de marcher vers le plateau oriental de l'Afrique du Nord. Il ne faut point s'en étonner : là était le centre de la vie africaine. La nature y était plus riche et plus puissante qu'ailleurs. De là on attirait mieux à soi le reste de l'Afrique. Vainement Rome avait détruit, d'après les conseils de Caton, la Carthage phénicienne. Une Carthage romaine, une autre tête de l'Afrique l'avait remplacée. Elle appelait les Wandales, comme elle devait

famam terribilem suæ faceret gentis, illicò statuit omnem multitudinem numerari, quam huic luci ad illam usque diem uterus profuderat ventris. Qui reperti sunt senes, juvenes, parvuli, servi, vel domini octoginta millia numerati. Vict. Vit , *De persecut. Vand.*, lib. 1ı. Τοὺς δὲ Βανδίλους τε καὶ Ἀλανοὺς ἐς λόχους κατιστισάμενος λοχαγοὺς αὐτοῖς ἐπέστησιν οὐχ ἧσσον ἢ ὀγδοήκοντα, οὕσπερ χιλιάρχους ἐκάλεσε, δόκησιν παρέχων ὀκτὼ οἱ μυριάδας συνιέναι τὸν τῶν στρατευομένων λέων· καίτοι οὐ μάλλον ἢ ἐς μυριάδας πέντε τὸ τῶν Βανδίλων τε καὶ Ἀλανῶν πλῆθος ἔν γε τῷ πρὶν χρόνῳ ἐλέγετο εἶναι. Pαοcοp., *De bello vand.* lib, ııı, c. 5.

appeler ceux qui les suivirent, jusqu'à ce que les Arabes la ruinèrent, en élevant toutefois dans le même bassin une espèce de Carthage musulmane, comme pour attester à leur tour l'attraction souveraine de ce puissant foyer.

Aucun obstacle sérieux n'arrêta les Wandales le long de la Méditerranée. Boniface, dont la voix de saint Augustin avait ranimé généreusement le patriotisme, n'était pas assez puissant pour repousser l'invasion. Il s'agissait bien d'un homme, quand l'empire, profondément malade, chancelait sur sa base et que la vie semblait l'abandonner pour se porter ailleurs! Depuis longtemps la domination romaine était usée dans l'Afrique du Nord. Il semble que la décadence y avait commencé plus vite que dans les autres parties du monde, ce qui s'explique assez par la nature de cette terre qui use l'homme plus rapidement que les autres, ainsi que par les événements dont elle avait été le théâtre.

Pendant que l'empire baissait de plus en plus, comme un vieillard qui penche vers la tombe, un grand dissentiment religieux avait éclaté dans l'Afrique septentrionale. Il ne s'agissait proprement que d'une question de discipline; mais cette question divisa profondément les esprits, grâce à l'influence de Donat dont les idées se répandirent de toutes parts. Les empereurs appuyèrent l'Église, et essayèrent de rétablir l'unité religieuse : efforts inutiles! Il y eut un schisme et une guerre civile à l'appui du schisme. Au milieu de ces secousses, les passions naturelles des anciens

habitants du pays, de la race primitive, se réveillèrent :
la domination romaine fut partout ébranlée. Les donatistes, persécutés par l'orthodoxie, virent sans répugnance les Wandales, qui, attachés aux idées d'Arius,
niaient le Verbe divin, et s'éloignaient ainsi comme
eux de la grande communion chrétienne. Geisérich
profita de toutes ces circonstances : il envahit sans coup
férir la Mauritanie et, pour rendre aux Wandales
tout retour impossible, peut-être aussi pour arrêter les
Goths qui auraient pu s'élancer sur ses traces, il détruisit tout ce qu'il rencontra. Ce fut comme une grande
tempête qui ne laissa rien debout. L'Afrique dans ses
terres fécondes, a dit un écrivain de nos jours, fut
écorchée par les Wandales, comme elle l'est dans ses
sables stériles par le soleil[1]. La Numidie eut presque le
même sort que la Mauritanie.

Malgré ces excès, on peut croire que les Wandales
ne commirent pas toutes les horreurs dont les accusent
trop facilement peut-être les écrivains orthodoxes, et
la réprobation universelle qui pèse depuis tant de siècles sur leur nom n'est pas complétement méritée. Les
haines religieuses, dont il n'est pas bien difficile de
trouver des traces dans les livres de cette époque, ont
dû exagérer plus d'une fois les faits. Les Wandales accumulèrent, il est vrai, les ruines dans la partie occidentale de l'Afrique du Nord[2]; mais ce fut dans l'intérêt de leur sûreté. Les déserts qu'ils laissèrent derrière
eux étaient une barrière contre leurs ennemis. En avan-

[1] CHATEAUB. *Études histor.*, t. II.
[2] VICT. *Vit.*, lib. I.

çant vers l'Est, ils furent plus cléments. Ils épargnèrent les arbres et les moissons, et se contentèrent de détruire, quand ils le purent, les murailles des villes qui offraient un appui trop redoutable aux résistances de l'ancienne domination. C'est ainsi qu'ils arrivèrent, après avoir écarté partout les Romains, au centre même de leur puissance, à Carthage, qui leur ouvrit bientôt ses portes.

Les Wandales parurent comprendre que, pour dominer sûrement dans l'Afrique du Nord, ils avaient besoin de s'appuyer sur la Méditerranée. Il fallait fermer ce grand chemin à l'empire qui, tout malade qu'il était, pouvait chercher encore à les inquiéter. Mais les Wandales n'avaient point de flotte. A peine avaient-ils pu rassembler quelques bâtiments pour passer le détroit. Les peuples germaniques, en général, étaient entièrement étrangers à la navigation. Ils n'avaient point cherché, pour s'initier à ses secrets, à profiter des rapports qu'ils avaient depuis longtemps avec l'Empire. Une loi d'ailleurs, et une loi sanguinaire, avait défendu aux Romains d'apprendre l'art nautique aux Barbares[1]. La mesure était sage. Rome aurait péri bien plus vite, si ces races belliqueuses du Nord, qui se répandaient de tous côtés sur le continent, avaient su marcher à travers les mers avec les vagues et les tempêtes. Maître à peine d'une partie de l'Afrique septentrionale, Geisérich voulut se donner une flotte ; il la

---

[1] His qui conficiendi naves incognitam antè peritiam Barbaris tradiderint capitale judicium proponi decernimus. *Cod. Just.*, l. ix, tit. 47, leg. 25.

trouva dans les ports romains qui tombèrent en son pouvoir, et les Wandales, tournant de ce côté toute leur énergie, devinrent bientôt un peuple de marins. La Méditerranée fut à l'instant sillonnée par leurs vaisseaux, à ce point qu'elle prit le nom de mer des Wandales. Ils pénétrèrent même dans l'Océan et atteignirent les côtes occidentales de l'Espagne. Mais ils se replièrent rapidement sur le bassin méditerranéen. Ils effrayèrent tour à tour la Sicile et l'Italie, qui furent ravagées. Il y avait là le commencement d'un grand empire maritime qui pouvait embrasser une partie de l'Occident, mais les Wandales ne songèrent qu'à exercer une vaste piraterie contre les malheureux débris de l'empire romain. Ils imitaient ces pirates qui avaient paru dans les premiers temps de la Grèce et dans les derniers jours de Rome républicaine, et ils semblaient annoncer de loin les Turcs et leurs redoutables forbans, comme si la Méditerranée depuis l'origine des siècles avait été prédestinée aux corsaires ! Après de longues courses qui épouvantèrent l'Europe, les Wandales se renfermèrent, pour ainsi dire, dans le continent, et ils se contentèrent de régner sur le bord méridional de la Méditerranée.

Les compagnons de Geisérich ne purent occuper qu'une portion peu considérable du territoire qu'ils avaient conquis. La Byzacène, dont le climat voluptueux devait bientôt user leur énergie, devint à proprement parler le centre de leurs établissements. De là ils dominèrent à l'Est la Tripolitaine. Quant à la Pentapole Cyrénaïque, elle leur échappa et elle resta libre

pour les relations commerciales des peuples libyens
ou berbers avec l'Égypte. Du côté de l'Ouest, les Wandales occupèrent en partie la Numidie, l'ancien territoire des Masyliens et des Massasyliens, qui leur obéit
jusqu'à l'Atlas. La Mauritanie, qu'ils avaient si impitoyablement ravagée, était placée trop loin d'eux pour
leur appartenir sérieusement. Ils s'établirent seulement à Ceuta, qui était comme la clef du détroit,
et qui garantissait leur souveraineté en face de l'Espagne [1].

[1] Totius Africæ ambitum obtinuit, dit Victor de Vita en parlant de
Geisérich. Ce mot n'est vrai que dans un sens. Il est exact s'il signifie
seulement que le conquérant wandale finit par chasser les Romains de
l'Afrique du Nord. Il serait erroné si on lui donnait une signification
plus précise. Plusieurs écrivains se sont trompés en le traduisant d'une
manière trop littérale.

CHAPITRE XI.

Byzantins.—Leur caractère au point de vue des races.—Leur physionomie historique.—Des causes de leur invasion dans l'Afrique septentrionale. Leurs mouvements sur terre et sur mer.—Territoire qu'ils occupèrent.

Après les Wandales, l'Afrique du Nord, toujours foulée, toujours envahie, vit arriver les Byzantins. L'Orient venait reprendre à l'Occident son ancienne conquête; mais ce n'était plus l'Orient splendide et merveilleux de Tyr. Ce monde radieux de l'Asie primitive s'était effacé depuis des siècles, et les révolutions avaient mis à la place Byzance et le Bas-Empire, c'est-à-dire la faiblesse et l'impuissance elles-mêmes.

Byzance, avant d'être le centre d'une grande monarchie qui devait rattacher à sa fortune l'Afrique septentrionale, n'avait joué qu'un rôle secondaire dans l'histoire de l'Orient. Elle devait son origine à quelques habitants d'Argos, qui s'étaient fixés sur les rivages du Bosphore, séduits par la richesse du sol et la beauté du climat[1]. Ce n'était guère dans ces vieux temps qu'une espèce d'entrepôt, un marché maritime entre l'Europe occidentale et le monde asiatique. Grecque dans le principe, elle était devenue un peu romaine avec Constantin, qui avait attiré dans ses murs plu-

---

[1] Arctissimo inter Europam Asiamque divortio, Byzantium in extremâ Europâ posuère Græci, Tacite, *Annal.* xii, cap. 62. Voyez dans Polybe, liv. xiv, une magnifique description de Byzance.

sieurs familles romaines, et cherché à en faire la capitale de l'empire. Placée entre l'Europe, l'Asie et l'Afrique, à l'entrée d'une mer qui lie ces trois continents, ne semblait-elle pas devoir les attirer à soi[1]? Le partage de l'empire, sous Théodose, lui enleva une moitié du monde romain, mais elle retint la Thrace, la Dacie, la Macédoine, la Syrie, l'Asie-Mineure et l'Égypte.

Les Byzantins, dont l'influence et la domination s'étendaient sur toutes ces contrées, ne formaient point proprement un peuple, mais un empire. Ils s'appelaient tour à tour Grecs et Romains. Ils l'étaient par le sang, mais ce sang était corrompu, et puis il n'y avait aucun lien ethnographique entre Byzance et les provinces qu'on lui avait données. L'unité d'origine manquait à ce grand corps, et Byzance n'était pas un centre assez puissant et assez ferme pour lui donner l'unité de vie. L'acte, pour ainsi dire administratif, qui avait fait de cette ville la tête et le cœur de l'Orient, n'avait pu lui donner le tempérament énergique dont elle aurait eu besoin pour animer les membres épars autour d'elle. Rien de plus infirme en effet que Byzance. Rien de plus impuissant que ces Gréco-Romains qui l'habitaient. Ils n'avaient aucune des vertus de Rome, mais ils avaient su hériter de tous les vices de la Grèce. Peuple de sophistes, ils parlaient au lieu d'agir, ils discutaient au lieu de gouverner. Enveloppés dans le christianisme,

---

[1] Est in Europâ, habet in conspectu Asiam, Egyptum Africamque à dextrâ, quæ tametsi continuæ non sunt, maris tamen navigandique commoditate junguntur. Rusbeq. Epist. 1.

qui depuis quelques siècles s'était emparé du monde,
ils avaient communiqué à cette forte doctrine l'irré-
médiable faiblesse dont ils étaient frappés, et ils l'auraient tué sans doute, s'il s'était arrêté au milieu de
ces eunuques. A l'époque dont nous parlons, deux
moitiés d'homme, deux esclaves mutilés, Salomon et
Narsès, représentaient, avec Bélisaire, toutes les énergies viriles de ce pauvre empire. Il est vrai que les
autres chefs avaient de la barbe, et même en quantité,
comme l'observent les historiens de Byzance, accusant
ainsi d'un seul mot, sans trop s'en douter, la dégra-
dation, même physique, de ces Gréco-Romains.

On peut s'étonner qu'un peuple aussi faible, aussi
mal constitué, se soit transformé un jour en conquérant et ait envahi l'Afrique septentrionale : deux causes
peuvent servir à expliquer ce mouvement des Byzantins, la politique du prince qui les gouvernait à cette
époque, et les passions religieuses dont Byzance fut
toujours le foyer.

Depuis que l'empire d'Occident était tombé sous
l'effort des races germaniques, les empereurs byzantins avaient la prétention de le remplacer, et plus d'une
fois ils essayèrent de rattacher à leur trône quelques-
uns de ses vastes débris. Telle fut surtout la pensée de
Justinien, qui aurait bien voulu reconstituer à son profit l'ancienne domination romaine. De là ses efforts en
Orient et en Europe. Ainsi s'expliquent ses expéditions,
ou plutôt celles de ses généraux dans le bassin de la
Méditerranée. Ce plan était généreux et hardi ; mais le
Bas-Empire, déjà vieux, même à son berceau, pouvait-

il l'exécuter? L'unité politique de l'ancien monde était rompue, et ces peuples nouveaux, qui s'étaient emparés de l'Occident, n'étaient pas assez souples pour se laisser conquérir et discipliner par Byzance. Quoi qu'il en soit, Justinien s'arrêta à cette pensée qui avait séduit déjà ses prédécesseurs et qui devait rester encore après lui comme un rêve à jamais impuissant.

Mais ce ne fut pas seulement un intérêt de pouvoir qui attira les Byzantins du côté de l'Atlas et des Wandales; il y avait aussi un intérêt de dogme.

Les Wandales, comme nous l'avons vu, avaient apporté dans l'Afrique du Nord ces idées ariennes qui leur étaient venues de Byzance elle-même par l'entremise des Goths, à l'époque où leurs tribus flottaient au hasard dans la vieille Germanie. Maîtres du Sahel africain, ils cherchèrent à répandre partout l'arianisme, et ils persécutèrent impitoyablement autour d'eux tout ce qui ne pliait point sous leur symbole. Les prêtres catholiques de Carthage et des environs avaient dû prendre la fuite. Quelques-uns s'étaient retirés vers le Sud, au delà de la zone ou dominaient les Wandales. D'autres avaient gagné Byzance, et ils ne cessaient d'invoquer son secours contre les persécuteurs de leur foi. Le livre de Victor de Vita, l'un des réfugiés, fut l'écho de toutes ces souffrances, de toutes ces plaintes et il remua profondément l'âme du peuple et celle de l'empereur. Cela devait être : Byzance, qui avait nié avant les Wandales la consubstantialité du Christ, pensait alors comme le concile de Nicée. Orthodoxe avec Théodose et Constantin, arienne avec Constance, hellénique et païenne avec Julien, elle était rentrée avec Justinien et Justin, son prédécesseur, dans les voies sévères du dogme catholique. Toujours brusque et emportée dans ses croyances, elle acceptait et repoussait tour à tour, au milieu de ces évolutions religieuses, les anciennes idées grecques et orientales que le christianisme avait remplacées, mais qui essayaient sans cesse de se reproduire sous la figure mobile et inquiète des hérésies. C'était, moins le génie, la fièvre philosophique de la vieille Grèce. Tous ces dissentiments préparaient déjà Byzance à une rupture éclatante avec Rome, rupture qui ne devait être rien moins que le div rce de l'Orient et de l'Occident. Elle se passionnait, en attendant, pour l'orthodoxie, et accueillait, en maudissant les Wandales, les martyrs de l'Église d'Afrique. C'est ainsi que la religion du peuple s'unit aux idées politiques de l'empereur : une expédition fut résolue dans le double intérêt de la foi et de l'empire.

Ce mouvement toutefois ne s'opéra qu'avec la plus grande lenteur; rien de viril ne pouvait sortir de cette société, abandonnée en grande partie aux femmes, aux eunuques et aux moines. Justinien hésitait, on hésitait et on tremblait autour de lui. Le nom des Wandales, le souvenir de leurs courses victorieuses pesaient sur tous les esprits. De pareils adversaires paraissaient trop redoutables pour Byzance. Comment les attaquer? Du côté de la mer? Mais ce trajet était long, et on s'exposait à toutes les tempêtes qui bouleversent la Méditerranée. Par terre, du côté de l'Égypte, l'une des provinces de l'empire? Mais que de jours de marche ne faudrait-il point pour atteindre les Wandales ! Puis on aurait à lutter contre toutes les rigueurs du climat. Des images pénibles se mêlaient à ces idées. On se rappelait que Byzance, à l'époque où l'empire d'Occident était encore debout, avait uni ses efforts à ceux de Boniface pour combattre Geisérich, et qu'ils avaient été honteusement repoussés. Au milieu de ces sollicitudes, un évêque parut au palais et dit à l'empereur que le ciel lui réservait la gloire d'affranchir l'Église d'Afrique de la tyrannie des Wandales[1]. Dieu lui-même l'avait dit au prélat dans un songe : ce songe merveilleux l'emporta. Bélisaire partit avec une armée.

Rien de moins homogène, on s'en doute bien, que cette armée byzantine. Les divers éléments qui la composaient avaient été ramassés au hasard dans les provinces de l'empire que nul rapport de races, comme nous l'avons vu, ne rattachait entre elles. Ils avaient été pris même ailleurs, puisqu'il y avait des Huns, désignés par Procope sous l'ancien nom de Massagètes. Une flotte de cinq cents voiles transporta cette armée, qui ne comptait pas plus de quinze mille hommes. L'escadre erra longtemps dans la Méditerranée et elle mouilla sept fois dans les ports de l'Europe avant de toucher l'Afrique septentrionale. Les soldats n'étaient pas trop

---

[1] Τῶν δέ τις ἱερέων, οὓς δὴ ἐπισκόπους καλέουσιν, ἐκ τῆς ἑώας ἧκων, ἔφη ἐς λόγους τῷ βασιλεῖ ἐλθεῖν βούλεσθαι · καὶ ἐπειδ᾽ ἂν τῷ ξυνέμιξεν, ἔλεγεν οἱ τὸν Θεὸν ἐπισκῆψαι ὄναρ, γίνεσθαι τι ὡς βασιλέα καὶ αὐτὸν αἰτιάσασθαι · ὅτι δὴ Χριστιανομένους τοὺς ἐν Λιβύῃ ῥύεσθαι ἐκ τυράννων ἀποδεξάμενος, εἶτα λόγῳ τι οὐδενὶ κατωρρώδησε · καί τοι αὐτὸς ἔφη, οἱ πολεμοῦντι ξυλλήψομαι, Λιβύης κύριον θήσομαι. Ταῦτα βασιλεὺς ἐπεὶ ἤκουσε, κατέχειν τὴν διάνοιαν οὐκέτι ἐδύνατο. PROCOP., *De bello vand.* lib. I. c. 10.

rassurés : ils craignaient les tempêtes, ils craignaient
surtout un combat naval, et ils disaient assez haute-
ment qu'ils prendraient la fuite si l'ennemi les atta-
quait sur mer. Bélisaire lui-même était inquiet : il ne
se dérobait que difficilement à toutes ces frayeurs qui
s'agitaient à ses côtés. On peut dire que les Byzantins
ne marchaient pas à la gloire : tout au plus s'y traî-
naient-ils. Enfin, après trois mois de navigation, Bélisaire et son armée abordèrent. Ils avaient pris terre
à l'est de Carthage, à cinq jours de marche de cette
ville. Cette position leur permettait, en cas de revers,
de s'appuyer sur la Tripolitaine, qu'un mouvement
récent avait détachée des Wandales et par delà sur la
Pentapole cyrénaïque et sur l'Égypte.

Si faibles que fussent les Byzantins, ils l'étaient moins
encore que les Wandales. L'Afrique avait complétement
enivré ces barbares, qui avaient perdu toute leur force
au contact de cette nature séduisante où les peuples
s'oublient si vite. Ces hommes du Nord, transplantés
dans le Midi, vivaient là mollement au sein des plai-
sirs. Les bains, les spectacles, la musique, de somp-
tueux repas, voilà ce qui remplissait leur vie[1]. C'était

---

[1] Οἱ μὲν γὰρ, ἐξ ὅτου Λιβύην ἔσχον, βαλαντίοις τε οἱ ξύμπαντες ἐπιχρῶντο ἐς
ἡμέραν ἑκάστην καὶ τραπέζῃ ἅπασιν εὐθηνούσῃ, ὅσα δὴ γῆ τε καὶ θάλασσα
ἥδιστά τε καὶ ἄριστα φέρει· ἰχρυσοφόρουν δὲ ὡς ἐπὶ πλεῖστον, καὶ Μηδικὴν
ἐσθῆτα, ἣν νῦν Σηρικὴν καλοῦσιν, ἀμπεχόμενοι, ἔν τε θεάτροις καὶ ἱπποδρομίοις
καὶ τῇ ἄλλῃ εὐπαθείᾳ καὶ πάντων μάλιστα κυνηγεσίοις, τὰς διατριβὰς ἐποιοῦντο
καὶ σφίσιν ὀρχησταὶ καὶ μῖμοι ἀκούσματά τε συχνὰ καὶ θεάματα ἦν, ὅσα μουσικά
τε καὶ ἄλλως ἀξιοθέατα ἐν ἀνθρώποις ξυμβαίνει εἶναι. Καὶ ᾤκηντο μὲν αὐτῶν
οἱ πολλοὶ ἐν παραδείσοις, ὑδάτων καὶ δένδρων εὖ ἔχουσι· ξυμπόσια δὲ ὅτι
πλεῖστα ἐποίουν, καὶ ἔργα τὰ ἀφροδίσια πάντα αὐτοῖς ἐν μελέτῃ πολλῇ ἤσκητι,
PROCOP. lib. III. c. 6.

une de ces longues ivresses qui finissent toujours par tuer les nations.

Il existait parmi les Wandales une autre cause de ruine, leur arianisme; les persécutions religieuses qu'ils avaient exercées avaient soulevé contre eux des antipathies et des haines profondes. Tout ce qui n'appartenait pas à leur race les détestait; et les Byzantins, au milieu de ces souffrances et de ces colères, apparaissaient comme des libérateurs. L'hérésie qui avait favorisé l'invasion des Wandales favorisait l'invasion de l'armée byzantine, qui pouvait s'appuyer à son tour sur les passions religieuses.

Un dernier fait, que nous avons indiqué ailleurs, devait se tourner contre les successeurs de Geisérich. Pour écraser toutes les résistances, les Wandales, au moment de la conquête, avaient détruit les places fortes de l'Afrique septentrionale. Leur territoire demeurait ouvert de tous les côtés, et rien ne les protégeait dans l'enceinte de leurs villes.

De Caputvada, où ils avaient débarqué, les Byzantins s'avancèrent vers Carthage. Leur marche fut assez rapide. Les Wandales voulurent les arrêter, mais un repos trop longtemps prolongé avait usé leur énergie primitive. Tous leurs efforts furent impuissants. Maîtres de Carthage et des lieux voisins, les nouveaux conquérants suivirent les côtes de la Méditerranée, et un lieutenant de Bélisaire alla jusqu'à Ceuta, le vestibule de la province, comme dit Procope.

La conquête byzantine jusqu'alors n'avait fait que suivre le rivage. Avec Salomon, cet eunuque qui remplaça Bélisaire en Afrique, comme l'eunuque Narsès devait le remplacer en Italie, elle s'éloigna des côtes pour pénétrer dans l'intérieur. Elle atteignit ainsi les monts Aurès vers le Sud; puis, se rejetant vers l'Ouest, sur un plan parallèle au rivage, elle marcha jusqu'à Sitifis, ou Sétif, qu'on peut considérer comme la limite occidentale. La Mauritanie Césarienne et la Mauritanie Tingitane restèrent en dehors de cette double ligne, tracée sur le rivage et dans les terres par l'invasion de Byzance.

Peu nombreux comme ils l'étaient, les Byzantins ne pouvaient pas remplir cette zone. Ils y commandaient comme l'avaient fait avant eux les Wandales; ils n'avaient pas amené avec eux des familles comme les peuples qui les avaient précédés. Ils occupaient militairement le sol qu'ils avaient conquis, et l'on ne voit pas que depuis la conquête cette occupation ait changé de caractère. Seulement, comme il arrive à tous les pouvoirs faibles, la domination byzantine, au lieu de s'épanouir du côté de l'Atlas, se replia insensiblement sur elle-même et sembla camper à la fin sur le rivage.

CHAPITRE XII.

Arabes. — Leur origine orientale. — Vie retirée et presque insulaire de leurs tribus au milieu des vieux peuples de l'Asie. — De leurs rapports avec l'Afrique septentrionale. — Souvenirs et traces d'une ancienne immigration dans le Maghreb. — Série d'invasions au septième siècle. — Caractère de ces déplacements. — Étendue et bornes de la domination arabe dans l'Afrique du Nord.

———

Les Byzantins furent suivis de près, sur le plateau de l'Atlas, par un peuple ardent et belliqueux. L'invasion de Bélisaire et de son armée avait été molle et timide, comme tout ce qui pouvait sortir de Byzance. L'invasion des Arabes, qui devaient ruiner la domination byzantine, eut un caractère tout opposé. C'était un corps vivant, plein de jeunesse et de force, qui venait chasser un vieillard, et moins encore peut-être, un cadavre. La splendeur du saphyr oriental, dit le poëte, vint réjouir tout à coup mes regards, quand je sortis de cette atmosphère froide et morte, qui avait affligé mes yeux et mon âme[1]. Tel est le spectacle qui

[1] Dolce color d' oriental zaffiro ,

. . . .

. . . .

Agli occhi miei ricominciò diletto,
Tosto ch' io usci' fuor dell' aura morta
Che m' avea contristati gli occhi e 'l petto.
DANTE, Purgatorio, c. 1.

saisit l'historien quand il s'éloigne de ces faibles races accroupies dans le Bas-Empire, pour contempler les radieuses populations de l'Hedjaz ou de l'Yémen.

Cachés depuis des siècles dans leur Péninsule asiatique, les Arabes y avaient vécu presque entièrement à l'écart, sans ressentir, pour ainsi dire, aucune des secousses qui avaient remué tant de fois l'Orient. Cette existence indépendante et solitaire les avait livrés à toutes les influences du sol qu'ils habitaient. La terre avait agi profondément sur l'homme, et au milieu de leurs sables toujours en mouvement, les Arabes s'étaient accoutumés à une vie errante et vagabonde, à d'éternelles évolutions. Aucun centre commun, sur cette terre mobile, n'avait pu grouper leurs nombreuses tribus, qui semblèrent constamment y flotter au hasard dans une sauvage indépendance. Une domination étrangère les aurait disciplinés, mais aucune conquête n'avait pu les atteindre. Leur inviolable foyer échappa sans cesse à la main des conquérants qui régnèrent sur l'Asie.

Ils s'étaient eux-mêmes répandus un jour au dehors, mais pour se replier bientôt sur leur presqu'île. C'est ainsi que, d'après une tradition conservée par Eusèbe, une marche audacieuse les avait portés le long de l'Euphrate, jusqu'à Babylone, où ils avaient fondé un empire qui s'écroula plus tard sous les coups des peuples du Tigre.

A la même époque, ou dans des temps voisins, un mouvement semblable les conduisit sur les bords du Nil, où ils occupèrent, sous le nom de Hycsos, les nomes de la haute et de la moyenne Égypte[1]. Mais cette autre conquête, qui leur ouvrait l'Afrique septentrionale, s'effaça plus rapidement encore. Il se virent rejetés sur l'Asie par les Pharaons de l'Égypte inférieure. Les monuments retrouvés à Thèbes nous parlent encore aujourd'hui de leur défaite et de leur expulsion.

Depuis ce moment jusqu'à la naissance de l'islamisme, il ne paraît pas que les Arabes soient sortis de leurs limites. Des relations commerciales assez suivies les rattachaient aux nations voisines, aux Phéniciens, par exemple. Mais ils n'avaient pas besoin d'aller au-devant de la Phénicie, qui venait les trouver sur ses vaisseaux le long de ces beaux rivages, où la mer se-

[1] Le mot *Hycsos* signifie *roi* d'après Josèphe. Τὸ γὰρ ὑκ, καθ' ἱερὰν γλῶσσαν, βασιλία σημαίνει. Lib. I. Cette expression, ajoute Bochart, vient du terme hébraïque הק qui signifie *roi*. Elle appartenait aussi à la langue arabe qui se mêle si souvent à l'hébreu, surtout dans l'antiquité. Voy. *Géogr. sac.*, lib. II, c. 26.

Il paraît que les Arabes n'envahirent pas seuls l'Égypte à cette époque. Des Phéniciens s'étaient mêlés à eux, et la première des trois dynasties qu'ils fondèrent sur les bords du Nil avait une origine phénicienne. Tel est du moins le sentiment du célèbre auteur de la *Géographie sacrée*. Ce sentiment peut s'appuyer sur des textes empruntés à plus d'un écrivain, entre autres à Manéthon, ainsi que sur la philologie, qui ne fournit pas peut-être des résultats bien certains, quand il s'agit de distinguer dans ces temps reculés les Phéniciens des Arabes. Quoi qu'il en soit, ces conquérants orientaux ou ces rois pasteurs commirent toutes sortes de ravages sur le sol de l'Égypte. Ils détruisirent les temples, incendièrent les villes, égorgèrent une partie de la population, et firent peser sur le reste des habitants la plus dure servitude. Telle fut l'origine de cette haine profonde qui anima plus tard les Égyptiens contre les familles dont la vie pastorale leur rappelait des jours de deuil et de ruines. Detestantur Ægyptii omnes pastores ovium. *Genes.*, c. 46, v. 34.

mait des parfums, s'il faut en croire les récits, un peu
symboliques sans doute, de l'Orient [1].

Bien que renfermés ainsi, du moins en apparence,
dans leur péninsule, les peuples de l'Arabie nous apparaissent pourtant à une époque reculée, sur le sol
même de ce Maghreb que la fortune des armes devait
leur livrer dans nos temps modernes. Comment y
pénétrèrent-ils? Y vinrent-ils en même temps qu'en
Égypte? Ce fait semblerait assez probable. On pourrait
croire encore qu'ils s'y réfugièrent quand ils se virent
repoussés de la terre de Mesr, et forcés d'abandonner
les rives du Nil. Léon l'Africain nous montre en effet,
comme des vaincus, ces Arabes qui s'établirent anciennement dans l'Afrique septentrionale [2]. Il est vrai
qu'ils nous apparaissent dans d'autres monuments littéraires avec une physionomie différente. Ce ne serait

---

[1] Arabia et universi principes Cedar ipsi negotiatores manus tuæ :
cum agnis et arietibus et hædis venerunt ad te negotiatores tui. Vendi-
tores Saba et Reema ipsi negotiatores tui : cum universis primis aroma-
tibus et lapide pretioso et auro, quod proposuerunt in mercatu tuo.
Haran et Chene et Eden negotiatores tui ; Saba, Assur et Chelmad ven-
ditores tui. Ezech., *Verba ad Tyrum*, c. 27, v. 21-23.

[2] « D'autres disent que du temps que le roi Ifricus fut renvoyé par les
Assyriens ou bien par les Éthiopiens, s'enfuyant vers l'Égypte, et étant
toujours par ses ennemis vivement poursuivi, et ne sachant comment résister à l'encontre d'eux, priait ses gens bien affectionnément le vouloir
conseiller en péril si imminent quel parti il devait prendre pour aucu-
nement trouver remède à leur salut. Mais, ne lui pouvant donner ré-
ponse comme éperdus qu'ils étaient, avec une voix confuse et réitérée,
criaient : *El barbar, el barbar*, qui est à dire au désert! au désert!
voulant par là inférer qu'à leur salut ne gisait autre refuge, fors que
traversant le Nil, se retirer au désert d'Afrique. Et ceci ne s'éloigne en
rien du dire de ceux qui affirment l'origine des Africains procéder des
peuples de l'Heureuse Arabie. » *Léon l'Afriq.*, t. I, liv. I.

point une défaite qui les aurait jetés dans le Maghreb. Une victoire les y aurait introduits, et ce mouvement, autant qu'on peut le conclure de textes incertains, n'aurait rien de commun avec leur établissement éphémère dans l'empire des Pharaons.

Quoi qu'il en soit, on ne saurait douter que les Arabes n'aient mis le pied dans l'Afrique du Nord plusieurs siècles avant cette révolution, à la fois politique et religieuse, qui devait leur assurer un rôle si éclatant. Ils s'y étaient même fixés, d'après d'antiques souvenirs qui se sont perpétués dans la littérature. Le mot Afrique, suivant quelques écrivains orientaux, doit être considéré comme un témoignage ou un débris de cet ancien établissement. Un chef de l'Yémen, sur lequel les auteurs arabes ne sont pas d'accord, Afrikis-ben-Saïfi, ou peut-être Afrikis-ben-Abrahah, avait transporté une colonie dans la partie orientale du Maghreb, qui lui dut son nom. Il semble, quand on s'arrête à ce fait, que l'on doive rapporter à la même source l'expression par laquelle les auteurs grecs ont désigné le Daran, ce vieux nom d'Atlas, qui s'explique parfaitement par la langue de l'Arabie[1]. On peut aussi rapprocher de ces idées et de ces souvenirs le récit remarquable

---

[1] El termino mismo de Athlante no viene como quieren las fabulas de la voz griega ἄθλα premio de la lucha, ò de ἄθλινω luchar, trabajar, porque uno y otro hiziese su decantado Heroe en estas expediciones; siendo el ὄχημα Σεῶν el Athlante mayor, ò ultimo termino sin duda de sus navegaciones. Pero yà advertimos que es voz fenicia y arabe que significa altissimo, y assi es ﺍﻃﻠﻢ inaccessible por su natura, que es mas natural y conforme derivacion que la griega. *Campom. Ilustrac al Perip. de Hannon*, p. 108.

de Pline, relativement à l'expédition de Balbus dans
l'Est de l'Afrique. Parmi les noms qui figurent dans le
triomphe du général romain, et que l'historien a cités,
on en trouve plusieurs qui ont une physionomie arabe[1].
N'est-il pas raisonnable de les considérer comme une
importation de quelque colonie partie de l'Yémen ou
de l'Hedjaz?

Il est donc établi par la philologie, la tradition et
l'histoire, que les Arabes avaient paru dans l'Afrique
du Nord, et même qu'ils s'y étaient arrêtés longtemps
avant l'époque où ils remuèrent le monde au nom du
Koran. Mais ils n'y laissèrent que peu de traces, comme
en Égypte, comme dans le bassin de l'Euphrate, parce
qu'ils n'étaient pas constitués encore pour être fondateurs. Une autre cause devait contribuer aussi à nous
voiler leur présence dans le Maghreb à cette époque.

---

[1] « Omnia armis Rom. superata et à Cornelio Balbo triumphata... et
hoc mirum, supradicta oppida ab eo capta, auctores nostros prodidisse:
Ipsum in triumpho, præter Cydamum et Garamam, omnium aliorum gen-
tium, urbiumque nomina ac simulacra duxisse que iêre hoc ordine: Ta-
bidium oppidum, Niteris natio ; Neglimela oppidum ; Bubcium natio vel
oppidum; Euiipi natio ; Thubea oppidum, mons nomine Niger ; Niti-
brum, Rapsa oppida ; Disara natio, Debris oppidum; flumen Nathabur ;
Thapsagum oppidum ; Nannagi natio ; Boin oppidum; Pege oppidum;
flumen Dasibari. Mox oppida continua, Baracum, Buluba Alasi, Balsa,
Galla, Maxala, Zizama. Mons Gyri, in quo gemmas nasci titulus, præcessit. PLIN. *Hist. nat.*, lib. v, c. 5.

Parmi ces noms géographiques, il y en a deux surtout qui frappent par
leur physionomie arabe, *Neglimela* et *Nathabur*. Neglimela devient facilement Nedjed-el-mâlah ou le pays salé, et Nathabur, Nar-el-Thabou
ou la rivère de Thabou.

Il nous serait facile, avec de semblables transformations, de ramener à
une origine arabe d'autres noms de cette liste. Ces exemples nous suffisent.

Il semble résulter des divers témoignages qui nous les montrent alors dans ce pays, qu'ils s'y trouvaient en très-petit nombre. La race libyenne ou berbère, qui différait moins d'eux en ces temps reculés que de nos jours, les aura facilement absorbés, et ils se seront perdus dans la grande famille des tribus indigènes, en semant çà et là quelques mots de leur langue, comme autant d'images de la vieille patrie.

La vie débordait déjà dans l'antiquité, comme nous venons de le voir, au milieu de ces Arabes, disséminés et flottants dans leur presqu'île. S'ils n'avaient point joué alors un grand rôle, s'ils ne s'étaient point mêlés puissamment aux révolutions qui changèrent la face de l'Orient, c'est qu'ils manquaient entièrement de discipline. Ils vivaient là, sans ordre et sans règle. L'anarchie, qui les dévorait, les armait sans cesse les uns contre les autres, et ils usaient, dans des luttes intestines, l'énergie propre à leur race. Il n'y avait qu'à tracer une route à ces flots orageux qui se heurtaient, pour en faire un fleuve large, profond, capable d'emporter dans son cours les nations et les empires. La route fut tracée et le fleuve coula, grâce à Mohammed, ou Mahomet, le dernier des prophètes, comme disent les Arabes.

Ce grand homme, qui ne doit être pour nous qu'un homme de génie, comprit parfaitement que ce qui avait manqué jusqu'alors à son peuple, c'était l'unité. Il eut la hardiesse et le bonheur de l'introduire partout, dans la religion, dans les lois, dans le pouvoir. Désormais il n'y eut qu'un Dieu, qui pouvait se révéler sous cent noms divers, mais qui ne sortait jamais de l'unité fondamentale de son être. Cette unité se réfléchissait dans le prophète, qui devenait l'image d'Allah. Enfin il ne devait y avoir qu'un peuple, le peuple des Croyants, ou la maison de la foi, comme dit la théologie musulmane, dans laquelle l'humanité polythéiste, juive et chrétienne, ou la maison de la guerre, était appelée à se confondre. Toute cette métaphysique politique et religieuse fut enseignée par Mahomet aux Arabes dans une langue splendide, comme il la fallait à un peuple accoutumé aux charmes de la poésie. Elle entra sous cette forme puissante dans son âme, et s'y grava profondément. Les Arabes, groupés autour de ce symbole, apprirent encore de leur prophète l'islam, ou la résignation, espèce de stoïcisme qui, s'associant à l'ardeur naturelle des tribus arabiques, développa leur énergie et les investit en quelque sorte d'une armure de fer. L'éducation de l'Arabie était achevée. Mahomet put écrire aux peuples voisins de se soumettre à la foi nouvelle, et pousser les Arabes à la conquête du monde. Ce sera un homme belliqueux, avait dit Moïse en parlant d'Ismaël : sa main se lèvera contre tous, et la main de tous contre lui, et du pays de ses frères, il ira dresser au loin ses tentes [1].

Armés de leur nouveau dogme et des passions qu'il leur inspirait, les Arabes s'élancèrent sur les contrées voisines. La Syrie, la Perse et l'Égypte, qui leur étaient

[1] Hic erit ferus homo ; manus ejus contrà omnes et manus omnium contrà eum et è regione universorum fratrum suorum figet tabernacula. *Genes.*, c. 17, v. 10-12.

connues depuis une haute antiquité, furent envahies aussitôt. Ils pénétrèrent ensuite dans l'Afrique septentrionale, où s'étaient fixés autrefois quelques membres de leur race, et où les appelaient les sympathies de certaines tribus berbères [1].

[1] Nous trouvons à ce sujet un passage très-curieux et très-important dans Shehab-eddin. Voici ce que dit *le Livre des perles recueillies de l'Abrégé de l'Histoire des Siècles,* كتاب الجمان من مختصر أخبار الزمان ; nous reproduisons les paroles de Sylvestre de Sacy, qui a traduit ce texte, dont on appréciera l'intérêt historique :

« Après la conquête de l'Égypte par les Musulmans, sous le khalifat d'Omar, six hommes du pays des Berbers vinrent se présenter à Amrou ben Alas, qui gouvernait cette province. Ils avaient les cheveux et la barbe rasés. Amrou leur demanda quel était le sujet de leur voyage. Ils lui répondirent que c'était le désir d'embrasser l'islamisme, conformément aux avis qu'ils avaient reçus de leurs aïeux. Amrou les envoya à Omar. Il fut obligé de se servir d'un truchement pour leur parler, parce qu'ils ignoraient le langage des Arabes. Omar les interrogea sur leur origine. Ils lui dirent qu'ils étaient les descendants de Mazig. Le khalife s'informa à ceux qui étaient présents s'ils avaient jamais ouï parler de cette famille. Alors un scheïkh de la famille de Coréisch lui répondit : Prince des fidèles, ce sont les Berbers qui descendent de Ber, fils de Kaïs Gaïlan. Ber, ayant quitté son père et ses frères, s'établit dans le Maghreb, et on dit de lui : *Ber berra*. Ber s'est retiré dans le désert. Omar leur demanda alors quel était le caractère distinctif de leur nation. C'est, lui dirent-ils, que nous faisons grand cas des chevaux, et que nous n'aimons point à bâtir. Avez-vous des villes ? leur dit Omar. Non, lui répondirent-ils. Le khalife leur demanda encore s'ils étaient dans l'usage de placer des signes sur les chemins pour indiquer les routes aux voyageurs, et ils lui dirent qu'ils ne connaissaient point cet usage. Je me souviens, dit alors Omar, qu'étant un jour auprès du Prophète de Dieu, dans une de ses expéditions, je considérais, en pleurant, le petit nombre de troupes qui le suivaient, et que, s'en étant aperçu, il me dit : Omar, ne pleurez point ; Dieu relèvera la gloire de cette religion, en associant à ses défenseurs un peuple qui habite le Maghreb, qui n'a ni ville, ni places fortes, ni marchés, et qui ne place point de signes sur ses chemins. Louange à Dieu, ajouta le khalife, qui m'a fait la grâce de

L'occupation de cette contrée par les Arabes peut se diviser en trois périodes. D'abord ils s'emparèrent de l'Est, sans songer à pénétrer au delà. Puis ils firent des courses en dehors de cette limite, mais seulement pour piller. Enfin ils s'assirent dans ce foyer, et, couvrant successivement toute l'Afrique du Nord, ils s'avancèrent jusqu'à la mer des Ténèbres, l'Océan atlantique.

Par la conquête de l'Égypte, où ils entrèrent en 632, les Arabes s'étaient ouvert le chemin de l'Afrique septentrionale. Rien ne devait les empêcher de s'y établir. Ils y rencontraient, il est vrai, la domination de Byzance, qui pouvait défendre facilement par la mer son empire africain, mais ce n'était point un obstacle sérieux; aussi, dans ce premier mouvement, s'emparèrent-ils de la Pentapole, que le caractère de sa civilisation et de ses habitants inclinait du côté de l'Égypte, qui était devenue grecque comme elle, et semblait l'attirer dans ses destinées.

Maîtres de la Cyrénaïque et voisins des Syrtes, les disciples victorieux de l'islam dirigèrent successivement vers l'Ouest deux grandes expéditions, la première sous les ordres d'Ab-Allah ben Saad, et la seconde à la suite de Moawia ben Khodaïdj. Mais ces expéditions n'eurent d'autres résultats que d'effrayer les Byzantins, d'enrichir les Arabes, et de joncher de

voir des hommes de cette nation! Omar les combla d'honneurs et de présents, et leur donna le commandement de toutes les troupes de leur pays qui viendraient se joindre à eux. Il écrivit en même temps à Amrou ben Alas, et lui ordonna de les mettre à la tête de l'armée des Musulmans.»

Voyez les *Notices et Extraits des manuscrits de la Bibliothèque du Roi*, t. II, p. 153-154.

ruines la Tripolitaine. Les vainqueurs ne s'arrêtèrent point alors dans cette zone, malgré son importance géographique. La lecture des historiens arabes peut servir à expliquer ce fait. On sait, par Nowaïri, que les khalifes, ou successeurs de Mahomet, furent d'abord opposés à la conquête de l'Afrique du Nord. Omar, à qui on l'avait proposée, la repoussa, et Othman n'autorisa l'armée des Croyants à marcher de ce côté qu'après avoir consulté les vieux amis du Prophète, qui ne furent pas tous de cet avis. Il semble que les fondateurs de l'islamisme ne considéraient pas sans quelque inquiétude ce mouvement hardi qui l'emportait si vite. Peut-être prévoyaient-ils que ce corps serait bientôt trop étendu, et que la tête, si puissante qu'elle fût, ne pourrait pas longtemps agir sur tant de membres. On peut croire que ces craintes empêchèrent les Arabes, déjà maîtres de la Pentapole, de s'avancer immédiatement au sein du Maghreb. Elles purent les empêcher aussi, quand ils y pénétrèrent pour la première fois, de s'y fixer comme en Égypte, comme dans la Cyrénaïque.

Cependant ces deux expéditions avaient été trop glorieuses et trop fécondes, pour que les Arabes ne se sentissent point rappelés sur ce champ de bataille. Ils y reparurent quelque temps après, avec Okbah ben Nafi, l'un des représentants les plus illustres de l'islamisme, et cette fois ils s'y établirent. Une ville arabe, Kaïrwan, fut bâtie par l'ordre de ce chef [1].

_____

[1] On peut voir dans les historiens arabes l'importance que les disciples de l'islam attachèrent à cette fondation. Ils sentaient évidemment qu'il

De ce nouveau centre, l'islam se répandit avec rapidité vers l'Ouest, en heurtant sur sa route la domina-

s'agissait pour eux de prendre possession d'un monde nouveau, et ils le firent avec toute la solennité de leurs mœurs religieuses. Qu'on en juge par ce récit de Nowaïri, qui a été publié et traduit récemment par un de nos orientalistes :

« Lorsque Okbah ben Nafi eut pris la résolution de fonder la ville de Caïrouan et que les musulmans eurent consenti à l'aider dans cette entreprise, il les mena vers le lieu qu'il avait choisi : c'était un fourré épais dans lequel aucun chemin n'était tracé. Aussi lui dirent-ils, quand il les engagea à se mettre à l'œuvre : Eh quoi! tu voudrais nous faire construire une ville sur l'emplacement d'une forêt inextricable! comment ne redouterions-nous pas les bêtes sauvages de toute espèce et les serpents dont nous aurions à supporter les attaques? Okbah, dont l'intercession était toute-puissante auprès de la Divinité, s'adressant alors à Dieu très-haut, tandis que ses guerriers, parmi lesquels se trouvaient dix-huit compagnons du Prophète, répondaient amen à ses invocations : O vous, serpents et bêtes sauvages, sachez que nous sommes les compagnons du Prophète de Dieu! Retirez-vous du lieu que nous avons choisi pour nous établir; ceux de vous que nous pourrions rencontrer plus tard seraient mis à mort. Quand il eut achevé ce discours, les musulmans virent avec étonnement, pendant toute la journée, les animaux féroces, les bêtes venimeuses se retirant au loin et emmenant avec eux leurs petits ; miracle qui convertit un grand nombre de Berbers à l'islamisme. Pendant cette retraite, Okbah recommandait à ses soldats d'éviter soigneusement d'approcher de ces animaux tant qu'eux-mêmes chercheraient à s'éloigner des hommes. La migration une fois accomplie, Okbah rassembla ses principaux compagnons, et fit avec eux le tour du lieu où il voulait fonder sa ville nouvelle, adressant des vœux au ciel pour qu'il y fît prospérer la science et la sagesse, pour qu'elle ne fût habitée que par des hommes craignant Dieu et le servant avec amour, et enfin, pour qu'elle fût préservée de l'atteinte des puissants de la terre.

» Il s'établit ensuite dans la vallée, ordonnant qu'on traçât des rues et qu'on arrachât les arbres.

» On prétend que, pendant les quarante années qui suivirent, les habitants n'aperçurent jamais ni serpents ni scorpions. Le premier soin d'Okbah fut de tracer les plans du château et de choisir le lieu de la mosquée; mais il ne la fit pas encore construire, et il récitait la prière

tion byzantine qui disparut, et les nombreux essaims
des Berbers, dont l'âpre et énergique résistance fut

sur l'emplacement de cette mosquée projetée ; car il y avait dissentiment
dans la population au sujet de la Kibla. On disait qu'à l'avenir les habitants de l'Afrique adopteraient la Kibla de cette mosquée, et on enga-
geait Okbah à en déterminer la position avec le plus grand soin. Les musulmans restèrent longtemps à observer les levers des astres en été et en
hiver, et les levers du soleil. Cependant Okbah, voyant persister le dés-
accord sur un point aussi essentiel, en conçut une vive inquiétude, et s'a-
dressa à Dieu très-haut pour obtenir une solution. En effet, il eut pendant son sommeil une révélation, et une voix d'en haut lui adressa ces
paroles : O toi, qui es aimé du Maître des mondes, lorsque le matin sera
venu, prends l'étendard, mets-le sur son épaule, tu entendras devant toi
réciter le Tekbir sans qu'aucun autre que toi puisse l'entendre. Le lieu
où se terminera la prière, c'est celui-là qu'il faut choisir comme Kibla ·
c'est là qu'il faut placer dans la mosquée le siége de l'imam. Dieu très-
haut protégera cette ville et cette mosquée : sa religion y sera établie
sur des bases solides, et jusqu'à la consommation des temps les incré-
dules y seront humiliés. A ces paroles, Okbah sortit de son sommeil, tout
éperdu d'une telle révélation ; il fit ses ablutions et se rendit à la mosquée, qui n'était pas encore bâtie, pour y réciter la prière, accompagné
des principaux habitants. Aussitôt que le jour parut, il s'inclina, et, en-
tendant devant lui le Tekbir, il demanda à ceux qui l'entouraient s'ils
l'entendaient aussi, mais ils répondirent que non. Les avertissant ensuite
qu'il agissait par l'ordre de Dieu très-haut, il prit l'étendard, le plaça sur
son épaule et suivit le son de la voix, qui s'arrêta lorsqu'il fut parvenu
à l'endroit où fut placé depuis le siége de l'imam dans la mosquée.
Aussitôt il planta son drapeau et dit : Voilà dorénavant le lieu vers lequel on doit se tourner en faisant la prière. Les palais, les mosquées et
les habitations, qui peuplèrent bientôt Caïrouan, s'élevèrent avec rapidité ; l'enceinte de la ville avait 3,600 brasses de tour, et elle fut achevée
en l'an 55 de l'hégire. De nombreux habitants s'y rendirent de toutes
parts, et elle ne tarda pas à devenir une puissante capitale. »

Voyez aux notes, p. 13 et suiv., de l'*Histoire de l'Afrique sous les
Aghlabites*, etc., par Noël des Vergers, ouvrage traduit de l'arabe d'Ebn
Khaldoun, ou أخبار دولة بنى الاغلب بافريقية وصقلية وبقية أخبار
صقلية الى حين استيلاء الافرنج عليها من كتاب العبر وديوان
المبتدا والخبر فى ايام العرب والعجم والبربر

couronnée plus d'une fois de succès. Jamais ces anciens possesseurs du Maghreb n'avaient été aussi profondément entamés. Aussi défendirent-ils, avec une opiniâtreté généreuse, cette inviolabilité qu'avaient respectée tant de siècles. Toutefois, la marche des conquérants fut si rapide, qu'Okbah ben Nafé, le fondateur de Kaïrwan, pénétra lui-même dans la partie la plus occidentale de l'Afrique du Nord. Mousa ben Noséir, qui suivit ses traces, alla plus loin encore dans ce bassin, et quelque temps après, Halib ben Abi, traversant le Sous el-Aksa, et marchant de plus en plus vers le Sud, arriva dans le Soudan. L'Afrique septentrionale, saisie de tous les côtés par cette invasion vigoureuse et hardie, appartenait désormais aux Arabes.

Aucune des invasions que nous avons examinées n'avait pu tracer un cercle aussi vaste. Les Arabes ne se contentèrent point de courir, comme les autres peuples, sur le bord méridional de la Méditerranée. Ils ne s'arrêtèrent pas dans la partie orientale, comme la plupart de ces peuples : ils se montrèrent partout à la fois. Ils abordèrent même le désert. Leurs tribus se répandirent de la Méditerranée au Sahara, et de l'Égypte à l'Océan. Ce fut un mouvement semblable à celui des Libyens ou Berbers, dans les temps primitifs, avec cette différence que les Libyens n'avaient chassé aucun peuple devant eux, tandis que les Arabes ne s'établirent que sur des ruines.

CHAPITRE XIII.

Turks.—Leur origine et leurs progrès.—De leurs courses sur la Méditerranée entre l'Europe et l'Afrique au commencement du quinzième siècle et plus tard. — Occupation de quelques villes du Maghreb. — Caractère et étendue de cette occupation. — Comment l'invasion ottomane ou turke se renouvelait constamment.

L'établissement des Turks dans l'Afrique septentrionale peut être considérée comme une suite de l'invasion arabe. Sept siècles séparent dans l'histoire ces deux mouvements entre lesquels apparaissent, comme nous l'avons vu, ces malheureux Juifs, que les haines de l'Europe ont rejetés tristement sur le bord méridional de la Méditerranée. Les Turks, dans le Maghreb, ont continué les Arabes au point de vue religieux; ils les ont continués aussi dans leur lutte contre l'Europe et contre le christianisme qui l'a civilisée. C'était toujours la grande bataille de l'Orient contre l'Occident; les héros seulement étaient changés; à la race d'Ismaël succédait en partie la race de Togrul. Les Arabes allaient s'effacer, plutôt que disparaître, en présence des Turks ou Osmanlis[1].

[1] Ce mot *turk* ou *turc* n'appartient pas exclusivement aux temps modernes; il était connu et répandu dans l'antiquité. On le trouve dans Pline et dans P. Mela. La Genèse, ce vieux livre d'ethnographie, nomme Togharma, qui semble avoir été, sinon le père, du moins l'un des chefs primitifs de cette race turque. Hérodote parle de Targitaos, qui pourrait bien être le même personnage, et dont le nom se rapproche davantage du nom même de ce peuple : Ἄνδρα γενέσθαι πρῶτον ἐν τῇ γῇ ταύτῃ ἐούσῃ ἐρήμῳ, τῷ οὔνομα εἶναι Ταργίταον. **Lib.** IV, c. 5.

Il faut, pour retrouver l'origine des Turks, remonter à ces peuplades scythiques, qui flottaient, dès la plus haute antiquité, au Nord de l'Europe et de l'Asie, et qui, dans leur existence à demi sauvage, échappèrent à toutes les dominations. Avant que leurs descendants fussent poussés du côté de l'Atlas, au milieu des Arabes, ils avaient eu à peu près la même destinée que cette race brillante et énergique. Comme ces Arabes, les anciens Scythes, ces ancêtres des Turks, avaient pesé quelquefois sur l'Asie, où ils avaient bâti des empires éphémères. Puis, ils s'étaient tenus à l'écart et avaient vu passer à côté d'eux toutes les monarchies du vieil Orient[1]. Ces dominations plus ou moins rapides étaient comme un grand fleuve qui s'écoulait avec bruit entre les Scythes et les Arabes : les flots changeaient, mais les rivages étaient toujours les mêmes. Au Nord et au Sud, du côté des Arabes et des Scythes, permanence, immortalité des peuples et des races ; au milieu, déplacement continuel : les peuples tombent les uns sur les autres, et rien, dans ces grandes secousses, ne reste debout.

Il ne manquait aux tribus scythiques pour jouer de bonne heure, dans nos temps modernes, un rôle considérable comme les Arabes, qu'un homme habile et puissant qui sût discipliner l'âpre énergie de ces Bar-

---

[1] Imperium Asiæ ter quæsivêre ; ipsi perpetuò ab alieno imperio aut intacti aut invicti mansère. Darium, regem Persarum turpi ab Scythiâ summoverunt fugâ ; Cyrum cum omni exercitu trucidaverunt ; Alexandri magni ducem Sopyriona pari ratione cum copiis universis deleverunt : Romanorum audivêre, non sensêre arma. Parthicum et Bactrianum imperium ipsi condiderunt. JUSTIN. *Historiar.*, lib. II, c. 3.

bares. Elles restèrent cachées et comme enfouies dans leur foyer primitif, parce qu'aucun chef ne les en tira. Plus d'une fois, d'ailleurs, la route leur fut fermée par des peuples vigoureux, qui les enveloppaient du côté du Sud. Vers la fin du moyen âge, il n'y avait plus aucune barrière de ce genre. Ce grand plateau asiatique, qui avait été le siége de tant d'empires, était partagé entre plusieurs dominations sans force et sans vie, sorties au hasard de la monarchie des khalifes. Le moment était favorable : le monde semblait s'ouvrir à une invasion de la vieille race scythique.

Plusieurs tribus de cette race se trouvaient déjà en rapport avec les principautés musulmanes qui s'élevèrent en Asie sur les ruines de la monarchie de Bagdad. Parmi ces tribus, on distinguait au treizième siècle, les Turks, qui s'emparèrent d'Iconium à la suite d'Othman ou Osman, dont le nom glorieux devait servir à désigner un peuple et un empire[1].

[1] Le nom du fondateur de la puissance turke est généralement mal écrit par les historiens européens. Les Arabes écrivent Othman, ainsi que les Turks, qui prononcent Osman, d'après la loi de leur alphabet.

Dans l'esprit des Orientaux, les noms jouent un grand rôle dans l'histoire des nations et des individus. Cette idée se rattache à leurs doctrines théologiques. Les noms viennent du ciel, d'après l'expression du Koran ; et les musulmans les considèrent comme de bons ou de mauvais présages. De grandes espérances, des pensées ambitieuses, des images de guerre et de victoire devaient se rattacher au nom belliqueux d'Othman, qui signifie, si on le ramène à son origine, *briseur de jambes*. Comme l'observe Hammer, le vautour royal, qui a toujours été en Orient, depuis les anciens Égyptiens jusqu'à nos jours, l'emblème vivant de la domination et de la royauté, est appelé en général *briseur d'os*. L'idée de force et de puissance souveraine que les peuples de l'Asie attribuent à ce vautour s'est transmise au terme homonyme, impérial ou royal, *houmaï*, dans la lan-

Othman était un chef habile; il comprit qu'il n'y avait plus de vie dans l'Asie occidentale, et qu'aucun

gue des Turks, et la littérature orientale se plaît à l'appliquer à la dynastie fondée par Othman.

Ces analogies, mises en lumière par les grandes destinées du conquérant turk, ont donné naissance à des traditions et à des légendes qui ont passé dans les récits historiques. Voici l'une des plus célèbres, empruntée à Scad-ed-din :

« Un soir qu'Othman était venu demander l'hospitalité à Edebali, père de la belle Malkhatoun, il se coucha patient et résigné, rêvant à celle qu'il aimait. Or, la patience est, suivant les Arabes, la clef de toute jouissance, et la résignation dans l'amour mérite à celui qui en est pénétré la couronne du martyre. Il s'endormit et fit le songe suivant : Il se voyait reposant auprès de son hôte; tout à coup la lune, qui grossissait à vue d'œil, sortit du sein d'Edebali, et, devenue pleine, descendit et vint se cacher dans le sien. Il voyait ensuite surgir de ses reins un arbre qui, toujours croissant et devenant plus vert et plus beau, couvrait de l'ombre de ses rameaux les terres et les mers jusqu'à l'extrémité de l'horizon des trois parties du monde. Au-dessous de cet arbre s'élevaient le Caucase, l'Atlas, le Taurus et l'Hémus, qui semblaient être les quatre colonnes de cette immense tente de feuillage. Des racines de l'arbre sortaient le Tigre, l'Euphrate, le Nil et le Danube, couverts de vaisseaux comme la mer. Les campagnes étaient chargées de moissons, et les monts couronnés d'épaisses forêts, d'où s'échappaient des sources abondantes qui allaient serpentant dans des bosquets de rosiers et de cyprès. Dans les vallées s'étendaient au loin des villes ornées de dômes, de coupoles, de pyramides, d'obélisques, de colonnes, de tours magnifiques, sur le sommet desquelles brillait le croissant; puis des galeries d'où partaient les appels à la prière, dont le bruit se mêlait aux accents d'une multitude infinie de rossignols et au bavardage de perroquets aux mille couleurs. Toute la troupe variée des habitants de l'air chantait et gazouillait sous ce toit frais et embaumé, formé de branches entrelacées, dont les feuilles s'allongeaient en forme de sabre. A ce moment s'éleva un vent violent qui tourna les pointes de ces feuilles vers les différentes villes de l'univers, et principalement vers Constantinople, qui, située à la jonction de deux mers et de deux continents, ressemblait à un diamant enchâssé entre deux saphirs et deux émeraudes, et paraissait ainsi former la pierre précieuse de l'anneau d'une vaste domination qui embrassait le monde entier. Othman

obstacle ne devait y arrêter la marche des Turks, à l'exception peut-être de l'islamisme. Il en adopta les idées et les fit adopter à ses soldats : alliance féconde pour les Turks, mais fatale pour l'Europe et l'Afrique. L'islamisme, qui était épuisé, trouva une sorte de puberté nouvelle au milieu des hordes belliqueuses du Turkistan, et ces hordes elles-mêmes purent agir plus puissamment sur les peuples qui les environnaient. Ce qui restait de l'empire byzantin, si mutilé déjà par les khalifes, fut rapidement emporté. Constantinople tomba : l'Europe fut ouverte ; l'Afrique orientale ou l'Égypte devint elle-même la proie des nouveaux conquérants. Les Turks se trouvaient sur les traces des Arabes ; c'était par l'Égypte, comme nous l'avons vu, que l'islam avait déjà conquis une fois le Maghreb ; cette fois, il ne suivit pas la même route : l'invasion turke partit de l'Archipel grec. Du reste, elle ne devait ressembler en rien à l'invasion arabe.

La chute de Constantinople avait livré aux Ottomans la Grèce et ces îles, qui rayonnent partout sur ses côtes. De là ils s'élançaient sur les rivages de l'Europe, et portaient au loin la terreur dans la Méditerranée. L'amour du butin et la haine du christianisme les jetaient dans des courses continuelles. L'Archipel, qui avait été autrefois le plus brillant théâtre de la civilisation grecque, était devenu un immense foyer de piraterie. Ces corsaires, qui avaient fait leur nid dans l'ancienne patrie de Sapho et d'Anacréon, devaient s'y

allait mettre l'anneau à son doigt lorsqu'il se réveilla. » Trad. franç. de Hammer, *Geschichte des osman. Reich*, Band, 1, Buch. 2.

trouver un peu trop loin des nations chrétiennes qu'ils rançonnaient. Voilà ce qui les rapprocha de l'Europe occidentale, et les conduisit dans l'Afrique du Nord.

Deux frères, Aroudj et Khaïr-eddin, dirigèrent ce mouvement. Ils étaient nés dans l'ancienne Lesbos, et avaient grandi au milieu des corsaires[1]. Ils marchèrent sur l'Afrique septentrionale avec quelques-uns de leurs compagnons. La tentative était hardie, mais les deux forbans arrivaient dans un moment opportun. Aucune grande domination ne couvrait le Sahel. Les Arabes étaient divisés : leurs longues luttes contre les Berbers les avaient d'ailleurs affaiblis; puis ils avaient à se défendre, à cette époque, contre une invasion occidentale qui s'était arrêtée sur le rivage, mais qui leur donnait cependant des craintes sérieuses. Les Espagnols avaient occupé quelques places maritimes, entre autres Oran. Cette circonstance devait nécessairement favoriser les Turks : ils apparaissaient comme des dé-

---

[1] Nos deux aventuriers étaient d'origine européenne et n'appartenaient point à la race turke. Ils avaient pour père un renégat, nommé Mohammed; leur mère, qui professait le christianisme, s'appelait Catalina.

Les écrivains espagnols, suivant leur habitude, ont fait subir d'étranges altérations aux noms orientaux des deux frères. Khaïr-eddin, dans les récits des historiens de la Péninsule, s'appelle Hayredin. La physionomie et la signification arabes du mot disparaissent entièrement. Aroudj ou Baba Aroudj se nomme tantôt Horrux et tantôt Barbarroxa, d'où nous avons tiré le nom de Barberousse. Sandoval, qui ne soupçonne point cette transformation, commet une erreur assez grossière qu'on a reproduite trop souvent ailleurs : Y como era bernigo, Elamavanle todos Barbarossa, no saviendo por ventura su proprio nombre. *Sandov.*, *Historia de la vida y hechos del imperador Carlos V*, vol. I, p. 64.

fenseurs de l'islamisme africain, que l'Espagne semblait vouloir rejeter sur lui-même.

Gigelli fut la première ville occupée par les Turks. Quelque temps après, les Arabes de la Mitidja introduisirent Aroudj dans les murs d'Alger. Ces vautours de l'Orient avaient trouvé leur nid. La piraterie était assise désormais en face de l'Europe, qu'elle devait tourmenter pendant trois siècles.

La troupe d'Aroudj était peu nombreuse. Il se hâta d'appeler dans le Maghreb ces aventuriers turks, qui, du milieu de l'Archipel, infestaient le bassin oriental de la Méditerranée. Il eut soin en outre de placer sa conquête sous la protection du sultan, qui commande à deux mers et à deux terres, comme disent les Arabes.

Dès ce moment, l'occupation turke marcha d'un pas plus rapide. Khaïr-eddin continua la politique de son frère. Il rattacha, par de nouveaux liens, le Maghreb à l'empire ottoman. Un firman ou khath-schérif, lancé par la Porte, autorisa les Turks à s'embarquer pour Alger, aux frais de l'État, et leur promit une organisation semblable à celle des janissaires ; c'est ainsi que ·l'*oudjak* fut formé[1]. On ne pouvait guère trouver un instrument de conquête plus violent et plus éner-

---

[1] Le terme وجاق, dans la langue turque, signifie *troupe, bataillon*. On nomma يولداش les soldats qui en faisaient partie. L'*oudjak* ressemblait au corps des janissaires, يكّی چری, nouvelle milice, comme disent les Turks. Ils se recrutaient parmi les aventuriers accourus de l'Orient. Il fallait prouver cependant, pour avoir le droit d'y être incorporé, qu'on appartenait à la race des Osmanlis. Le *maghzen* ou مخزن, dont nous parlons un peu plus bas, était au contraire composé de soldats fournis par les tribus.

gique. Ces soldats, nourris dans l'amour du pillage, étaient prêts à courir partout où les appelait une proie. Les villes du rivage et celles de l'intérieur tombèrent rapidement en leur pouvoir. La constitution du maghzen, sous Hassan, donna une nouvelle force aux Turks, qui purent s'appuyer désormais sur les Arabes. Après plus d'un effort malheureux, les Espagnols reculèrent devant cette nouvelle race orientale et devant l'Islamisme qu'elle avait rajeuni. Ils avaient déjà eu l'imprudence de lui donner des alliés, en persécutant les Maures et les forçant de se réfugier sous le drapeau de ces corsaires[1].

[1] Un chroniqueur arabe, apporté par Venture en Europe, le biographe de Khaïr-eddin et d'Aroudj, nous a transmis, au point de vue de l'islamisme et de l'Orient, le récit de cet événement si douloureux pour les tristes restes des anciens conquérants de l'Espagne. Nous reproduisons ici ce récit, qui touche de près à ces questions ethnographiques dont nous étudions les différentes faces :

« Le roi d'Espagne convoqua tous les prêtres et tous les moines du royaume, et il leur dit : Il y a encore dans divers cantons de l'Andalousie soumise à mon empire des Maures qui professent ouvertement leur religion. Les principes de la nôtre permettent-ils ou non de leur laisser le libre exercice de l'islamisme ? Dans le cas où nos livres sacrés prohiberaient cette tolérance, veuillez bien me prescrire ce que j'ai à faire. Tous les prêtres et tous les moines se prononcèrent unanimement ; ils dirent que la religion chrétienne ne pouvait souffrir un pareil scandale, et un vieil évêque, prenant la parole au nom de l'assemblée, s'exprima de cette façon : Seigneur, le Messie est irrité contre nous, car nous souffrons sur nos terres des gens qui professent l'unité de Dieu et qui suivent la loi du Coran. Il est à craindre que nos femmes et nos enfants, séduits par leurs exemples et convaincus par leurs arguments, en viennent à déserter notre religion et à embrasser leur croyance. Tu sais que ces Maures sont nos ennemis secrets, et qu'ils ne soupirent qu'après l'occasion où il leur sera possible de se venger sur nous de toutes les injustices que nous avons commises à leur égard. D'ailleurs deux cultes et deux lois ne peuvent

Les Turks, comme la plupart des peuples qui les
avaient précédés dans le Maghreb, ne déplacèrent

exister dans le même lieu, et les affaires de ce royaume ne commence-
ront à prospérer que lorsque tu auras aboli l'islamisme sur toutes les
terres soumises à ton pouvoir. En conséquence de cette remontrance, le
roi ordonna qu'on obligerait tous les musulmans qui étaient en Espagne
à envoyer leurs enfants à l'église pour être instruits des principes de
l'Évangile et pour être élevés comme des chrétiens. Il fit même publier
que tous ceux qu'on surprendrait lisant le Coran et accomplissant certains actes de la religion mahométane seraient condamnés au feu. Les
Maures, justement indignés d'une pareille barbarie, et animés d'un saint
zèle pour la religion, se réunirent, s'armèrent, et prenant avec eux leurs
femmes et leurs enfants, allèrent se retrancher sur une montagne de
l'Andalousie, nommée Pardona. Les chrétiens vinrent les y assiéger, et
après de longs combats les Maures-Andalous furent forcés par la faim de
retourner au sein des villes et des bourgades qu'ils avaient abandonnées.
Dans la cruelle position où ils étaient tombés, ils s'adressèrent à Khaïr-
eddin, et lui représentant tout ce qu'ils avaient à souffrir de la part des
infidèles, ils le supplièrent, au nom de l'envoyé de Dieu, le premier et
le dernier des prophètes, sur qui soit le salut de paix! de venir les déli-
vrer du joug affreux sous lequel on les voyait gémir. La peinture de leurs
infortunes était faite pour toucher les âmes les plus dures. Khaïr-eddin
assembla tous les habitants d'Alger et leur fit lecture de la lettre qu'il
venait de recevoir. Sur-le-champ il fut décidé qu'on armerait trente-six
vaisseaux, avec des troupes de débarquement, et qu'on irait arracher les
Maures d'Espagne à la persécution de leurs tyrans. » *Chronique d'Aroudj
et de Khaïr-eddin*, trad. par Ferd. Rang et Denis.

L'écrivain arabe ajoute que la flotte fut obligée de faire sept voyages
consécutifs, et qu'elle transporta du côté d'Alger soixante-dix mille âmes.
Les corsaires algériens, d'après ce même récit, se firent longtemps une
loi de s'approcher dans leurs courses des rivages de l'Andalousie pour y
recueillir les familles maures qui auraient pu y rester.

Ce fut seulement en 1610 que les derniers représentants de la race
arabe dans la Péninsule furent rejetés sur le bord méridional de la Méditerranée. «Fue este año, dit froidement Mariana, muy notable por la espulsion que en el se hizo de los Moriscos de toda España, gente obstinada
y que tenian intelligencia con los Turcos y Moros de Berveria. Conti-
nuose la espulsion este y los años siguientes : salio gran numero dellos;

point les habitants. Ils se jetèrent au milieu d'eux comme une tempête et s'y établirent.

Une partie du Sahel africain, la partie occidentale, échappa complétement à la domination turke. Oran et Arzew devaient en être la limite de ce côté. Dans l'intérieur, les nouveaux conquérants n'allèrent pas plus loin que Costhinah, ou Constantine. Ils ne pouvaient guère s'avancer vers l'Ouest. Un pareil mouvement les aurait trop éloignés du foyer même de la race. Ils ne pouvaient pas non plus marcher vers le Sud, parce qu'il n'y avait point de centre considérable, et que c'était seulement par les villes qu'il leur était possible de dominer le pays. D'ailleurs ils avaient besoin de s'appuyer sur la mer, qui était le grand chemin de Stamboul.

Grâce à leur petit nombre, les Turks n'auraient pas tardé à se confondre avec l'ancienne population, s'ils n'avaient reçu des recrues de l'Orient. Des hommes, qui appartenaient quelquefois à différentes races, mais qu'animaient les mêmes passions, accouraient sans cesse dans Alger la bien gardée, pour se répandre de là dans les autres villes, et rajeunissaient ainsi à chaque instant cette violente domination que ses excès ne pouvaient plus épuiser. C'était une invasion continuelle.

dizen que algunos otros quedaron desconocidos y distraçados. » *Historia general de España*, t. II, p. 775.

CHAPITRE XIV.

Des races mêlées qui se sont produites dans l'Afrique septentrionale avant ou après l'arrivée des races étrangères. — Influences contraires ou favorables à ces grandes unions de peuples. — Idée générale de ces mélanges.

L'Orient et l'Occident, comme on vient de le voir, ont versé tour à tour leurs peuples sur l'Afrique septentrionale. D'abord ce sont les Phéniciens, ces princes de la mer, comme les appelle Ézéchiel, puis les Grecs et les Romains, l'intelligence et la force des vieux siècles, avec ce peuple errant et vagabond des Juifs. Après eux, nous avons vu accourir les Wandales, les Byzantins, les Arabes et enfin les Turks. L'Asie et l'Europe se sont ainsi rencontrées au pied de l'Atlas. Cela devait être. L'Afrique du Nord, voisine de ces deux mondes, comme nous l'avons dit plus haut, les attire également. On dirait qu'elle cherche à les rapprocher et à les unir.

Les invasions, quelles qu'en soient l'origine et la nature, ont ordinairement pour résultat de mêler les peuples et de produire, à la suite de ce mélange, des races nouvelles. Ce résultat est infaillible quand les vainqueurs sont assez nombreux pour couvrir entièrement le territoire conquis, et que les vaincus ne peuvent se retirer à l'écart pour y vivre dans un isolement morne et sauvage. Il est moins certain quand le sol est coupé et qu'une grande chaîne de montagnes forme, pour ainsi dire, des zones distinctes dans le même bassin [1].

Ce mélange de peuples dans l'Afrique du Nord n'a pas été aussi profond qu'il aurait pu l'être. Il est facile d'en apercevoir la raison : d'abord les races étrangères n'ont pu saisir jamais qu'une partie du sol, et quand la race primitive s'est vue trop secouée, elle s'est refugiée sur le Daran ou l'Atlas, au milieu de montagnes presque inaccessibles et peu séduisantes pour l'invasion, qui devait se contenter de courir le long du Sahel et dans les vallées, au milieu de cette nature merveilleusement riche de l'Afrique septentrionale.

Les différences de caractère, de langue et de religion s'opposaient encore au mélange des peuples. Ce sont des barrières qui viennent s'ajouter aux montagnes et qu'il est souvent plus difficile de franchir : les montagnes, on les perce quelquefois, ou du moins on les tourne ; mais comment triompher de ces résistances qui se cachent et se replient dans le cœur et jusque dans le sang des nations?

On a pu voir que les peuples qui se sont établis dans l'Afrique du Nord, à côté de la race primitive, se rattachaient à différents foyers. Aujourd'hui c'est l'Europe

---

[1] Les fleuves et les mers ne sont pas comme les montagnes et ils jouent un autre rôle dans l'économie générale de l'histoire. Les montagnes sont des barrières; elles divisent le sol et séparent les peuples qui l'habitent. Les fleuves et les mers sont des chemins qui rapprochent et unissent les divers membres de l'humanité. Voyez la belle introduction de la géographie de Ritter : *Erdkunde oder allgemeine vergleichende Geographie*, t. I.

qui les envoie, demain c'est l'Asie. Puis, quelle variété
de mœurs entre ces peuples! Comme ils diffèrent par
leur langage, leurs institutions et leurs idées religieuses!
Quel rapport y a-t-il, par exemple, entre les Phéniciens
et les Romains, entre les Grecs et les Wandales, entre
les Arabes et les Byzantins? Des langues appartenant à des
souches profondément distinctes se rencontrent dans
l'Afrique septentrionale et aucune de ces langues ne
ressemble à la langue des vieux Libyens ou Berbers. Les
croyances et les dogmes n'y sont pas moins opposés. Le
polythéisme asiatique y est remplacé par le polythéisme
occidental, et quand toutes ces idées sont tombées,
deux symboles bien antipathiques, le christianisme et
l'islam, s'y montrent tour à tour.

Malgré cette opposition constante, il y a eu un grand
mélange de races dans l'Afrique septentrionale.

Ce phénomène, si on l'envisage sous toutes ses faces,
a dû se produire de trois manières : d'abord la race
primitive a pu se mêler plus ou moins avec les races
voisines avant l'époque des invasions et même depuis.
Nous la trouvons ensuite mêlée avec les races étrangères, après les secousses de la conquête. Enfin ces
races elles-mêmes se rapprochent et s'unissent sur le
sol qu'elles viennent de conquérir.

Trois points doivent donc être ici l'objet de nos investigations :

Premièrement, mélange de la race primitive avec
les races voisines ;

Secondement, mélange des races étrangères, apportées par l'invasion, avec la race primitive ;

Troisièmement, mélange des races étrangères entre elles.

Autour de ces questions principales viennent se grouper des questions secondaires qu'il est important d'indiquer.

Où s'opéra le mélange de ces différents peuples? A l'Est, ou à l'Ouest? Sur les bords de la Méditerranée, ou de l'Océan? Sur les versants de l'Atlas, ou bien au delà, du côté du Sud? Dans quelle proportion se combinèrent ces divers éléments pour produire des peuples nouveaux? Et quel fut le rôle, quelle fut l'existence de ces races?

Nous allons examiner successivement toutes ces questions. Sans doute cet hymen des peuples n'est pas toujours facile à saisir; mais, malgré la distance des siècles et l'incertitude des traditions, il n'est pas impossible d'en déterminer le caractère. L'histoire et l'ethnographie y sont puissamment intéressées : il leur importe, par-dessus tout, de pénétrer dans cette espèce de travail chimique que Dieu opère quelquefois sur les peuples qui ont besoin, d'après l'expression de Montaigne, d'être embesognés d'une autre semence.

CHAPITRE XV.

Mélange de la race primitive avec les races voisines. — Libyo-Éthiopiens ou Mélano-Gétules. — De leur foyer. — Libyo-Égyptiens. — Ce qu'il faut penser de leur existence.

Les peuples se mêlent quelquefois sans qu'un choc violent les ait jetés, pour ainsi dire, les uns sur les autres. Placés dans des contrées différentes, mais qui appartiennent souvent au même bassin géographique, leurs besoins, leurs intérêts les rapprochent insensiblement. Les relations commerciales deviennent chaque jour plus intimes, et elles finissent par être la source de rapports plus étroits, d'une union plus profonde. Les deux peuples contractent des alliances. Une race nouvelle sort du contact fécond des deux autres.

Isolée à l'origine sur les versants de l'Atlas et le long des rivages, la famille libyenne ou berbère ne semblait pas appelée, comme certaines familles, à cette espèce d'hymen. A l'Ouest et au Nord, elle n'avait pas de voisins. Ici la Méditerranée, là l'Océan, voilà ce qu'elle rencontrait sur cette double limite. Du côté du Sud, elle avait pour frontière le Sahara et ses sables; mais, par les oasis, elle touchait aux tribus éthiopiennes, qui, d'après le témoignage même de l'antiquité, couvraient la zone méridionale du continent africain. Enfin, vers l'Est, elle s'étendait jusqu'à l'Égypte, cette terre indécise et flottante entre l'Afrique et l'Asie. C'était donc seulement à l'Est et au Sud, du côté de l'Égypte et du Sahara, qu'elle pouvait se mêler avec d'autres familles.

De là les Libyo-Éthiopiens, ou Mélano-Gétules, et les Libyo-Égyptiens[1].

Nous rencontrons quelquefois, dans les monuments de la littérature ancienne, le mot Mélano-Gétule, qui se trouve reproduit dans les livres modernes. On a pu voir plus haut quelle est la véritable signification ethnographique de la seconde partie de cette dénomination. Quant à la première, dont l'origine et la physionomie sont grecques, il est facile de voir quelle doit en être ici la valeur. Ces deux mots, joints ensemble, ont toujours exprimé dans l'histoire et la géographie, le mélange des deux races primitives du continent africain. Les Mélano-Gétules étaient sans doute ce peuple que Pomponius Mela désignait autrement sous le nom de Leuco-Éthiopès. Nous croyons devoir rejeter ces deux expressions, qui, bien qu'elles indiquent les éléments compris dans ce mélange des deux grandes familles africaines, ne déterminent pas assez exactement la double généalogie du peuple que ce mélange devait produire. Nous préférons le mot Libyo-Éthiopien, dont la composition rappelle mieux l'idée des deux souches.

Ces observations ne doivent pas faire supposer que nous admettions, comme un fait entièrement certain,

[1] At super ea quæ Libyco mari abluuntur Libyes-Œgypti sunt et Leuco-Œthiopes. POMP. MELA, lib. 1, c. 4.

ce mélange des Africains du Nord et du Sud, ou l'existence des Libyo-Éthiopiens, telle du moins qu'ont paru la comprendre les écrivains de l'antiquité. Nous devons remarquer ici que les anciens ont admis trop facilement cette idée de deux peuples mêlant ainsi leur sang et formant un peuple nouveau. En général, de pareilles alliances ne s'opèrent pas trop, chez les nations primitives, d'une manière pacifique. Il faut presque toujours la rude étreinte des invasions et des conquêtes pour amener ces unions. Une sorte de tempête peut seule rapprocher les rameaux de ces vieilles souches profondément enracinées dans le sol. Voilà ce qui caractérise surtout les races primitives, du moins celles qui ont leur foyer dans des pays dont les formes brusquement arrêtées, comme celles de l'Afrique, ne semblent pas avoir eu le temps de s'étendre et de s'épanouir. A l'égard de ces races concentrées et retirées sur elles-mêmes, comme les contrées qu'elles habitent, il ne faut pas admettre facilement, en dehors des invasions et des conquêtes, l'idée d'un mélange avec des voisins. Ce serait méconnaître les lois qui président à la fusion des peuples et s'exposer à tomber dans les plus grossières erreurs. Les auteurs qui ont parlé les premiers des Mélano-Gétules ou Libyo-Éthiopiens, et ceux qui les ont copiés, n'ont pas pris garde suffisamment à cet écueil.

Outre ce défaut d'épanouissement que nous signalions tout à l'heure dans la plupart des peuples primitifs, il faut remarquer qu'un obstacle séparait en quelque sorte les Libyens des Éthiopiens : la différence de couleur. Ce n'était pas là, sans doute, une barrière insurmontable, car nous voyons encore aujourd'hui, dans le nord de l'Afrique, des Blancs s'unir à des Noirs; mais ces unions sont assez rares : il devait en être de même dans l'antiquité. Nous ne pensons donc pas qu'un peuple, un peuple distinct, ait pu sortir de pareilles alliances, et on accorde, selon nous, une trop grande importance à ces Libyo-Éthiopiens. On a tort surtout de les considérer isolément comme s'ils avaient eu un centre particulier. Semblables aux mulâtres qui se rencontrent aujourd'hui dans l'Afrique du Nord, ou bien aux Coulouglis, ces beaux enfants des Turks et des Mauresques, ils n'habitaient pas un bassin isolé, ils vivaient confondus avec cette portion de la race berbère ou libyenne qui occupait la zone voisine du désert. Leur patrie, leur foyer, étaient donc les mêmes que ceux des Gétules, qui habitaient d'après le témoignage de Strabon, sur le flanc méridional de la longue chaîne qui traverse la Mauritanie jusqu'aux Syrtes et sur les montagnes parallèles, c'est-à-dire la partie de l'Atlas tournée vers le Sud.

On peut croire, cependant, qu'il existait des Libyo-Éthiopiens en dehors de ces limites. Dans l'antiquité, comme de nos jours, l'esclavage allait prendre, dans le Soudan, un grand nombre de Nègres qui se trouvaient jetés ainsi dans l'Afrique du Nord. Sur le bord de la mer, comme aux environs du Sahara, le sang des Libyens devait se mêler au sang de ces esclaves pris au hasard dans les tribus éthiopiennes. Mais ces mélanges devaient être assez rares. Ils devaient l'être même alors plus qu'aujourd'hui ; voilà ce qu'on peut dire de plus exact des Libyo-Éthiopiens.

L'existence des Libyo-Égyptiens et non pas des Libo-Égyptiens, doit paraître moins certaine. Le témoignage de Ptolémée et de quelques autres écrivains ne suffit pas à nos yeux pour l'établir, d'autant plus qu'Hérodote, qui avait visité ces contrées où nous devrions placer leur berceau, n'en parle nulle part. Sans doute les Libyens ont pu se mêler aux habitants de l'Afrique orientale, comme ils se sont mêlés aux habitants de l'Afrique méridionale, dans certaines proportions du moins ; mais qu'on se rappelle les considérations que nous avons dû présenter tout à l'heure ; qu'on songe ensuite au sentiment de répulsion profonde qui a toujours caractérisé le vieux peuple des Pharaons, et l'on verra combien est peu probable ce mélange qu'il faudrait admettre, pour croire à l'existence des Libyo-Égyptiens.

Si ce mélange avait eu lieu, il n'aurait pu s'opérer que lorsque l'Égypte sembla renverser les barrières qui la séparaient de ses voisins et déchirer le voile qui la cachait, comme son Isis, aux regards des étrangers. Mais ce temps est trop voisin de notre ère, il appartient trop à l'histoire, pour qu'elle n'eût point gardé le souvenir d'une union qui aurait mêlé aussi profondément le sang des vieux Libyens au sang des Égyptiens. Le peuple que nous devrions, d'après Ptolémée, rattacher à ces deux souches, un d'origine, n'était peut-être qu'une population flottante sur la limite des deux nations. Peut-être aussi devons-nous voir, dans cette expression de Libyo-Égyptien, une exagération assez commune en ethnographie, et qu'on pourrait, du reste, justifier à moitié par un texte d'Hérodote. Les premiers Libyens que l'on rencontre en partant de l'Égypte, dit le célèbre historien, sont les Adyrmachides; ils ont presque les mêmes usages que les Égyptiens[1]. Cette communauté d'usages avec l'Égypte, remarquée au sein d'une tribu libyenne par l'historien d'Halycarnasse, aura pu faire croire que les deux sangs s'étaient mêlés, et de là cette expression de Libyo-Égyptien, qui ne saurait être complétement acceptée.

---

[1] Οἰκέουσι δὲ κατὰ τάδε Λίβυες ἀπ' Αἰγύπτου ἀρξάμενοι. Πρῶτοι Ἀδυρμαχίδαι Λιβύων κατοίκηνται, οἳ νόμοισι μὲν τὰ πλέω Αἰγυπτίοισι χρέωνται, ἐσθῆτα δὲ φορέουσι οἵηπερ οἱ ἄλλοι Λίβυες. Hérod., lib. IV, c. 168.

CHAPITRE XVI.

Mélange des races étrangères, apportées par l'invasion, avec la race primitive. — Des Libyo-Phéniciens. — Leur position. — Est-il sorti quelque autre peuple de la même source?

Ces diverses familles, que le mouvement des émigrations ou des conquêtes, si fréquent dans l'histoire, avait conduites dans l'Afrique du Nord, devaient s'y mêler plus profondément que les nations limitrophes avec les Libyens. Rien de plus naturel : ces peuples allaient s'asseoir au milieu des indigènes ; ils apportaient parmi eux d'autres arts, une civilisation nouvelle, mille intérêts et mille influences, qui devaient les rattacher aux habitants.

Tels furent surtout les Phéniciens, et sous ce nom, comme nous l'avons vu, on doit comprendre les familles orientales qui les suivaient. Ils apportèrent, dans le nord de l'Afrique, tous les arts, toutes les industries de l'Asie occidentale : c'étaient autant de liens qu'ils pouvaient jeter sur les indigènes. Aussi ne tardèrent-ils point à se mêler avec eux, et voilà comment naquirent les Libo-Phéniciens, ou plutôt les Libyo-Phéniciens, expression plus juste et plus en harmonie avec les principes étymologiques trop souvent négligés dans l'antiquité.

Une autre circonstance qui explique encore le développement des Phéniciens dans l'Afrique septentrionale, et leur mélange avec la race primitive, c'est le caractère pacifique de leurs établissements. Nous n'oublions pas sans doute ce que signifie, pour l'histoire, ce mythe de leur Hercule, que nous avons expliqué, et sa lutte avec Antée, fils de la Terre. Mais quelle que soit la valeur historique de ce mythe expressif, la lutte qui s'y révèle à travers des conceptions étrangères, ne fut qu'un accident dans l'histoire des établissements phéniciens en Afrique. Ces habiles marchands, accourus de l'Asie, ce splendide foyer de leur puissance, parurent presque partout, l'or à la main. Ils achetaient, comme nous l'avons vu plus haut, la place où ils voulaient se fixer, et c'est ainsi qu'ils couvrirent de leurs villes et de leurs comptoirs les rivages de l'Afrique septentrionale. Les indigènes, séduits par ces étrangers, n'aperçurent pas, on peut le dire, cette ligne pacifique, qui marchait le long de la Méditerranée et courait s'épanouir jusque dans l'Océan. La lutte de l'Hercule tyrien avec Antée, qui ne peut plus être obscure pour nous, ne signifie-t-elle pas que ce fut seulement dans l'intérieur que les Phéniciens rencontrèrent des résistances? Car Antée était fils d'Atlas.

Quand on examine profondément les faits enfouis dans ces fables et ces antiquités, il semble que les Phéniciens profitèrent de leur expérience, et qu'après ce premier choc, redoutant l'intérieur du pays, ils ne s'éloignèrent jamais de la mer. Carthage fut moins prudente. Dominée par son avarice et aussi par le parti militaire qui s'agitait dans son sein, elle voulut s'avancer vers le centre. Ce jour-là, elle cessa d'être fidèle à la politique phénicienne, et ce fut son malheur ; les indigènes s'émurent, le combat héroïque d'Hercule et d'Antée recommença. Mais Hercule était devenu vieux.

Les Phéniciens durent donc à leur modération habile, autant qu'aux influences de leur civilisation, de pouvoir se lier avec la race primitive et se mêler avec elle.

Nous avons déjà dit que, de ce contact, sortit un peuple nouveau, les Libyo-Phéniciens[1]. Ce peuple, assez souvent cité dans l'histoire, n'y a pourtant pas un rôle à part. Cela ne pouvait guère arriver. Les Libyo-Phéniciens n'occupaient pas seuls le territoire qu'ils habitaient. Ils se trouvaient jetés au milieu de familles qui n'avaient dans leurs veines que du sang libyen ou phénicien. Du rivage, centre de leurs établissements, les Tyrio-Cananéens s'étendaient, par des alliances, vers les tribus libyennes, que rapprochait d'eux leur position géographique, et ils obtenaient ainsi des foyers d'influence au sein de la race primitive, qui, par suite, se trouvait liée en partie à leur existence et à leur destinée.

Examinons de plus près comment se fit ce mélange, et dans quel bassin il s'accomplit.

Ce fut, comme nous l'avons dit, dans la partie orientale de l'Afrique du Nord que s'établirent d'abord les Phéniciens. Là s'élevèrent leurs premières villes. Ils avancèrent ainsi de l'Est à l'Ouest comme toutes

----

[1] Λιβοφοίνικες δὲ, πολλὰς ἔχοντες πόλεις ἐπιθαλαττίους, καὶ κοινωνοῦντες τοῖς Καρχηδονίοις ἐπιγαμίας, οἷς ἀπὸ τῆς συμπεπληγμένης συγγενείας συνέβη τυχεῖν ταύτης τῆς προσηγορίας. Diod. Liv. XX, c. 55.

les invasions orientales. Le rivage se couvrit bientôt de
leurs établissements, qu'ils plaçaient sur la côte de
distance en distance, comme d'immenses hôtelleries,
comme les caravansérails maritimes de ce commerce
expansif, qui se dilatait sans cesse vers l'Occident.
Chacun de ces établissements devenait un centre d'action sur les indigènes. Les Libyens se trouvaient plus
ou moins groupés autour de chacune de ces villes ou
stations commerciales, et c'était dans ces foyers nombreux que les deux sangs, national et étranger, libyen
et phénicien, mêlaient et confondaient leurs flots.
Qu'on nous permette d'employer une image qui expri-
mera plus justement encore comment se fit le mélange
des deux peuples. La race phénicienne était un grand
fleuve répandu le long du rivage. La race libyenne était
un autre fleuve, coulant au centre sur une ligne parallèle. Des veines nombreuses, échappées des deux
fleuves, couraient se confondre les unes avec les autres,
et ces veines fécondes se rattachaient aux villes du
côté des Phéniciens, du côté des Libyens aux tribus.
Le nouveau peuple libyo-phénicien se développa ainsi
de l'Est à l'Ouest, comme le commerce de Tyr et de
Carthage.

Mais jusqu'où s'avança-t-il ? Dans quelles limites
faut-il l'enfermer ?

Cette question, d'une si haute importance pour
l'ethnographie de l'Afrique septentrionale, présente
quelques difficultés. Si nous en croyons Salluste, dont
nous avons déjà examiné la narration confuse, ces
familles orientales, qu'il a si mal nommées et que

nous avons comprises sous le nom générique de tyrio-cananéennes, se seraient mêlées aux tribus les plus méridionales de la souche libyenne, c'est-à-dire aux Gétules, et de ce mélange seraient sortis les Numides [1]. On a pu voir quelle était la valeur de cette dernière assertion, quand nous avons montré que ces Numides étaient une branche des Libyens. La première n'est pas plus vraie à notre avis, et on s'en convaincra facilement si l'on songe à la position géographique des Gétules. Comment croire, après ce que nous avons dit de la politique phénicienne, que les familles orientales, arrivées sous le pavillon de Tyr, avaient été former des alliances sur le revers méridional de l'Atlas? Car voilà où habitaient les Gétules. Étendre jusque-là le bassin des Libyo-Phéniciens, c'est tomber évidemment dans l'erreur.

Un texte de Strabon, qu'on n'a aucun motif de rejeter, nous indique, d'une manière plus précise, quelles étaient les véritables limites de ce bassin. Au-dessus de la côte, dit ce géographe, depuis Carthage jusqu'au pays des Massaisyliens, est le berceau des Libyo-Phéniciens, qui s'étend jusqu'aux montagnes de la Gétulie [2]. On pourrait peut-être reprocher à Strabon de ne pas étendre

---

[1] Hì paulatìm per connubia Gætulos sibi miscuére et quia, sæpè tentantes agros, alia, deindè alia loca petiverant, semetipsi Numidas appellavère. Cæterùm adhùc ædificia Numidarum agrestium, quæ Mapalia illi vocant, oblonga incurvis lateribus tecta, quasi navium carinæ sunt. Sallust., *Bell. Jug.*, c. 18.

[2] Ὑπέρχειται δὲ τῆς ἀπὸ Καρχηδόνος παραλίας μέχρι Κεφαλῶν καὶ μέχρι τῆς Μασσαισυλίων ἡ τῶν Λιβοφοινίκων γῆ, μέχρι τῆς τῶν Γαιτούλων ὀρεινῆς, ἤδη Λιβυκῆς οὔσης. **Strab.**, lib. XVII, c. 3.

assez vers l'Occident la patrie de ce peuple mêlé. Mais il faut remarquer que les grands centres de population phénicienne se trouvaient surtout à l'Est. Les navigateurs de Tyr et de Carthage n'avaient guère que des comptoirs ou des stations dans la partie occidentale de l'Afrique du Nord. Tout mélange devenait donc à peu près impossible dans cette zone, et s'il y en avait eu, il aurait été pour ainsi dire imperceptible, par conséquent indigne des regards de l'histoire.

Nous ne pouvons placer à côté des Libyo-Phéniciens aucun autre peuple qui ait été le produit du mélange des indigènes, ou habitants primitifs avec les races étrangères établies dans l'Afrique septentrionale. Faut-il admettre que ces races restèrent isolées au milieu des indigènes et ne versèrent dans leurs veines aucune goutte de leur sang? Non, sans doute. Les Grecs, les Romains, les Wandales, les Byzantins, les Arabes et les Turks, en omettant ces Juifs, qui sont partout un peuple à part, muré dans la famille, n'ont pas pu s'établir les uns après les autres dans l'Afrique du Nord et y dominer pendant des siècles sans se mêler dans certaines proportions avec le peuple primitif. Mais ce mélange n'a pas été assez puissant, cette union assez féconde, pour qu'il en soit sorti une race nouvelle. Voilà pourquoi l'ethnographie ne trouve, dans le passé, aucun nom propre pour désigner les fruits rares et obscurs de ces hymens solitaires.

Toutefois, il peut être de quelque importance de rechercher pourquoi les peuples qui vinrent après ces familles orientales conduites par le pavillon de la Phé-

nicie, ne mêlèrent pas, comme elles, leur sang à celui
de la race primitive, et dans quelles parties de l'Afrique
du Nord elles purent contracter avec les indigènes ces
alliances obscures, qui n'ont presque pas laissé de
traces et qui sont comme perdues dans les souvenirs
du monde historique.

Il faut observer que lorsque les peuples dont nous
venons de parler se présentèrent dans l'Afrique du
Nord, les Libyens n'avaient plus cette simplicité pri-
mordiale, cette naïveté de mœurs et d'idées qui les
distinguaient avant l'arrivée des familles tyrio-cananéennes. Le joug que les derniers et les plus puissants
des Phéniciens, les Carthaginois, firent peser sur eux
dut leur inspirer une sorte d'horreur pour toutes les
physionomies étrangères, et imprimer de plus fortes
secousses à cette fibre énergique qui se remue dans
le cœur des peuples primitifs, à tous les bruits venus
du dehors. De là un sentiment de répulsion plus pro-
noncé contre les contemporains, mais surtout contre
les successeurs des Phéniciens. De là encore l'empressement des indigènes à se replier sur eux-mêmes au
moment des invasions qui suivirent celles de Tyr, et à
se concentrer sur l'Atlas, cet éternel foyer des résistances nationales de l'Afrique du Nord.

Sans doute tous ces peuples venus après les Phéniciens, ne rencontrèrent pas les mêmes antipathies,
n'eurent pas à lutter contre les mêmes obstacles.
Leur position, leur caractère, n'étaient pas les mêmes. Mais, malgré ces différences, ils se confondaient tous aux yeux des anciens habitants dans une

physionomie commune. Ils se présentaient comme conquérants. C'étaient des envahisseurs du sol libyen ou berber. Leur arrivée causait, dans la population libyenne, un mouvement lent ou brusque, qui la précipitait de plus en plus sur elle-même et tendait à l'éloigner davantage des étrangers. Ces circonstances ont contribué, autant que le climat, autant que cette nature formidablement accidentée du Maghreb, à donner à la race primitive ce caractère de fierté sauvage qui la distingue dans l'histoire, et elles expliquent comment elle parut s'éloigner plus des Romains, par exemple, et des peuples qui les suivirent, que des Phéniciens qui avaient ouvert assez paisiblement cette longue série d'invasions.

Toutefois, avons-nous dit, il y eut un mélange, mais dans des proportions restreintes.

Il ne s'agit point ici proprement des Grecs, ou Hellènes, établis dans la Pentapole. Ils vivaient à l'écart dans leur petite zone, et ils inclinaient plutôt du côté de la mer et de l'Orient que vers l'intérieur. Évidemment ils ne pouvaient point se mêler avec les indigènes.

Est-il besoin de dire qu'un pareil mélange était encore moins facile pour les Juifs? Dans l'Afrique du Nord, comme ailleurs, ils ont été obligés de se replier sur leur propre race. Jamais ils n'y ont fait partie de la société au milieu de laquelle ils vivaient. Ils se sont vus parqués plus tristement encore que dans ces villes d'Europe, où l'on fermait tous les soirs dans un coin ces lépreux de l'Orient. Ajoutons que l'amour de la race, soutenu par la religion et exalté de siècle en siècle par le despotisme, ne permit jamais aux Juifs de sortir d'eux-mêmes et de mêler leur sang au sang des autres peuples [1].

Le spectacle change avec les Romains, qui succédèrent à la puissance des colonies phéniciennes et plus tard à celle des Grecs. Au lieu de s'isoler dans un coin, ils se répandirent sur une grande partie du territoire. Ils furent, il est vrai, plus forts et plus nombreux à l'Est qu'à l'Ouest, où leur domination eut souvent à lutter contre des ressentiments nationaux. Dans la partie occidentale, ils n'eurent guère que des châteaux forts ou des colonies militaires, tandis que dans la partie orientale ils possédaient des villes considérables; c'est là seulement, au centre ou aux environs de ces villes, qu'ils purent se mêler au sang libyen. Mais ces mélanges ne furent pas aussi nombreux qu'on pourrait le croire. Rome, ainsi que nous l'avons dit ailleurs, avait surtout envoyé en Afrique des soldats, vétérans pour la plupart. Or ces soldats, d'après la remarque même des historiens romains, vivaient et mouraient presque tous dans le célibat. On pourrait établir par plus d'un texte que, longtemps après la conquête de l'Afrique septentrionale, les habitants étaient étrangers aux Romains, sinon par les idées et le langage, du moins par le sang.

Cet isolement des peuples du dehors au milieu de la

---

[1] Ce n'est pas seulement des nations cananéennes qu'il s'agit dans le texte suivant du Deutéronome : Neque sociabis cum eis conjugia ; filiam tuam non dabis filio ejus nec filiam illius accipies filio tuo. Lib. *Deuter.* c. 7, v. 3.

race primitive est encore plus sensible avec les Wandales. Successeurs des Romains, ils ne prirent de leur
héritage politique dans l'Afrique du Nord que la partie
la moins considérable. Leur domination, en outre,
dura bien moins que celle des Romains, et, à leur
arrivée, ils rencontrèrent des populations qui, chrétiennes comme eux, ne professaient pas cependant le
même symbole. Ces deux causes durent rendre plus
difficiles et plus rares les unions de familles qu'ils
auraient pu contracter avec les indigènes.

On peut en dire autant des Byzantins, de cette population mêlée, que l'empire grec, cette lamentable moitié de l'empire romain, fit passer en Afrique. Ils ne
s'arrêtèrent point, pour ainsi dire, sur ce territoire, et
ils durent rester presque complétement étrangers aux
anciens possesseurs du sol.

Les Arabes, qui ont pris partout racine dans le
Maghreb, n'ont pu se mêler beaucoup toutefois à la
race primitive. La secousse que leur invasion avait
imprimée à l'Afrique septentrionale dura longtemps, et
quoique les Berbers, gagnés en partie par le prosély-
tisme intelligent de Mousa, eussent accepté l'islam, il
n'y eut pas d'union véritable entre les deux peuples.
Leurs haines éclatèrent d'abord en Espagne, où ils se
présentèrent sous le même drapeau, et la lutte continua toujours en Afrique. L'histoire de ce pays, du-
rant les siècles du moyen âge, n'est souvent qu'une
longue bataille entre des dynasties arabes et berbères.
Indépendamment de ces antipathies qu'avaient sou-
levées les rudes étreintes de la conquête, la constitu-

tion de la famille arabe s'opposait assez à un mélange qui, dans tous les cas, ne pouvait pas être profond. La famille arabe fut toujours impénétrable dans l'Afrique du Nord comme elle l'est de nos jours. Il était impossible aux indigènes d'entrer dans cette forteresse domestique, dans cet implacable gynécée, et ils devaient s'en venger naturellement en refusant leurs filles à ces étrangers si jaloux de leur propre sang. Ainsi point de peuple mêlé : quelques unions tout au plus.

Quant aux Osmanlis ou Turcs qui ont dominé spécialement sur des centres arabes et qui voulaient de l'or avec des femmes, ils ont dû s'adresser rarement aux Berbers, aux anciens Libyens, généralement voisins de l'indigence.

CHAPITRE XVII.

Mélange des races étrangères entre elles sur le sol de la conquête. — Ses résultats. — Ils ne pouvaient pas être nombreux : pourquoi. — Origine des Couloglis ou Turco-Arabes.

Nous venons de voir que les peuples venus du dehors ne formèrent, du moins dans les derniers temps, que de rares unions avec le peuple primitif. Mais peut-être se mêlèrent-ils plus souvent entre eux.

Il semble qu'on puisse admettre ce fait avant toute recherche. Ces peuples, que la conquête ou l'émigration amenait successivement dans le même bassin, y marchaient pour ainsi dire les uns sur les autres. C'est ainsi que les Romains couvrirent les Phéniciens, les Grecs et les Juifs qui les avaient précédés, et nous savons combien de nations, de races différentes, couvrirent les Romains eux-mêmes.

Des peuples nouveaux, fils de toutes ces races, ne devaient-ils pas se produire au milieu de tous ces éléments qui semblaient se pénétrer et se confondre?

Nous n'avons pas besoin d'indiquer ce qui séparait ces nations étrangères, maîtresses tour à tour de l'Afrique septentrionale. On sait déjà toutes les barrières qui s'élevaient entre elles : différence d'origine, opposition d'idées et de mœurs, et souvent même antipathie profonde et irréconciliable de races.

Ce que nous devons observer, c'est que les invasions dont l'Afrique du Nord fut le théâtre, dans l'antiquité comme dans les temps modernes, présentèrent presque toujours un caractère de violence remarquable, comme si toutes les passions s'allumaient au contact de ce sol. Or cette violence atteignit spécialement les peuples étrangers qui s'étaient assis sur ce rivage et qui essuyaient ainsi les premières tempêtes de l'invasion. Comment ces peuples, qui se chassaient et se détruisaient tour à tour, auraient-ils pu se mêler et former à travers ces luttes sanglantes une population nouvelle?

On doit admettre en général que ce fait n'était guère possible.

Il n'y a d'abord aucun doute pour les Grecs, qui s'établirent à côté des Phéniciens, ou Tyrio-Cananéens, mais dans un centre isolé.

Même observation pour les Juifs. S'ils se fixèrent, même à l'époque de la première émigration, dans un foyer déjà rempli, ils n'en vécurent pas moins séparés des peuples ou des races qui les environnaient.

Après eux, les positions changent : les résultats cependant sont presque toujours les mêmes. Les Romains durent contracter sans doute quelques alliances avec les débris des familles grecques et phéniciennes, qui occupaient avant eux l'Afrique du Nord. Mais, si l'on se rappelle ce que nous avons dit de l'occupation romaine et des éléments ethnographiques qu'elle jeta sur le bord méridional de la Méditerranée, on doit voir que le nombre de ces alliances dut être assez restreint.

Quant aux Wandales, le temps leur manqua. D'ailleurs l'arianisme les séparait profondément de la population romaine qui pouvait se trouver à côté d'eux.

Les Byzantins ne firent aussi qu'apparaître. L'histoire parle de quelques unions qu'ils formèrent avec les femmes et les filles des Wandales. Mais ces unions ne furent pas assez solides et assez durables pour produire un peuple wandalo-byzantin. Ces soldats de Byzance, qui s'étaient associés au sang des vaincus, périrent presque aussitôt dans les convulsions d'une guerre civile[1].

Après les Wandales et les Byzantins, de semblables mélanges paraissent encore plus difficiles. L'islam défendait aux Arabes de s'unir avec les infidèles, c'est-à-dire, avec tout ce qui n'était pas musulman. De là un isolement nécessaire.

Les Turcs semblaient se trouver dans des conditions plus favorables que toutes ces races, pour s'unir aux nations qui les avaient précédés dans l'Afrique du Nord. L'islamisme les rapprochait des Arabes dans toutes ces villes qu'ils avaient envahies. Il fallait des femmes à ces soldats, qui arrivaient sans cesse de l'Orient pour entrer dans les rangs de l'oudjak, fondé par Khaïr-eddin. De là des mariages, qui devenaient d'autant plus faciles, que les Turcs, en s'unissant aux Arabes, leurs frères au point de vue religieux, les associaient en partie à leur puissance et à leur domination.

C'est ainsi que s'est formée la race des Couloglis, ou Turco-Arabes[2]. Peu nombreux comme leurs pères, ils

---

[1] Procop., *Bell. Vand.*, ii, 15.

[2] Le mot *Coulogli*, qu'on prononce aussi *Courogli*, viendrait, d'après

n'ont jamais vécu, pour ainsi dire, que dans l'enceinte des villes, qui, comme nous l'avons vu ailleurs, ont été proprement le foyer de l'occupation ottomane.

une interprétation, du mot قرغلان, qui signifie *enfants de kour* ou de *cour*. C'est le nom qu'auraient pris les enfants des Turcs et des Mauresques, nos Turko-Arabes, parce qu'ils furent admis, dit-on, dans la milice algérienne à la sollicitation d'un membre du diwan, surnommé *cour*, قر, c'est-à-dire *le borgne*. Cette étymologie nous semble peu sérieuse. Le mot Coulogli, suivant nous, doit être ramené à une autre origine. Il signifie non pas fils de *cour*, mais fils d'esclave, de l'expression *turque* كوله. Les soldats que l'expédition française rencontra en Égypte, au commencement de ce siècle, portaient aussi le nom de مملوك, qui a la même signification en arabe. Cette épithète d'esclave, جاكر كوله, مملوك ou comme disent les Persans, ne sonne point à l'oreille des Orientaux comme à celle des Européens. Les mœurs asiatiques, ces vieilles habitudes d'obéissance puisées dans la famille, ont presque consacré en Orient cette expression qui a soulevé plus d'une fois des tempêtes chez les peuples occidentaux.

CHAPITRE XVIII.

Extinction ou permanence de ces diverses races. — Comment s'explique
cette double destinée.

Si l'Afrique septentrionale avait conservé tous ces peuples, que l'Europe et l'Asie ont jetés sur son territoire ou qui sont sortis du mélange des différentes familles, on pourrait la considérer comme une espèce de foyer commun à toutes les races. Aucun bassin ne présenterait une masse aussi nombreuse, aussi variée.

Qu'on mette en présence toutes ces nations qui ont passé sous nos yeux depuis la race primitive jusqu'à ces Couloglis dont nous venons d'étudier l'origine : quelle longue série de peuples! Il semble qu'ils se soient groupés dans l'Afrique du Nord comme dans un vaste caravansérail, pour loger tous sous la même tente et rattacher ainsi au même centre les diverses branches de l'humanité.

Voici d'abord les Libyens et les Libyo-Éthiopiens qui rapprochent le Maghred de l'Afrique du Sud et germent de deux souches profondément distinctes. A côté d'eux se pressent les Phéniciens, ou Tyrio-Cananéens, avec leurs éléments divers, ainsi que les Libyo-Phéniciens, ces fils de l'Afrique et de l'Orient, ces enfants des étrangers et des indigènes. Puis viennent les Grecs, les Juifs, les Romains, les Wandales, les Byzantins, qui ne semblent point se mêler dans des proportions sensibles avec la race primitive, découragée par une union malheureuse avec les hommes du dehors et repliée désormais sur elle-même. Enfin apparaissent les Arabes, les Turks et les Turko-Arabes, ou Couloglis, cette belle famille orientale, qui vient éclore sous le soleil de l'Afrique, à l'ombre de l'islamisme.

L'Afrique du Nord, avec ses larges horizons et ses vastes espaces, avec son Sahel, son Daran, et son Blad-el-Djérid, n'aurait pu suffire à·cette grande masse d'hommes, si elle s'était maintenue à moitié dans tous ses éléments, dans la prodigieuse variété de ses races. Mais la plupart de ces peuples ont disparu, emportés par les siècles et les révolutions qu'ils ont dû traverser.

Où sont aujourd'hui les Byzantins, les Wandales, les Romains et les Grecs, qui les avaient précédés? Où sont les Phéniciens, qui avaient su fonder à Carthage un empire si puissant? Ils se sont évanouis avec les Grecs, leurs voisins, avec les Romains, qui les avaient vaincus avant de vaincre les Grecs, avec les Wandales et les Byzantins qui les avaient chassés. C'est une lamentable succession de ruines. Les Libyo-Phéniciens, se sont perdus à leur tour avec ces Libyo-Éthiopiens, dans lesquels se mêlaient, sur la zone voisine du désert, les deux grandes races primitives du continent africain. Il ne reste donc plus que le peuple indigène, ces Libyens des vieux siècles, qui se sont perpétués sous le nom national de Berbers, et à côté d'eux, les Arabes, les Turks, les Turko-Arabes, parmi lesquels apparaissent toujours les Juifs.

Il ne suffit pas de constater quels sont les peuples qui ont cessé de vivre dans l'Afrique septentrionale. Il faut dire encore comment ils se sont effacés, et trouver s'il est possible, sur le sol où ils ont vécu, leurs traces et leurs débris. Un homme meurt, on emporte son cadavre, et, si grand qu'il soit, six pieds de terre en font raison, d'après une expression célèbre. Le cadavre des nations ne disparaît pas aussi facilement. Les guerres et les invasions peuvent les arracher violemment de leur foyer, comme cela est arrivé plus d'une fois dans l'Afrique du Nord; mais, lors même qu'elles disparaissent, elles laissent des traces nombreuses au sein des populations qui les remplacent et jusque dans leur sang. Il est vrai que ces traces tendent insensiblement à disparaître : ce fait même s'accomplit assez vite quand la race vaincue est peu nombreuse ou qu'elle a des rapports assez intimes avec la race au milieu de laquelle flottent ses débris.

Plusieurs peuples, venus du dehors, ont disparu, comme nous l'avons dit, de l'Afrique septentrionale, les Phéniciens, ou Tyrio-Cananéens, les Grecs, les Romains, les Wandales et les Byzantins, leurs vainqueurs. Il faut ajouter à ces cinq familles étrangères, deux familles mêlées, qui s'étaient formées dans le nord de l'Afrique, les Libyo-Phéniciens et les Libyo-Éthiopiens.

Arrêtons-nous d'abord à ces deux familles. Essayons de retrouver leurs traces, et, dans le cas où elles se se-

raient effacées complétement, remontons aux causes
de cette révolution qu'il est important d'expliquer.

Nous rencontrons un élément commun dans les Libyo-Éthiopiens et les Libyo-Phéniciens. Ces deux peuples mêlés se rattachent également par l'une de leurs
racines à la souche primitive, c'est-à-dire libyenne ou
berbère. Le premier, on a pu le voir, était peu nombreux, s'il a jamais existé dans les conditions où semblent le placer quelques souvenirs antiques. L'épanouissement de la race libyenne vers le Sahara dut le
couvrir. Repoussés à chaque instant vers le Sud par
les invasions qui les heurtaient et les poussaient au
Nord, les Indigènes appuyèrent fortement sur la zone
voisine du Sahara, et les Libyo-Éthiopiens, qui avaient
pu d'abord exister, pour ainsi dire à l'écart, se trouvèrent absorbés dans leurs rangs. Des alliances souvent répétées emportèrent l'élément éthiopien, qui
ne devait pas avoir, d'après notre avis, des racines bien
profondes.

Un phénomène semblable se produisit pour le second de ces peuples mêlés, ou les Libyo-Phéniciens.
Après la chute de Carthage, qui fut dans l'Afrique du
Nord la plus haute expression de la vie phénicienne,
les Libyo-Phéniciens se trouvèrent jetés, par l'invasion
de Rome, vers le centre, c'est-à-dire vers le foyer des
Libyens, qui avaient fourni une partie de leur sang.
Dans ce contact intime, l'élément oriental ou phénicien
tendait à s'affaiblir. Le temps devait nécessairement
l'effacer. Il était plus fort sans doute que l'élément
éthiopien qui venait du Sud. Mais remarquons que,

longtemps avant la rude secousse qui renversa Carthage, l'Afrique du Nord ne recevait plus de l'Orient des émigrations cananéennes. Dès lors le sang libyen dominait. Il faut observer aussi que toutes ces familles de sang cananéen que le pavillon de la Phénicie avait semées sur le bord méridional de la Méditerranée, devaient avoir une physionomie assez semblable à celle des Libyens, qui se rattachaient, comme ces Orientaux, à la vieille souche de Canaan. On ne doit donc pas être surpris que les Libyo-Phéniciens n'existent plus aujourd'hui que dans le domaine de l'histoire.

En est-il de même des autres peuples qui ont disparu comme eux? Sont-ils morts tout entiers? Ou bien vivent-ils encore par quelque fibre attachée à leur vieux tronc? Peut-on les reconnaître dans quelque goutte de sang échappée de leur race?

L'extinction des Phéniciens peut s'expliquer en partie comme celle des Libyo-Phéniciens eux-mêmes. Leur analogie avec la race primitive leur permettait assez de se confondre dans ses rangs. Ce mouvement ne s'opéra pas tout à coup. Peut être même fut-il peu sensible. Un grand nombre de Phéniciens disparut dans l'invasion romaine, et ce qui en était resté dut être atteint par les Wandales. Il est facile d'établir qu'à l'époque de leur occupation il existait encore des débris nombreux de ces familles tyrio-cananéennes accourues de l'Orient. La langue de la Phénicie, comme on peut le voir dans Saint-Augustin, était encore en usage, ce qu'il faut entendre moins des villes que des campagnes et de l'intérieur du pays, d'où il semblerait résulter qu'elle avait été conservée par les Libyo-Phéniciens, placés un peu vers le centre, plutôt que par les Phéniciens, échelonnés dans les villes le long du rivage. Quoi qu'il en soit, il est bien certain que le dernier de ces peuples disparut avant le premier, et que c'est à celui-ci principalement qu'il faut rapporter les dernières traces des influences phéniciennes dans l'Afrique du Nord. Ces traces paraissent complétement effacées après l'occupation wandale. La langue qui avait survécu à la race paraît éteinte à son tour, et on ne retrouve que le grec et le latin au milieu des populations vaincues qu'afflige l'arianisme armé des conquérants germains.

Les Grecs de la Pentapole, que nous avons vus commencer en même temps que les Phéniciens, mais postérieurement à leurs établissements primitifs, ont dû se maintenir après eux. Vaincus aussi par les Romains, mais un peu plus tard, ils durent à leur isolement d'être moins envahis par un sang étranger. D'un autre côté, la conquête wandale, qui s'arrêta à l'ouest des Syrtes, ne les atteignit pas. Attachés à la fortune du Bas-Empire, ils restèrent à l'écart jusqu'au moment de l'invasion arabe. Nous avous vu qu'ils furent atteints en même temps que l'Égypte, et on sait quel fut le caractère des premières expéditions des Arabes dans le bassin de l'Afrique du Nord. Leur fanatisme ne respectait rien, ils ne songeaient point à fonder, mais à détruire. Ils renversaient les villes et refoulaient les peuples que leurs premiers coups n'atteignaient point. Les Grecs de la Pentapole, que l'empire ne défendait pas et qui ne pouvaient pas se défendre eux-mêmes, disparurent en partie dans les rudes étreintes de cette invasion. La fuite éloigna les autres, qui devaient se trouver trop heureux de pouvoir échapper à la domination de l'islam. Nous voyons, dans les auteurs arabes qui ont écrit l'histoire de cette période, qu'il y eut alors, dans l'Afrique orientale, un grand déplacement de peuples. Ce mouvement devait emporter les restes des anciens Grecs de la Cyrénaïque.

Les Romains avaient commencé plus tôt à disparaître. Il n'était plus question d'eux à l'arrivée des Arabes. Ils avaient été heurtés, comme les débris des Phéniciens par l'armée de Geisérich. Il en disparut un grand nombre dans la lutte, et, après la défaite, la Sicile, l'Italie et même l'Orient, reçurent une multitude de fugitifs. Ce fut d'abord la population militaire qui émigra, puis la population civile. Les persécutions religieuses dont l'Afrique du Nord fut le théâtre, sous les successeurs de Geiserich, éloignèrent les chrétiens orthodoxes, qui s'enfuirent avec leurs prêtres et leurs évêques. Quelques-uns, pour échapper à l'arianisme, se réfugièrent vers le Sud, comme s'ils n'avaient point voulu se séparer de l'Afrique; mais le plus grand nombre traversa la Méditerranée; et Constantinople, qui, malgré ses folies et ses vices, était alors le centre de l'orthodoxie, fut inondée de ces exilés.

La guerre et la conquête firent disparaître à peu près de la même manière les Wandales, vaincus et poursuivis à leur tour. La lutte qu'ils soutinrent contre Bélisaire avait été trop molle pour les anéantir. Mais s'ils existaient encore comme race, ils n'en étaient pas moins considérablement affaiblis. Le général byzantin les affaiblit encore davantage lorsqu'il s'éloigna de l'Afrique après la conquête. Il se fit suivre de plusieurs milliers de captifs. C'étaient l'élite et la fleur de la nation. Ils furent dispersés en Orient, et Bélisaire s'en servit contre les Perses, ennemis de l'empire. Deux témoignages précieux nous font connaître combien le nombre des Wandales était diminué à cette époque. Dans un mouvement qu'ils tentèrent contre les Byzantins, après le départ de Bélisaire, Stotzas, qui les commandait, ne put réunir que mille hommes; et lorsque Gontaris voulut renouveler ce mouvement, il lui fut impossible de retrouver la moitié de ces soldats[1]. Ces deux luttes furent très-funestes à cette malheureuse race. Les hommes qui s'y étaient mêlés succombèrent tous ou furent dirigés sur Constantinople. Un dernier coup fut porté aux Wandales par Salomon. Plusieurs de leurs femmes et de leurs filles s'étaient alliées à des soldats byzantins, comme nous l'avons vu, et les avaient poussés à la révolte. La révolte fut étouffée, et, pour assurer désormais la paix, Salomon fit transporter en Sicile et en Italie ces femmes wandales[2].

---

[1] Ἦσαν δὲ οὐχ ἧσσον ἢ χίλιοι, οἳ οὐκ ἐς μακρὰν τῷ Στότζᾳ ἐς τὸ στρατόπεδον ξὺν προθυμίᾳ ἦλθον. PROCOP. *Bell. vand.* II, 15.

En parlant de ce mouvement de Stotzas, Procope ajoute : ὀλίγοι μέντοι ἐν τῷ πόνῳ τούτῳ ἀπέθανον, καὶ αὐτῶν οἱ πλεῖστοι Βανδίλοι ἦσαν. Id. *Ibid.*

[2] Βανδίλων τοὺς ἀπολελειμμένους καὶ οὐχ ἥκιστά γε αὐτῶν γυναῖκας ἁπάσας ὅλης ἐξοικίζων Λιβύης . . . . . PROCOP., *Bell. vand.* XIX, 7.

Il ne fallait pas tant de secousses pour détruire ou du moins pour éloigner les Byzantins, qui devaient s'ajouter à toutes ces ruines. Les Byzantins, comme nous l'avons dit ailleurs, n'existèrent dans l'Afrique du Nord qu'à l'état d'armée et non de peuple. Constantinople n'avait pu envoyer un peuple dans l'Afrique septentrionale à l'époque où toutes les énergies viriles de son gouvernement semblaient se concentrer dans les mains de deux eunuques. C'était un camp que Byzance avait tracé au pied de l'Atlas. Quand les Arabes s'approchèrent, le camp fut levé : il ne devait pas en rester de traces.

Voilà comment tous ces peuples ont disparu l'un après l'autre. Ils ont été successivement engloutis dans cette tempête continuelle d'invasions, qui a changé de siècle en siècle la face de l'Afrique du Nord.

On peut voir ici la vérité d'une observation qui a été déjà faite : c'est que la guerre dans l'Afrique septentrionale a été dure, violente, implacable; elle a chassé les peuples comme un troupeau du côté de l'Atlas et de la Méditerranée. Tout s'exagère sur ce sol, où la nature prend des formes plus énergiques et plus puissantes qu'ailleurs. Les phénomènes physiques ne s'y produisent point par une évolution lente et paisible. Tout y est vif et brusque, et la vie et la force débordent à travers ces mouvements emportés. Il en est de même des phénomènes moraux. C'est ce qui explique la violence qui s'y révèle sans cesse dans le caractère des divers peuples, et qui s'y montre surtout au moment des invasions.

Ainsi ont disparu tous ces peuples, toutes ces races que nous avons aperçus à diverses époques dans l'Afrique du Nord, et qu'il est impossible d'y retrouver. Est-il également impossible d'y reconnaître quelques-uns de leurs débris? On ne saurait l'affirmer.

Ces nations vaincues, chassées, anéanties, ont pu laisser quelques traces au milieu des nations plus heureuses qui se sont conservées et qui existent encore. Si ces traces peuvent se retrouver quelque part, ce doit être dans l'ancien foyer de ces nations éteintes. Or, c'était à l'est de l'Afrique septentrionale que s'étaient établis surtout les Byzantins, les Wandales, les Romains et les Phéniciens, sans parler des Grecs, qui penchaient encore plus vers l'Orient. C'est donc dans ce bassin et dans les rangs de la population qui l'occupe qu'il faut chercher leurs débris. On ne saurait les trouver parmi les Arabes, les Juifs, les Turks et les Turko-Arabes, qui ne se sont produits qu'assez tard dans l'Afrique septentrionale. Il faut s'avancer, pour les rencontrer, jusqu'au milieu de la race primitive, qui a, dans sa longue existence, vu passer et couler à côté d'elle toutes ces nations. Le Sahel africain a ressemblé sans cesse dans le passé à une mer orageuse où ces peuples se sont brisés. La mer, l'invasion si l'on veut, a englouti ces peuples; mais, au milieu de la tempête, des restes de ces grands corps ont été jetés sur le rivage et s'y sont attachés. Le rivage, c'est-à-dire ce sol ferme qui n'a point changé dans toutes ses secousses, n'est autre chose que l'ancienne famille libyenne ou berbère, qui a plus d'une fois attiré dans son sein des débris de ces nations échouées dans leur course. Il a dû en résulter quelques altérations dans le type primitif de la race.

Qu'on examine en effet les Berbers du plateau où ces peuples éteints se sont succédé. Il ne sera pas impossible de surprendre quelques traits étrangers au milieu des lignes si bien arrêtées d'ailleurs de leur physionomie. Cette observation devient plus facile, si l'on compare, comme nous l'avons fait quelquefois, des Berbers du cercle de Tunis avec des Berbers du Maroc et des environs. L'étude de leurs visages ne révèle pas sans doute des différences radicales. Cela n'est guère possible. Tous ces peuples éteints sont si vieux dans l'Afrique du Nord, que, mêlés après leur chute aux indigènes, ils ont dû s'effacer insensiblement au contact d'un sol où toutes les influences sont profondes. Cette révolution a pu d'autant mieux s'accomplir qu'ils n'ont laissé dans le Magreb qu'une très-faible partie d'eux-mêmes. Quoi qu'il en soit, on peut affirmer que la physionomie du Berber de l'Ouest et celle des Berbers de l'Est ne sont pas absolument identiques. L'un est le véritable fils de l'Atlas, du Daran solitaire et inaccessible, le vieil homme du continent africain. L'autre, plus voisin de ces Syrtes, où la nature, d'après la pensée de Lucain, a laissé le rivage indécis et flottant entre la terre et la mer[1], révèle

[1] Syrtes vel primam mundo natura figuram
Cùm daret, in dubio pelagi terræque reliquit;
Nam neque subsedit penitùs quo stagna profundi
Acciperet nec se defendit ab æquore tellus :

sous un jour douteux, mais sensible cependant, un élément étranger.

Les voyageurs ont pu croire sans erreur qu'ils avaient rencontré sur un point de cette zone, où se cachent aussi sans doute d'autres débris, quelques descendants du peuple de Geiserich[1]. Nous avons été ramené nous-

> Ambiguà sed lege loci jacet invia sedes :
> Æquora fracta vadis, abruptaque terra profundo
> Et post multa sonant projecti littora fluctus.
>
> LUCAN, lib. IX.

[1] We are not to leave the mountains of Auress without observing that the inhabitants have a quite different mein and aspect from their neighbours; for their complections are so far from being swarthy that they are fair and ruddy; and their hair, which, among the other Kabyles is of a dark colour, is, with them, of a deep yellow. These circumstances, notwithstanding they are Mahometans, and speak the common language only of the Kabyles, may induce us to take them, if not for the tribe mentioned by Procopius, yet at least for some remnant or other of the Vandals, who, nonwithstanding they were dispossessed, in his time, of these strong holds, and dispersed among the African families, might have had several opportunities afterwards of collecting themselves into bodies and reinstating themselves. — Th. Shaw's *Travels or Observations relating to several parts of Barbary and the Levant*, chap. 8, p. 120.

On trouve dans Jackson et dans Bruce des témoignages analogues. Le premier de ces écrivains croit apercevoir des restes de Wandales dans la tribus berbère des Showiah. Le second en découvre sur les versants de l'Aures; il signale plusieurs habitants de ces montagnes qui portent sur leur corps le signe de la croix, souvenir du christianisme, dans lequel nous devrions reconnaître des descendants du peuple de Geiserich. Voy. JACKSON's *Account of Marocco*, et BRUCE's *Travels into Abyssinia*.

Il y aurait plus d'une observation à faire sur ces passages de Bruce, de Jackson et de Shaw. On pourrait reprocher à Bruce d'avoir considéré trop légèrement ce symbole chrétien qu'il nous découvre parmi les Berbers orientaux comme l'indice d'une origine germanique. Des membres de l'ancienne race libyenne ou berbère avaient embrassé le christianisme avant l'invasion wandale ou après cette invasion. Pourquoi n'auraient-ils pas perpétué dans leurs familles et leurs tribus cet emblème religieux que

mêmes plus d'une fois à ce souvenir, et peu s'en est
fallu que nous n'ayons salué en allemand quelque
Berber plus ou moins soupçonné de germanisme.

Il ne faut pas croire, comme on pourrait l'induire de
quelques témoignages, que ces restes des Wandales ou
d'autres peuples perdus aient ainsi formé des tribus à
part, surtout longtemps après l'abaissement de leur
race. Ils n'ont continué à vivre, après les invasions
qui les avaient renversés, qu'en se confondant avec les
anciens possesseurs du sol. C'est ainsi que les Berbers
orientaux, moins vierges que les familles occidentales,
laissent soupçonner quelque élément venu du dehors.
Edrisi observait que la population de Biskarah sortait
de plusieurs sources[1]. Cette remarque peut s'étendre
aux populations voisines; mais peut-être faudrait-il lui
donner un sens plus restreint qu'elle ne paraît l'avoir
dans l'écrivain musulman. Du reste, la langue arabe
semble avoir reconnu aussi, quoique d'une manière
un peu vague, ce fait important. Dans le langage de

Bruce a remarqué? Ce que Jackson dit des Showiah pourrait s'appliquer
avec plus d'autorité peut-être à d'autres groupes berbers. Quant au récit
de Shaw, il renferme quelques erreurs que nous devons indiquer. Le texte
de Procope, auquel il fait allusion, ne s'applique nullement au pays
dont il parle. L'historien byzantin nous conduit ailleurs. Il n'est pas vrai
non plus que les Kabyles ou Berbers aient indistinctement ce teint noir
que leur donne le voyageur anglais. Il y en a dont la barbe et les cheveux
sont roux.

Quoi qu'il en soit, on ne saurait repousser entièrement ces citations, et
il est toujours vrai de dire que la physionomie des Berbers, dans le
bassin oriental du Maghreb, accuse quelque mélange et semble montrer
çà et là le sang des Wandales.

[1] Le texte arabe dit en parlant de cette ville et de ses habitants : اطلبها
اخلاط.

l'Afrique du Nord, le nom de Berber est donné seulement à l'ancienne race de l'Ouest, tandis que les familles de l'Est s'appellent Kobaïl ou tribus, mot indéterminé qui est venu couvrir le nom primitif ou national, comme pour indiquer que le sang ici n'était pas bien pur, qu'il y avait mélange.

C'est là tout ce que l'on peut retrouver de ces peuples qui sont tombés dans l'Afrique septentrionale. Mais pourquoi sont-ils tombés seuls ? Pourquoi leur destinée n'a-t-elle point été partagée par les autres peuples qui arrivèrent avant ou après eux, et qui sont encore debout ?

D'abord la permanence des Turks et des Turko-Arabes au milieu de tant de ruines ne doit point nous surprendre. Les Turks, venus les derniers dans l'Afrique septentrionale, n'ont été couverts par aucune invasion ; et malgré quelques efforts solennels tentés par l'Espagne, ils n'avaient reçu, avant notre époque, aucune forte secousse. Il n'est donc pas étonnant que ces vautours soient restés dans leur nid.

Que les Juifs aussi se soient maintenus, rien de plus naturel. Ils sont à peu près, au moins le plus grand nombre, contemporains des Turks dans l'Afrique du Nord, et, quand ils auraient été beaucoup plus anciens, ils n'auraient jamais été atteints par les mouvements de peuples et de races, qui ont changé si souvent les destinées du Maghreb. Jamais ils n'auraient dû présenter leur poitrine aux invasions. Toutes ces tempêtes ne pouvaient être pour eux qu'un changement de servitude. Le joug qu'ils ont porté après l'arrivée des Osmanlis a été dur et très-dur ; mais s'il y a sous le soleil un ressort puissant que rien n'altère et ne brise dans la longue durée des siècles, c'est bien cette race énergiquement patiente, qui, dans son éternel esclavage, finit par user toutes les dominations, tous les empires. Quand un peuple de l'Occident est opprimé, il essaye de secouer le fardeau qui l'accable, et, dans cet effort suprême, il déchire souvent ses entrailles comme Caton à Utique. Le Juif se courbe modestement sous le fardeau. Si le poids devient plus lourd, il se courbe encore, il se courbe toujours. Il ne vit pas peut-être, mais il dure, et les peuples et les monarchies, emportés par les révolutions, s'effacent successivement en présence de cette durée éternelle.

Les Arabes ont eu à supporter l'invasion des Turks ; mais, grâce aux idées religieuses qui unissaient les deux peuples, les Turks étaient pour eux des frères plutôt que des étrangers. Les Arabes devaient naturellement rester à côté de la troupe de Khaïr-eddin et d'Aroudj. Répandues de tous côtés dans l'Afrique septentrionale, leurs nombreuses tribus ne pouvaient disparaître devant une poignée de soldats, qui se contentaient d'occuper les villes sans pouvoir les remplir.

Avec les Berbers, la position n'est pas la même. Ces anciens possesseurs du sol existaient avant les invasions, et ils les ont toutes supportées. Phéniciens, Grecs, Romains, Wandales, Byzantins, Arabes, Juifs et Turks, tous les peuples du dehors sont venus heurter tour à tour cette race primitive. Comment, au milieu de tant de secousses qui ont brisé tant d'empires, a-t-elle pu constamment se maintenir?

On peut remarquer d'abord que les Libyens ou Berbers occupaient avant l'arrivée des races étrangères toute cette zone de l'Afrique septentrionale, et que le flot des invasions n'a jamais couvert entièrement ce territoire. Il faut songer ensuite que les Libyens, et c'est ainsi surtout que s'explique leur permanence, ont pu toujours s'appuyer sur l'Atlas, cette grande épine dorsale de l'Afrique du Nord. Antée a toujours combattu du haut de ses sommets, et, quoi qu'en disent les Phéniciens ou les Grecs, ces calomniateurs de l'Atlas, Hercule n'a jamais pu l'en arracher. Voilà pourquoi les Libyens sont restés. La race s'est unie avec la montagne, et cet hymen a été si fort, que rien n'a pu le rompre. La montagne, dans ces embrassements qui durent depuis des siècles, a communiqué à la race son tempérament de pierre et sa superbe immobilité.

Cette idée, qui rend compte de la permanence des Libyens, explique aussi pourquoi tous ces peuples, qui se sont perdus et dont nous avons cherché péniblement les traces, devaient s'évanouir. La montagne leur a manqué. Ils ne se sont pas appuyés sur l'antique Daran. Ce Sahel, qui court de l'Est à l'Ouest, est un rivage exposé de toutes parts. La Méditerranée ou la mer de Roum est une large porte ouverte sur l'Afrique du Nord. C'est la mer des attaques et des invasions. Elle accepte, elle appelle tous les peuples, européens ou asiatiques, pour les jeter sur le Maghreb. L'Atlas est tout africain. Les peuples qui s'établissent sur le bord méridional de la Méditerranée, sans s'appuyer sur l'Atlas, ne font que camper sur la terre du passage, ou le Berr el-Oudwad, comme dit l'expression orientale. Tel a été le sort des Byzantins, des Wandales, des Romains, des Grecs et des Phéniciens. Ils ont vécu sans doute les uns plus que les autres, parce que, suivant leur origine et leur constitution, ils présentaient des éléments de résistance plus ou moins puissants. Mais si leurs destinées ont été différentes sous ce rapport, ils ont tous également succombé, parce que l'Atlas ne les a pas défendus.

CHAPITRE XIX.

Physionomie et caractère des races actuelles de l'Afrique du Nord. — De leur vitalité et de leur avenir.

———

Cinq peuples, nous venons de le voir, sont restés debout au milieu des débris qui couvrent le sol de l'Afrique septentrionale : la race primitive, les Libyens ou Berbers ; trois races étrangères, les Arabes, les Juifs et les Turks ; et enfin une race mêlée, produit des races étrangères, les Arabo-Turks ou Turko-Arabes, désignés sous le nom de Couloglis. Tels sont les éléments qui composent aujourd'hui la population du Maghreb. Ces peuples, assis les uns à côté des autres, conservent dans cette patrie commune leur physionomie primitive. Le lien géographique qui les unit n'a nullement altéré les différences qui les séparent. Rapprochés dans le même bassin, sans être jamais confondus, ils portent sur leur front, dans ces lignes puissantes qui résistent au temps et que les révolutions n'effacent point, l'irrécusable témoignage de leur origine.

Aujourd'hui comme autrefois le Berber ou l'ancien Libyen se fait remarquer par sa rude mine, par ses allures fières et abruptes. Tout est heurté et accidenté dans cette âpre organisation, où les muscles s'affirment puissamment, où la force se révèle sous une forme grossièrement énergique. Ne cherchez point dans ces lignes brisées ces contours harmonieux et suaves qui appartiennent à certaines races et que l'art antique a tant poursuivis dans ses conceptions voluptueuses. Vous ne rapprocherez jamais de la sphère, la plus parfaite et la plus divine des formes, d'après la géométrie religieuse des Grecs, ce corps rudement accentué, qui offre partout des aspérités et des angles.

L'Arabe, dans le Maghreb comme dans la Péninsule asiatique, a une constitution sèche et maigre, excepté dans les villes où il est improprement connu sous le nom de Maure, dont nous avons dit ailleurs la signification, et où l'habitude des bains, d'une existence molle et d'une nourriture abondante a changé son tempérament[1]. Assis, il est calme, grave et solennel comme un prêtre indien dont la méditation incline la tête, et qui semble absorbé dans le sein de Brahma, dans le centre même de l'essence universelle. Debout, il s'anime, mais c'est à cheval qu'il déploie toute son activité. Ses fibres alors s'agitent et tressaillent ; il vole emporté par un feu intérieur qui le ronge, et, dans la

---

[1] Cette mollesse, qui caractérise les habitants des villes, leur a valu les dédains des habitants de la plaine, de ces Arabes sobres, énergiques et patients, qui ont mieux conservé sous la tente l'austérité de leur vie primitive. Il y a là comme deux peuples, qui sont partis d'une source commune, mais que séparent des différences profondes. La sévérité des mœurs arabes a souffert plus d'une fois de l'influence de la ville, et les tribus du Tell et du Sahara ont donné le nom de حضري, *bavards* ou *flatteurs*, à ces citadins, qui n'ont pas su perpétuer dans leur vie les anciennes habitudes de la race. Voy. LÉON L'AFRICAIN, t. I.

rapidité de sa course, on dirait qu'il va franchir le désert ou se jeter dans l'Océan, comme Okbah, en réclamant à Dieu d'autres terres et d'autres mondes. Calme ou animé, son regard est toujours ardent. Quand il lève la paupière qui recouvre son œil, on en voit jaillir des étincelles, et toutes les passions semblent frémir dans ce foyer vivant. Avec sa nature nerveuse et active, l'Arabe est l'homme des plaines nues et desséchées, l'homme des vastes espaces et des horizons libres, de même que le Berber, avec sa forte et grossière complexion, est l'homme des rochers et des montagnes.

Le Juif de l'Afrique septentrionale ne ressemble ni au Berber ni à l'Arabe. Son type est le même que celui des Israélites d'Europe; il semble présenter toutefois des lignes plus orientales. Les persécutions et les tortures ont donné à sa physionomie un air de souffrance et de passivité qui révèle mieux qu'aucune histoire l'existence tourmentée de cette race. Mais sur son visage, labouré souvent par la douleur, éclate une sorte d'activité interne qui l'agite toujours. Son regard exprime le calcul, la défiance et la ruse. Au sein de l'Europe, parmi ces sociétés civilisées où le droit de tous s'affirme de mieux en mieux, et où les races les plus diverses pourront s'asseoir bientôt au même soleil, la figure du Juif s'est adoucie. Il a pu conserver le souvenir des maux qui ont pesé sur lui si longtemps, mais ses traits n'en portent plus l'empreinte. Dans l'Afrique septentrionale, les douleurs sont plus récentes et la trace reste encore. Le despotisme a creusé

sur ce front torturé un large sillon, où la souffrance
s'est arrêtée pour des siècles. Mais ce n'est pas seulement la souffrance qui s'exprime à travers ces lignes
heurtées. Il y a aussi de la cupidité, de la crainte, et
un désir obscur de vengeance, qui, s'il était plus puissant, pourrait donner à ce front voilé une dignité aus-
tère et une sorte de grandeur sauvage. Ce dernier élément ne s'y trouve point, parce qu'il n'y a dans cette
âme trop inclinée vers les intérêts matériels, que les
plus basses passions. Aussi dans les contrées du Maghreb. où son joug a été brisé, le Juif s'est-il montré
presque partout avec de grossiers instincts, véritable
chacal qu'on a vu courir plus d'une fois sur les traces
sanglantes des lions de notre armée.

Le Turk est en Afrique ce qu'il est en Europe et en
Asie. Des formes régulières, une haute stature, un
teint brillant, voilà les traits qui le caractérisent. L'habitude des déprédations et des violences a exagéré la
fierté de son regard, qui est devenu cruel. Plus éloigné que les autres Turks du berceau de la race, il est
resté moins fidèle au type primitif, et il n'est pas difficile de trouver dans les linéaments de sa face quelques altérations. Nous avons déjà remarqué que ces
Osmanlis, qui ont posé si lourdement le pied sur le
Maghreb, n'étaient pas tous du pur sang d'Osman.
Cette différence d'origine a dû se traduire sur le front
de leurs familles.

L'Arabo-Turk ou le Coulogli exprime, par ses lignes
extérieures, les deux éléments qui composent sa race.
Il a la taille élevée et le teint vif de la famille turke.

Il est plus blanc, parce qu'il est fils de ces blanches
filles des Maures ou Arabes des villes, que leurs pères
cachent aux hommes et au soleil. Son œil est plus
doux, son regard est plus beau, parce qu'il est moins
mêlé que son père à des scènes sanglantes, et qu'il
doit à sa mère cette paupière large qui recouvre sa
prunelle vive et ardente sans colère.

Une idée empruntée à Hippocrate nous fera mieux
comprendre que ce qui précède quels sont les traits
et les lignes caractérisques des races contemporaines
de l'Afrique du Nord. Il est parmi les hommes, a dit
Hippocrate, des races ou des individus qui ressemblent aux terrains montueux et couverts de forêts ; il
en est qui sont comme ces sols légers qu'arrosent des
sources abondantes. On peut en comparer quelques-
uns aux prairies et aux marécages, d'autres à des
plaines arides et dépouillées[1].

Les éléments ethnographiques de l'Afrique du Nord
semblent avoir été désignés dans cette observation du
savant médecin de Cos. Les Berbers ou Kabyles aux
formes accidentées sont les terrains montueux et couverts de forêts. Les Arabes, dont le tempérament est
maigre, dont la constitution est sèche, peuvent être
confondus avec les plaines arides et dépouillées. Les
Juifs, chargés quelquefois d'un infirme embonpoint,

---

[1] Οὕτω δὲ ἔχει καὶ περὶ τῶν ἀνθρώπων, εἴ τις βούλεται ἐνθυμέεσθαι. Εἰσὶ
γὰρ φύσιες, αἱ μὲν οὔρεσι ἐοικυῖαι δενδρώδεσί τε καὶ ἐπύδροισι, αἱ δὲ λεπροῖσι
τε καὶ ἀνύδροισι, αἱ δὲ λειμακωδεστέροισί τε καὶ ἐλώδεσι, αἱ δὲ πεδίῳ τε καὶ
ψιλῇ καὶ ξερῇ γῇ. Αἱ γὰρ ὧραι αἱ μεταλλάσουσαι τῆς μορφῆς τὴν φύσιν εἰσὶ διά-
φοροι· ἢν δὲ διάφοροι ἔωσι μέγα σφέων αὐτέων, διαφοραὶ πλεῦνες γίγνονται τοῖσι
εἴδεσι. HIPPOC. Περὶ ἀέρων, ὑδάτων, τόπων, οθ'.

se retrouvent, avec leur expression souffrante et leurs chairs malades, dans les marécages. Enfin les prairies, avec leur riche végétation, représentent les Turks et les Arabo-Turks ou Couloglis dans tout l'épanouissement de leur vigoureuse et splendide constitution.

Nous n'apercevons dans aucun de ces peuples ce sol léger qu'arrosent des sources abondantes. Quand Hippocrate en parlait, il songeait sans doute aux Grecs, ses concitoyens. C'est aussi l'image des nôtres, les véritables Grecs des temps modernes. Cet élément, qui existait autrefois dans l'Afrique septentrionale, mais que les révolutions on ont chassé, la France l'a déjà ramené sur ses rivages, et elle est appelée à l'y rétablir, sous la double influence de la force et du droit, de la guerre et de la civilisation.

Ces divers peuples, dont nous venons d'esquisser rapidement le caractère, établis, comme nous l'avons vu, à diverses époques, dans l'Afrique du Nord, n'y présentent pas tous à nos regards la même vitalité, et il est facile de voir qu'ils n'y sont pas destinés au même avenir. Les uns semblent légèrement posés sur le sol comme ces corps étrangers qu'un souffle peut faire disparaître; les autres y tiennent par quelque lien, mais sans y avoir de racine. Il y en a qui paraissent y être enracinés comme ces grands arbres dont les nervures inférieures descendent profondément dans la terre et forment en quelque sorte une partie nécessaire du système géologique auquel ils sont attachés.

Les Turks et les Arabo-Turks, détrônés déjà par nos

armes dans certaines parties du Maghreb, tendent à
s'y effacer. Un mouvement continuel d'émigration les
emporte sans cesse vers l'Orient. Nous avons vu plusieurs de ces familles quitter tristement les lieux où
elles avaient dominé et se diriger vers le berceau de
leur race, comme pour y chercher par un secret instinct une force nouvelle, une seconde vie. Les Turks,
d'après une expression célèbre, sont campés en Afrique comme en Europe. Ils seront bientôt obligés de
lever leurs tentes et de se retirer dans leur foyer primitif. Ils y sont condamnés par une loi qui domine et
règle toutes les oscillations des races humaines. Un
peuple poussé par de violentes passions, emporté par
la fièvre des batailles et des conquêtes, peut couvrir,
dans son épanouissement exagéré, une foule de peuples
répandus dans de vastes espaces. Mais bientôt ce corps
trop étendu est forcé de se replier sur lui-même. Sa vie,
profondément atteinte, se réfugie des extrémités vers
le centre, presque épuisé par des expansions continuelles. Telle est l'image de la domination des Ottomans dans l'Afrique septentrionale comme en Europe.
C'est ainsi qu'une espèce de nécessité physiologique
les ramène chaque jour en Asie, vers cet ancien foyer
où commença leur race et où leur fibre nationale,
plongeant dans la sève primitive, peut tressaillir encore
avec toute la force de la jeunesse. Les Turks et les
Arabo-Turks ou Couloglis disparaîtront donc assez
prochainement des contrées du Maghreb.

Les Juifs, qui n'y ont pas exercé le même pouvoir,
y vivront davantage. Ils y ont subsisté jusqu'ici au

milieu des tortures d'un despotisme sanguinaire. Délivrés aujourd'hui dans une partie de l'Afrique du Nord, certains de l'être un jour partout, ils tendent nécessairement à s'accroître, à se développer. Dans les contrées que nous occupons, notre domination ne peut que leur être favorable. Tranquilles sur la possession de leurs richesses, ils n'y ont plus à craindre la fécondité de leurs femmes et l'accroissement de leurs familles. Ils commencent à profiter déjà de l'hygiène que nous leur apportons, avec ce bon sens pratique et cet esprit positif qui s'attache vivement à tous les intérêts. Grâce à cette influence, les maladies qui les rongent les désoleront moins, leur vie sera plus longue, leur race enfin se trouvera profondément améliorée. Ils ne formeront, dans tous les cas, qu'une faible portion des habitants du Maghreb, bornés toujours à l'enceinte des villes, où leur industrie les enchaîne, en dehors des intérêts politiques et de toutes les chances de domination.

Ce sont les Berbers et les Arabes qui concentrent dans leur sein toute l'énergie, tout le mouvement de la vie africaine, au moins dans le Nord.

Établis dans le Maghreb depuis douze siècles, les Arabes n'y ont plus sans doute ces ressorts puissants qui leur imprimèrent autrefois un élan si terrible. Mais, à l'exception des villes où leur race a perdu son caractère, ils y conservent toujours une grande puissance. Il y a encore beaucoup de vie dans le corps de ce peuple, quoiqu'il n'ait plus le même mouvement.

On en trouve davantage chez les Berbers, chez ces

aînés de tous les habitants du Maghreb, peuple rude
et énergique, qui a vu toutes les révolutions de l'A-
frique septentrionale, et qui, malgré les siècles qui
pèsent sur sa tête, ne porte sur son front éternellement jeune aucune trace de vieillesse et de décrépi-
tude.

L'avenir dans l'Afrique du Nord appartient donc
aux Berbers et aux Arabes. Il appartient aussi à la
France.

CHAPITRE XX.

Intervention de la France au milieu de ces divers éléments ethnographiques. — Nature et caractère de son invasion comparée aux invasions précédentes. — Importance de ce mouvement dans l'économie générale de l'histoire moderne. — Origine, marche et progrès de la domination française dans le Maghreb. — Des obstacles qu'elle y a rencontrés et qu'elle doit y rencontrer encore. — Ses limites actuelles et futures. — Théorie de l'occupation restreinte démentie par l'étude des faits et des lieux. — Erreurs et fautes de la France dans l'Afrique du Nord. — Plan d'une politique nouvelle fondée sur la connaissance des races.

Le mouvement d'invasions qui changea tant de fois la face du Maghreb était suspendu depuis trois siècles ; il s'était arrêté avec les Turks, et l'Orient, désormais épuisé jusque dans ses entrailles, ne pouvait guère songer à le recommencer. Un pareil rôle convenait mieux à l'Occident, devenu le centre de la vie moderne.

Quelques essais qui n'avaient pas été sans éclat semblaient avoir préparé l'Europe à ce puissant effort. Le Portugal et l'Espagne avaient déjà cherché, dans nos temps modernes, à saisir l'Afrique septentrionale. Un grand désastre avait promptement rejeté le Portugal loin de l'Atlas ; l'Espagne avait été plus heureuse, malgré quelques revers : la plupart des villes du Sahel étaient tombées en son pouvoir [1] ; mais, au lieu de mar-

[1] Voy. MARMOL, *Descripcion general de Affrica*, et SANDOVAL, *Historia de la vida y hechos del imperador Carlos V*.

cher vers l'intérieur pour rattacher à soi cette terre si rebelle à l'étranger, le peuple espagnol s'était couché dans son manteau sur le rivage, à côté des races africaines : mol ouvrier pour ce grand et rude travail des conquêtes! Aussi Dieu le rejeta, et la terre elle-même sembla le refouler dans la mer[1].

Depuis cette époque, le pied des nations occidentales s'est hasardé encore quelquefois le long de ce rivage; mais il n'y a pas marché longtemps, comme s'il avait craint d'y glisser dans le sang du Portugal et de l'Espagne[2]. Il était réservé à la France de l'y fixer et de renouveler ainsi avec éclat cette alliance de l'Europe et de l'Afrique, si malheureusement interrompue depuis tant de siècles.

Parmi ces nations que le Maghreb a successivement attirées, il n'y en a aucune dont l'intervention dans ce monde atlantique ressemble complétement à celle de la France. Les motifs de notre expédition contre Djezaïr, les résultats immédiats qu'elle a produits pour les peuples européens, et l'époque où elle s'est accomplie, tout concourait à donner à ce mouvement un

[1] Le tremblement de terre, qui a bouleversé Oran vers la fin du dernier siècle, peut être considéré comme l'un des échecs les plus douloureux que l'Espagne ait subis en Afrique.

[2] L'occupation de Tanger par les Anglais au dix-septième siècle, et notre station de la Calle, ne pouvaient être regardées comme de véritables établissements. Il n'en restait rien d'ailleurs depuis longtemps avant l'expédition de 1830. Alger avait été bombardé plusieurs fois, mais ces colères, si légitimes du reste, avaient toujours détruit, jamais fondé. Voici la liste et la date des bombardements d'Alger par les puissances européennes : Français, en 1682, 1683 et 1688; Danois, en 1770 et 1772; Espagnols, en 1783 et 1784; Anglais et Néerlandais, en 1812 et 1816.

caractère merveilleux, une physionomie solennelle et en quelque sorte royale.

La France n'a point été conduite dans l'Afrique du Nord par l'appât des richesses ou des intérêts commerciaux, comme les Phéniciens; elle n'y a pas été jetée comme ces Grecs et ces Juifs d'autrefois, par des convulsions intérieures; ce n'est pas comme les Romains, les Wandales, les Byzantins ou les Arabes, qu'elle a planté son drapeau sur ce sol tant de fois foulé par les races étrangères. Une pensée commune, le désir de s'assurer ce magnifique domaine, avait entraîné également ces quatre peuples, si différents d'ailleurs, du côté de l'Atlas. Il en a été autrement de la France. Avons-nous besoin de dire qu'en se portant sur le bord méridional de la Méditerranée, elle a moins ressemblé encore aux Turks, le dernier de tous ces peuples conquérants, qui a cherché dans le Sahel africain un foyer de piraterie?

Une idée plus généreuse dirigeait la France : outragée dans son honneur et sa dignité, méconnue dans le plus saint et le plus inviolable des droits, elle avait attendu vainement pendant plusieurs années la réparation que sa force elle-même devait lui faire exiger, à moins qu'elle ne consentît à sacrifier la civilisation à la barbarie. Ce n'était pas elle seule qu'elle défendait en attaquant le pouvoir violent qui l'avait insultée; le droit qui lui mettait les armes à la main était le droit commun et universel de l'Europe, le droit de tous les peuples civilisés, c'est-à-dire de tous les peuples qui représentent le plus complétement la dignité humaine.

Elle donnait ainsi doublement à la guerre qu'elle entreprenait le seul fondement qui puisse lui convenir de nos jours.

Par un hasard qui semblait avoir été préparé pour sa gloire, les successeurs d'Aroudj et de Khaïr-eddin, que la France devait chasser de leur kasbah, étaient devenus les tyrans de la Méditerranée. Tous les pavillons de l'Europe leur payaient tribut[1], et pendant que nous songions à briser dans un autre monde les chaînes des esclaves, l'esclavage régnait là, fièrement assis à nos portes. Trois siècles nous suppliaient d'affranchir cette mer intérieure.

L'état de l'Europe, de l'Afrique et du monde devait donner à cet événement, déjà si considérable, une signification plus haute et plus générale. Jusqu'ici les peuples ont vécu assez à l'écart, isolés et emprisonnés dans leurs territoires, comme dans autant d'îles séparées les unes des autres. Les intérêts, les passions, des circonstances fortuites les ont quelquefois rappro-

[1] Ce tribut était payé de deux manières ; pour quelques peuples, c'étaient des redevances annuelles en argent ou en toute autre valeur. Pour le plus grand nombre, c'étaient des cadeaux plus ou moins considérables qu'il fallait faire au bey à certaines époques. Le royaume des Deux-Siciles payait annuellement une somme de 240,000 fr. avec des dons qui étaient presque aussi onéreux. Le Portugal était placé dans une situation analogue. La Suède et le Danemark fournissaient des munitions navales dont le prix s'élevait à 40,000 fr., sans compter un présent de 100,000 fr. qui devait être renouvelé toutes les dix années. L'Espagne, les Pays-Bas, l'Angleterre étaient obligés de payer à chaque mutation consulaire. L'Angleterre donnait dans cette occasion 150,000 fr. La France, en vertu de ses traités avec Alger, n'était soumise à aucune de ces charges ; cependant elle consentait à envoyer quelquefois des présents pour mieux s'assurer l'amitié du chef de ces formidables corsaires.

chés; mais ces relations ont été toujours éphémères.
Rien ne tendait à les maintenir; tout contribuait, au
contraire, à les rompre. L'isolement semblait être la
loi générale des nations répandues sur la surface du
globe. Aujourd'hui le spectacle a changé : les anciennes
barrières s'abaissent et s'effacent; une attraction puissante, irrésistible, sollicite les races les plus éloignées
dans leurs foyers solitaires. L'Europe, que l'Atlantique
unit au Nouveau-Monde, marche chaque jour vers
l'Asie et vers les terres semées çà et là dans l'Océan
qui l'enveloppe sur la double limite du Sud et de
l'Est. Alliance utile et vraiment féconde, si, comme on
n'en saurait douter, elle doit se réaliser un jour!
L'Asie mêlée à l'Europe, c'est le genre humain re-
montant vers son berceau et se repliant sur lui-même,
comme le serpent des vieux mythes; c'est la vieille humanité se retrempant dans ses origines pour y puiser
une force et une puberté nouvelles; c'est le commencement de cette grande unité qui se prépare et dont les
signes aparaissent aujourd'hui de tous côtés.

Un grand rôle est assigné à l'Afrique du Nord et à
la Méditerranée dans cette prochaine alliance des deux
continents, européen et asiatique. Cette mer, qui s'é-
tend des anciens rivages de Tyr au détroit de Gibraltar,
est le lien naturel de ces deux mondes, et c'est par
là qu'ils doivent se rapprocher et s'unir. Mais à côté
de ce lien il y en a un autre non moins puissant,
cette zone de l'Afrique septentrionale qui court aussi
des extrémités de l'Europe vers l'Asie, et qui a été successivement envahie par leurs peuples.

En s'établissant au pied de l'Atlas, la France a commencé déjà à resserrer ce double lien, qui avait été trop relâché. Les nations occidentales n'auront plus besoin de traverser lentement l'Océan du Sud pour aller atteindre l'Orient, vers lequel les entraîne une impulsion divine. Le Maghreb et la mer de Roum leur seront ouverts ; deux chemins radieux qui les conduiront vers l'Asie et qui porteront aussi l'Asie vers elles, quand l'Asie aura pu sortir de son ancienne immobilité.

Tel a été, dès le premier moment, le glorieux caractère de l'invasion française dans l'Afrique septentrionale. Plus les faits se multiplient, plus l'histoire contemporaine marche, et plus ce caractère se manifeste à tous les regards. Ce n'est point pour nous seuls, mais pour le monde moderne que nous travaillons à la conquête de ce vaste bassin.

La domination française a marché rapidement dans le Maghreb. Comme tous les peuples que la Méditerrance a versés sur ce rivage, la France a couru d'abord le long du Sahel. La rade de Sidi-Ferrech, où l'Espagne avait bâti une tour[1] qui semblait servir de signal aux invasions futures, a été le point de départ de ce mouvement énergique. L'île des Beni-Mezghennân, ou Alger la bien gardée, a été bientôt occupée. De ce centre, qui pesait depuis la fin du moyen âge sur la Berbérie et le Blad-el-Arab, notre armée s'est portée successivement à l'Est et à l'Ouest, sur Bonah et sur Wahran, Bône et Oran, où l'entraînaient les Turks.

[1] *La torre chica*, ou petite tour, dont le nom indique assez l'origine.

Une partie du rivage était conquise. L'occupation de Blidah avait ouvert en même temps l'intérieur à la France ; elle s'est avancée de plus en plus vers cette zone par la prise de Tlemcen, de Madyah, de Melianah et de Costhinah ou Constantine, qui semblent former dans le sein des terres une ligne parallèle à la mer.

Une des plus belles portions du Sahel et du Tell est couverte aujourd'hui par nos armes. Nous avons pénétré dans quelques-uns des rameaux du Daran ; les autres nous échappent encore ; mais nous ne saurions manquer de les atteindre. Il semble que les voies romaines, dont on retrouve les restes dans l'ancien beylik d'Alger, aient dirigé la France dans toutes ces évolutions militaires. Les Romains avaient ouvert une grande route le long de la Méditerranée ; une autre route, tracée loin du rivage, lui correspondait du côté du Sud, et des lignes jetées de toutes parts dans le bassin intermédiaire rattachaient l'une à l'autre ces deux voies principales. La conquête française s'est renfermée jusqu'à présent dans ce cadre, et même elle ne le remplit pas complétement.

Ce n'est pas seulement une armée que la France jette dans l'Afrique du Nord : un établissement militaire n'aurait pas exigé l'emploi de ces forces qu'elle déploie au pied de l'Atlas. Il serait, en outre, indigne de notre époque, indigne du caractère de notre civilisation, de tracer seulement quelques camps sur ce beau territoire que la guerre nous a livré. Nos intérêts continentaux et maritimes réclament des travaux plus féconds ; aussi une population civile a suivi de près nos soldats. Cette population, peu nombreuse à l'origine, tend à s'accroître tous les jours; elle n'occupait d'abord que le littoral; puis, à mesure que la guerre a chassé ou soumis les indigènes, elle s'est avancée dans le pays, où elle commence à former des groupes assez considérables. La famille se forme ainsi et s'établit partout à l'ombre de notre drapeau.

Un trait remarquable de cette population que notre conquête mêle chaque jour à tous ces débris de peuples épars dans le Maghreb, c'est qu'elle n'appartient pas exclusivement à la France. La plupart des éléments européens s'y rencontrent. Nous avons vu autrefois les peuples asiatiques accourir avec les Phéniciens; plus tard les Romains ont entraîné avec eux les races occidentales. Ce spectacle se reproduit aujourd'hui : une partie de l'Occident suit aussi la France dans l'Afrique du Nord. Deux peuples surtout accourent sur ses traces, les Allemands et les Espagnols. L'Allemagne semble vouloir recommencer ses émigrations d'autrefois, et elle jette chaque jour vers quelque point du ciel de nombreux essaims de sa mâle population. Plusieurs de ces groupes ont déjà franchi la Méditerranée sur nos vaisseaux : on les rencontre partout au milieu de nos établissements. Quelques-uns des villages qui ont été fondés depuis que nous sommes maîtres du territoire algérien appartiennent presque exclusivement à ces émigrés d'outre-Rhin. Quant aux Espagnols, un mouvement naturel et presque irrésistible les pousse en grand nombre vers cette terre qu'ils aperçoivent des rivages

18

de leur Péninsule. Ils y trouvent le même ciel, le même climat. Cette analogie du sol paternel avec notre empire africain suffit pour les attirer. Les avantages qu'ils y rencontrent, sous l'abri de notre domination, sont comme de nouveaux liens qui les en rapprochent chaque jour. C'est ainsi que le nord et le midi de l'Europe viennent, avec nos soldats et nos colons, se mêler aux anciens peuples de l'Afrique septentrionale.

Voilà le résultat de nos premiers efforts. Une partie de l'Afrique du Nord reconnaît notre empire et nous y amenons triomphalement l'Europe sur nos traces. Il faut applaudir à ce travail de quelques années. La métropole et la colonie elle-même en ont quelquefois accusé la lenteur. C'est que, malgré les révolutions et les siècles, nous sommes toujours l'ancienne Gaule avec ses emportements. La blonde Germanie a eu beau nous envoyer ses Franks, ses hommes du Nord : notre tempérament n'a rien perdu de ces impatiences originelles qui se sont toujours irritées au moindre retard, et nous les voyons s'agiter aujourd'hui des deux côtés de la Méditerranée. C'est à la fois de l'ignorance et de l'injustice. Attendez donc, ô Gaulois! on ne prend pas ainsi à la course la moitié d'un monde, surtout quand la conquête rencontre une multitude d'entraves.

Les divers obstacles qui ont retardé la plupart des invasions dans l'Afrique septentrionale nous y attendaient à notre tour, et malheureusement nous avons su ajouter nous-mêmes à ces obstacles, par les erreurs et les fautes que nous avons commises. Il nous a fallu combattre ainsi, non-seulement contre ce monde que nous venions conquérir et contre les peuples qui l'habitaient, mais ce qu'il y a de plus triste et de plus déplorable, contre nous-mêmes.

Rien de commun entre nous et les peuples que nous apercevions sur le bord méridional de la Méditerranée. Origines, langues, religions, autant de barrières qui nous séparaient. Il y avait de plus le souvenir des vieilles luttes qui ont divisé plus d'une fois l'Europe et l'Afrique du Nord, et ces ressentiments qui restent toujours dans l'âme des peuples, après ces longues secousses. Ces circonstances, qui rendaient une attaque difficile, devaient contribuer naturellement, après une première victoire, à retarder les mouvements de notre conquête et de notre invasion. Ajoutez à ces difficultés le caractère hostile de ce sol et de ce climat : sol riche de sève et de végétation, comme nous l'avons vu ; climat séduisant et splendide, mais trop énergiques l'un et l'autre, du moins dans les premiers jours, pour nos tempéraments européens. De là une nouvelle guerre qu'il nous a fallu soutenir contre un ennemi qui nous enveloppait et nous suivait partout. Cette opposition du sol et du climat a retardé aussi plus d'une fois le succès de nos armes.

Notre ignorance de ce pays devait rendre également notre marche plus lente. L'Afrique du Nord, au moment où nous y avons pénétré, nous apparaissait à travers les récits de Tite-Live, de Polybe et des autres écrivains de la société grecque ou romaine. Les images d'autrefois étaient tellement dans les esprits, que notre armée s'attendait à combattre contre des éléphants.

Quelques livres des derniers siècles avaient bien parlé des Turks algériens, de leur gouvernement et de leurs ressources ; mais ces livres n'avaient été guère consultés ; ils étaient loin d'ailleurs de donner une idée précise du Maghreb et des peuples qui l'habitaient [1]. On marchait donc au hasard et comme dans un pays qu'il s'agissait de découvrir avant de le soumettre.

A ces obstacles, qui ont affaibli, comme on n'en saurait douter, l'action de notre puissance, il faut ajouter nos hésitations et nos incertitudes après nos premiers succès, le lendemain de la bataille de Staouéli et de la prise d'Alger. Une révolution venait de déplacer le pouvoir politique en France ; l'Europe était profondément émue : rois, peuples, gouvernements, tous s'observaient. Notre nouvelle conquête n'occupait qu'une partie de notre attention, et nos mouvements y manquaient de liberté, grâce aux préoccupations sombres et tragiques qui pesaient sur tout notre Occident.

[1] C'était la littérature espagnole qui nous offrait à cette époque le plus grand nombre de documents sur l'Afrique du Nord. Outre les ouvrages généraux, tels que celui de Marmol, elle possédait plusieurs monographies qui n'étaient pas totalement dépourvues d'intérêt et qu'on peut lire encore avec fruit. Nous avions aussi dans notre langue quelques livres qui pouvaient être consultés, par exemple, *les Recherches historiques sur les Maures*, par Chenier, et l'*Histoire d'Alger*, par Laugier de Tassy. Le livre le plus utile était celui de Shaw, que nous avons cité quelquefois, *Travels or observations relating to several parts of Barbary and the Levant*, auquel on pourrait joindre celui de Shaler, d'une date plus récente. Un défaut commun à tous ces écrits, c'est qu'il étaient non-seulement incomplets, mais inexacts. Il eût été bien difficile, pour ne pas dire impossible, d'y puiser une notion assez nette du Maghreb.

Ces sollicitudes venaient à peine de se dissiper et la France commençait à porter sérieusement ses regards du côté de l'Atlas, quand une idée fausse, un système étroit et dangereux s'emparèrent tout à coup de nos affaires algériennes. On songea, chose étrange! à raccourcir notre glaive en Afrique. Plusieurs hommes d'État pensèrent qu'il fallait restreindre notre conquête, et, pendant plusieurs années, notre politique africaine a été dominée malheureusement par cette pensée. Au lieu de marcher, à travers le Tell et ses plaines fertiles, vers la limite septentrionale du Sahara, la France devait se replier sur le rivage et s'y accroupir, pour ainsi dire, en face de l'Europe. On ne voulait point lui donner d'autres horizons. La Méditerranée était affranchie : le joug était rompu ; il ne fallait que garder l'ancien nid de corsaires : quelques stations, quelques camps, voilà ce qui convenait à la France, rien de plus.

Un pareil système pouvait arrêter, comme cela est arrivé en effet, le développement de notre domination dans l'Afrique septentrionale ; mais il devait être bientôt écarté. Comment aurait-il pu durer longtemps? Vouloir renfermer la France dans ce cercle avare et jaloux, c'était méconnaître ses intérêts et son caractère ; c'était se tromper également sur la nature du Maghreb, sur la physionomie de son sol et de ses habitants, sur les lois elles-mêmes, qui semblent avoir présidé toujours à son histoire. Cette politique était à peu près aussi raisonnable que l'idée de ce fossé qui a été ouvert naguère dans la Métidjà, sous la direction d'un de nos généraux, et dont le spectacle nous affligeait moins, parce que ce général était un vieillard. « Nos chevaux en rient, » nous disait un jour poétiquement un Arabe. Le génie français en riait bien davantage. Il était impossible d'emprisonner ainsi notre conquête ; on ne s'arrête pas où l'on veut, dès qu'on a pénétré dans ce pays. Le pied des conquérants y glisse à l'Est et à l'Ouest. Où pourrait-il s'arrêter ? Aucune barrière ne se dresse devant lui. Aussi tous les peuples étrangers qui ont touché ce territoire se sont-ils vus entraînés au delà des limites qu'une politique étroite leur a quelquefois tracées. Le même fait s'est constamment reproduit, depuis ces Tyrio-Cananéens qui ouvrirent les invasions, jusqu'aux Turks. Il y a dans ce sol des attractions auxquelles on ne résiste point. Et comment arrêter la France, si vive et si emportée elle-même, en face de l'inquiétude et de l'agitation arabes ?

Cette théorie de l'occupation restreinte, vain rêve d'une fausse prudence, ne s'appuyait sur aucune base sérieuse ; elle ne pouvait durer ; mais elle a paralysé pendant quelque temps notre conquête et donné un nouvel élan à nos ennemis.

Si toutes ces circonstances, qu'il nous suffit d'indiquer, ont contribué à retarder le progrès de nos armes et surtout de notre domination, d'autres causes n'ont pas moins concouru à ce résultat.

La partie de l'Afrique septentrionale que la guerre nous a livrée, nous présentait des ressources et des moyens d'action que nous n'avons pas su apercevoir.

Les Turks que nous venions de remplacer ne couvraient pas comme nous sous les pas de leurs armées cette région du Maghreb. Nous avons vu ailleurs qu'ils étaient peu nombreux ; ce n'était, au moment de la première irruption, qu'une poignée de soldats, et, depuis cette époque, leur nombre ne s'était guère augmenté. Les recrues qui leur arrivaient de l'Orient ne grossissaient point les rangs de leur belliqueuse milice ; elles les perpétuaient. Ces Osmanlis isolés et comme perdus dans l'Afrique du Nord suppléaient à leur petit nombre, sans doute, par leur valeur et leur énergie ; mais ils y suppléaient bien mieux encore par la vigoureuse organisation qu'ils avaient su donner aux tribus Arabes, qui flottaient partout autour d'eux . Une profonde intelligence du pays semblait avoir dirigé les Turks dans la manière dont ils l'avaient constitué. Ils avaient saisi avec l'instinct prompt et sûr des peuples dominateurs, la nature et le caractère des éléments qui les environnaient. Au lieu de disperser leurs forces le long du Sahel et de l'Atlas, ils les avaient concentrées dans quelques villes, et, après quelques tâtonnements, qui avaient fixé bien vite leur politique, tout le Blad el-Arab avait été partagé par eux en deux grandes divisions, dans lesquelles chaque tribu, chaque groupe avait sa place.   .

Cette organisation était bien simple, et l'un de ses grands avantages était de ne laisser aux maîtres du sol que les douceurs de l'empire.

Les Arabes étaient divisés en deux corps : les uns, réduits à la condition de vaincus, véritables rayas,

pour parler la langue turke, portaient tout le fardeau
de la conquête : ils payaient l'impôt et contribuaient
à toutes les charges ; les autres, associés à la fortune
des vainqueurs, étaient exempts de toutes ces redevances ; ils ne payaient que les tributs religieux qui
sont imposés par le Koran à tous les disciples de l'islamisme. C'était à eux qu'étaient confiés les intérêts du
beylik ; ils étaient ses percepteurs et ses financiers ;
percepteurs et financiers militaires, comme il les fallait au milieu d'un peuple mobile, dans un pays toujours prêt aux combats. Aussi tous ces Arabes, qui
jouissaient avec les Turks des fruits de la domination,
formaient-ils des corps armés, des maghzens, qui marchaient avec le bey, quand il fallait frapper quelque
coup, et qui, en dehors de ces circonstances, ne jouaient
qu'un rôle administratif. Le gouvernement turk, quand
il voulait punir ou récompenser, changeait la situation des tribus. L'homme du maghzen devenait raya
et réciproquement. Il y avait des tribus dont les tentes
étaient partagées entre ces deux conditions. Une grande
émulation régnait parmi les Arabes pour passer d'une
classe dans l'autre. Si les maghzens trahissaient leur
devoir, il y avait à côté d'eux des rayas, qui ne demandaient qu'à les remplacer et qui apportaient dans leurs
fonctions l'intérêt jaloux d'un zèle enflammé par la cupidité [1].

[1] Aucun ouvrage n'avait signalé, avant notre conquête, cette organisation si remarquable de la puissance turke sur le bord méridional de la
Méditerranée. Depuis, quelques détails ont été publiés à ce sujet. Voyez
principalement l'ouvrage de M. Walsin Esterhazy, *ou de la Domination
Turque dans l'ancienne régence d'Alger.*

C'était par cette discipline ferme et soutenue que les
Turks, malgré leur petit nombre, pesaient à la fois sur
toute la surface du pays. Ils avaient trouvé ainsi le
moyen de multiplier leurs forces et d'étendre au loin
l'action de leur puissance. Aucune tribu ne leur échappait. Le gouvernement du bey avait mille bras qui
pouvaient atteindre partout, et qui maintenaient dans
les centres les plus éloignés l'influence de la race souveraine.

Voilà les liens solides par lesquels les Turks rattachaient à Djezaïr, centre de leur puissance, cette population nomade qui flottait autour d'eux dans les
campagnes. Quant à la population des villes, elle ne
les inquiétait point; elle vivait courbée sous leur glaive.
Toutefois, comme ils cherchaient à se dégager des em-
barras de la domination dont ils n'estimaient que les
profits, et qu'ils aimaient, à la façon de l'Orient, la
simplicité dans le pouvoir, ils avaient établi au milieu
des villes une organisation qui avait quelque analogie
avec celle des tribus. Les habitants étaient divisés en
corporations, à la tête desquelles étaient placés des
amins, qui pouvaient être considérés à leur égard
comme les représentants du beylik. Ces corporations
embrassaient la généralité des industries, c'est-à-dire
toute la population laborieuse et active, depuis les
professions les plus lucratives, jusqu'aux métiers les
plus humbles et les plus bas.

Nous n'avons pas besoin de remarquer combien il
était avantageux pour la France de rencontrer en Afrique
tous ces principes d'ordre, tous ces germes de gou-

vernement. Plus rude était la secousse que nous devions donner à ce pays, et plus il nous importait de recueillir, après la victoire, ces précieux débris de l'ancienne domination. Mais le Maghreb ne se présentait alors que comme une terre livrée à l'anarchie la plus profonde. On ne soupçonnait aucun de ces ressorts que les Turks y avaient fait mouvoir depuis trois siècles. Il était temps de les reprendre le lendemain de la chute des Osmanlis : on n'y songea point, et bientôt tous ces restes de l'empire turk tendirent à se dissoudre. Les vieilles relations se rompirent ; les habitudes de soumission et d'obéissance disparurent ; les villes et les tribus échappèrent à l'action qui les avait dominées jusqu'alors et qu'il eût été si utile de continuer.

Ainsi, le gouvernement français n'a point profité des éléments de force et de puissance qu'il rencontrait dans l'Afrique septentrionale. Cette société barbare, assise le long de l'Atlas, avait été jetée par les Turks dans un moule que la France n'a pas su découvrir dans les premières années de sa conquête et qu'elle n'aperçoit pas même clairement aujourd'hui. Ce moule était dur ; il étouffait à moitié les peuples qu'il enveloppait. On pouvait le modifier, d'après le caractère de notre civilisation. Mais il fallait maintenir cette discipline qui rendait une domination nouvelle plus facile et plus sûre.

La France n'a pas eu seulement le tort de négliger les avantages de cette organisation. En même temps qu'elle s'est trompée sur les choses, elle s'est trompée aussi sur les hommes. La politique qu'elle a suivie à l'égard des peuples qui sont tombés sous sa main dans le Maghreb a été en grande partie contraire à nos intérêts ; elle a multiplié les difficultés du présent. Puisse-t-elle ne pas amonceler des orages sur l'avenir !

Notre rôle cependant nous était si clairement indiqué ! Il nous suffisait de jeter les yeux autour de nous pour l'apercevoir.

Rien de plus simple d'abord que nos relations avec ceux des habitants du Maghreb qui n'avaient jamais exercé l'empire. Les regrets d'une domination perdue, les hontes et les ressentiments de la défaite, les rêves d'une meilleure fortune ne devaient point les éloigner de nous. Cette distinction de vainqueurs et de vaincu, source de tant de colères, n'existait point. Nulle semence de guerre entre nous et cette population, étrangère au jeu des batailles. Tels étaient les Ihoud ou les Juifs.

Malheureusement ce sang d'Israël était encore plus corrompu et plus avili que le reste de la race. Tous ces Juifs africains, flétris autrefois par les persécutions de l'Europe, avaient été depuis souillés par la domination arabe, qui était devenue dure pour eux dans les derniers temps et surtout par l'oppression turke, dont ils eurent tant de fois à supporter les rigueurs. Que de vices n'avaient-ils pas dû contracter au milieu de toutes ces tyrannies ! Fourbes et dissimulés, comme tous les peuples qui ont souffert, ils étaient intéressés, cupides, âpres au gain. Tel avait été leur caractère dès la plus haute antiquité ; et ce caractère s'était développé naturellement dans un pays, dans un état social où le despotisme les avait plus d'une fois dépouillés de leurs richesses, et où il fallait que le lendemain réparât souvent les désastres de la veille [1].

Le contact de ce peuple, qui pouvait nous rendre quelques services, parce que nous lui assurions un meilleur avenir, était dangereux pour notre domination. Nous arrivions avec des richesses, du luxe, un faste dont l'Afrique du Nord avait perdu le souvenir ; il devait s'attacher à nous. Nous apportions un empire plus juste, des lois plus douces et plus humaines, ce trésor si rare dans les villes du littoral africain, la liberté. Il allait, après tant d'années de servitude, s'enivrer de tous ces biens ; et quoi de plus mortel que l'ivresse d'un esclave, quand même il ne serait pas Juif ! Nous devions tenir autant que possible ce peuple à l'écart ; il fallait surtout le repousser du domaine de la chose publique : il nous importait de ne point compromettre, par une union adultère avec lui, la majesté de notre puissance.

Ce système n'a pas été adopté, il faut bien le dire. Les Français et les autres peuples de l'Occident qui

---

[1] Les Juifs n'étaient pas seulement rançonnés par le bey ; ils étaient encore exposés à être pillés impitoyablement par les soldats turks. Quelques années avant notre invasion, cette milice redoutable avait forcé la porte de toutes les maisons juives, et emporté toutes les richesses qui étaient tombées sous sa main. Rien n'avait été épargné, pas même les ornements de femme. Le souvenir de ce pillage est resté profondément gravé dans la mémoire des victimes, qui le racontent avec cet accent de douleur et de plainte que cette race persécutée a toujours conservé depuis Jérémie.

ont suivi notre drapeau sur le bord méridional de la Méditerranée se sont trop abandonnés aux Juifs. L'exemple de ce commerce, qui a nui souvent à notre race et à notre dignité, leur était donné par le gouvernement, qui a pris dans les familles israélites des agents indignes de le servir. Il s'est fait ainsi un odieux mélange de nos vices européens avec cette corruption africaine. Les spéculations honteuses, les abus industriels, tous ces scandales privés et publics que nous avons vus, sont sortis de cette alliance immonde. La figure d'un Juif se cachait toujours au fond de ces orgies.

Le résultat de ces communications trop promptes et trop libres avec les familles juives du Magbreb n'a pas été seulement d'altérer nos mœurs et de corrompre notre vie privée : notre caractère public a souffert aussi de ces relations. Que de fois n'avons-nous pas entendu les autres familles, les Arabes principalement et mieux encore les Turks, exprimer l'étonnement que leur inspirent nos rapports si étroits avec les Juifs! Nous ne devons point oublier que les Turks et les Arabes, sans parler des autres peuples, vivent depuis longtemps, à l'égard des Juifs, dans la tradition d'un inaltérable mépris [1]. Nos philosophies peuvent traverser la mér

---

[1] « Je suis Turk, il est Juif et il m'insulte. » Voilà ce que nous disait un jour avec une colère intraduisible un de ces Turks d'Alger, qui se souviennent toujours de leur ancienne puissance. Un jeune Juif avait manqué sans doute de respect à ce fier Osmanli, qui ne pouvait concevoir un pareil outrage. Ce qui éclatait dans ses paroles, c'était moins la haine ou la vengeance que le mépris souverain du maître pour l'esclave, de l'homme pour la brute.

avec nous pour s'asseoir au pied de l'Atlas : elles ne sauraient changer en quelques jours les habitudes et les idées des peuples que nous y rencontrons. Comment ne seraient-ils pas surpris de notre familiarité avec des hommes qu'ils ont toujours frappés des plus inexorables dédains? Notre autorité morale, la majesté de notre pouvoir et nos victoires elles-mêmes ne doivent-elles pas s'amoindrir à leurs yeux, quand ils assistent à un pareil spectacle?

Il ne s'agit pas sans doute de nous courber aveuglément devant leurs préjugés. Nous devons les préparer aussi vite que nous le pourrons à ce respect de la dignité humaine qui est le caractère fondamental de notre civilisation. Mais il faut bien nous résigner à les voir longtemps rebelles à nos idées philosophiques. Ce que nous avons de mieux à faire, c'est de ne pas amoindrir l'autorité de notre conquête par une politique imprudente qui associerait trop brusquement à notre fortune un peuple encore incapable de marcher avec nous. Élevons ce peuple à notre niveau; purifions-le des taches que des siècles d'oppression ont laissées dans son âme, et nous pourrons alors l'associer sans danger et sans crainte à notre vie civile et politique. En attendant, nous devons nous dérober davantage à son contact impur. Ne le montrons pas surtout aux autres peuples avec un caractère public dont il n'est pas digne.

Le gouvernement n'a pas su se maintenir dans cette sage réserve. S'y maintiendra-t-il davantage? L'intérêt de notre colonie l'exige. Cette brusque intervention des

Juifs dans nos affaires n'a pas sans doute un caractère assez grave pour les compromettre. Mais elle souillerait notre domination : elle l'a déjà souillée plus d'une fois; c'est une faute que nous avons commise, car la puissance elle-même a besoin de dignité.

Une autre situation s'offrait à nous avec les Turks et les Couloglis, même sang à peu près, même race; elle a été un peu mieux comprise, quoiqu'on puisse dire qu'elle ne l'a pas été suffisamment.

Les Turks commandaient avant nous dans cette partie du Maghreb qui reconnaît aujourd'hui notre domination. Après avoir brisé leur pouvoir dans son centre même, à Djezaïr, il fallait le briser dans les autres parties du beylik, et surtout à Constantine. Agir autrement, c'eût été dire à l'ancienne domination qu'elle n'était pas vaincue et qu'elle ne tarderait pas à ressaisir ce que nos armes venaient de lui arracher. C'est ainsi que l'entendait Achmet, qui prétendait reprendre un jour l'héritage de Hosseyn. Telle a été aussi la pensée des Turks jusqu'à ce que notre drapeau ait été arboré sur les remparts de la vieille Cirtha. Ils ont compris, alors seulement, que leur empire passait dans nos mains et que nous étions les héritiers de la fortune d'Aroudj et de Khaïr-eddin.

Ils n'eût pas été sage et habile d'établir, comme on a voulu le faire dans quelques-unes de nos villes algériennes, des chefs de race turke, sortis de Tunis ou d'ailleurs [1]. Ces chefs, il est vrai, devaient être nos

____

[1] On n'a pas oublié que telle était l'idée du maréchal Clausel, l'un des gouverneurs de la colonie.

vassaux; mais ces vassaux auraient souvent causé des inquiétudes à leurs suzerains, surtout s'ils avaient pu s'appuyer sur la mer, et donner ainsi la main à l'Europe et à l'Asie. Il semblait que cette combinaison dût simplifier notre conquête, mais elle ne faisait que l'embarrasser. La prudence voulait qu'on écartât du pouvoir les anciens dominateurs.

Mais fallait-il aussi leur refuser un rôle à côté de nous? Ne pouvaient-ils, en perdant leur souveraineté, être associés en partie à notre puissance et devenir les instruments de notre empire?

La France, à notre avis, n'a point songé comme elle aurait dû le faire, à se servir ainsi de ces hommes énergiques. Les Turks auraient pu nous rendre de grands services dans nos rapports avec le reste des indigènes qui étaient accoutumés à plier sous leur main. Plus d'un exemple nous prouve combien ils auraient pu servir notre cause. Les Couloglis, ou Turko-Arabes, devaient nous être moins utiles, parce qu'ils avaient un tempérament moins militaire, des habitudes moins belliqueuses; mais les liens qui les rattachaient aux Turks leur donnaient une véritable influence. Ils étaient de la race des derniers conquérants, et ils participaient à leur autorité. C'étaient des hommes merveilleusement propres à jouer avec nous un rôle administratif.

Turks et Couloglis, ils auraient accepté presque tous cette espèce d'alliance avec les nouveaux maîtres du Maghreb. Les préjugés de religion ou de race ne les en auraient point empêchés, et nous aurions guéri nous-mêmes la blessure que notre invasion avait faite à leur orgueil.

Ce système, habilement pratiqué, ne donnait·pas seulement de bons auxiliaires à notre domination; il contribuait encore à rattacher au sol les familles les plus riches et les plus opulentes. Nous avons parlé plus haut de ce mouvement d'émigration qui chasse chaque jour de l'Algérie les derniers restes des Couloglis et des Turks. Ils ont à peu près disparu des villes de l'intérieur; on en trouve encore dans les principaux centres du Sahel, mais leur nombre diminue de plus en plus. On pouvait les retenir avec leurs richesses en réservant une place à leur ambition déchue. Le gouvernement a trop négligé cette politique si simple et si vulgaire. Il deut y recourir encore dans l'intérêt de la colonie.

Il importait peu, on le dira peut-être, de se tromper à l'égard de ces peuples. La question devenait plus grave relativement aux Arabes. Une erreur, une faute dans nos rapports avec eux, pouvait entraîner bien d'autres dangers.

Les Arabes, en effet, ne sont pas, comme les Couloglis, les Turks, ou les Juifs, réduits à un petit nombre d'hommes disséminés au loin sur ce vaste territoire. Leurs nombreuses tribus couvrent une grande partie du Sahel, du Tell, et du Blad-el-Djerid. La plupart des oasis leur appartiennent, anneaux précieux de cette longue chaîne qui lie l'Afrique du Nord à l'Afrique du Sud : ils pèsent ainsi de toutes parts sur le Maghreb, et ils l'occupent d'autant mieux qu'ils se multiplient en quelque sorte par ces mouvements rapides et ces marches précipitées qui nous les montrent presque à la fois sur le rivage et sur la limite du désert. Il ne faudrait à ce peuple de chameliers, si prompt aux courses les plus hardies et les plus folles, qu'un peu plus de concert entre ses membres pour tenir sous ses pieds toute cette terre que domine l'Atlas. Aussi les Turks, qui étaient, comme on l'a vu, des maîtres habiles, ont-ils évité avec le plus grand soin tout ce qui pouvait les rapprocher et les unir. Ils comprenaient que ces tribus, en s'appuyant les unes sur les autres, devaient les envelopper dans un cercle d'hostilités qui les suivrait partout, et dans lequel, même après des victoires, ils marcheraient toujours emprisonnés.

Nos généraux et nos hommes d'État ont été moins prudents et moins sages. Au lieu de laisser les Arabes dans cet isolement, si favorable à l'invasion et à la conquête, ils se sont hâtés, pour ainsi dire, de les grouper et d'en faire un corps. Spectacle douloureux, plus douloureux en vérité qu'une défaite! C'est à la voix même de la France, ou des hommes qui la gouvernent, que les Arabes, divisés jusqu'alors et séparés en une multitude de camps, ont appris à rapprocher leurs douars, à concentrer leurs forces. Ils ont été poussés vers l'unité avec un aveugle empressement, et, pour que cette unité s'accomplît sans doute plus vite, nous avons été prendre dans leurs rangs, pour l'investir du plus grand pouvoir, un marabout belliqueux, qui devait joindre à cette double puissance de la religion et de la guerre, tous les charmes et toutes les séductions de sa race.

La première convention par laquelle nous avons élevé Hadj Abd-el-Kader à un rôle politique, a été une grande faute, une faute énorme. Le traité de la Tafna a couronné ce déplorable système. Par quel aveuglement avons-nous pu donner à cet Arabe un aussi grand empire, et rassembler sous sa main cette population inquiète et mobile, qui flottait auparavant en dehors de toute discipline? Il n'eût pas été moins sensé de ramasser les sables du Sahara et d'en faire une montagne avec la perspective d'être bientôt écrasé sous sa masse. Quand on étudie sur les lieux, en face des choses et des hommes, le traité de la Tafna, l'esprit le plus calme et le plus indulgent se sent invinciblement entraîné vers les accusations les plus sévères. Ce traité ne créait pas seulement un empire arabe, qu'il devait être facile de tourner bientôt contre nous; il comprimait encore notre conquête et notre domination sur le rivage, et, pour que la patrie en fût plus absente, d'étranges erreurs de langage semblaient y sacrifier jusqu'aux droits de notre souveraineté si follement mutilée [1].

[1] Voici le premier article de ce traité qui mérite d'être signalé : الامير عبد القادر يعرف حكم سلطانة فرانسا فى افريقية. Ce texte, par lequel Abd-el-Kader était censé reconnaître la souveraineté de la France, contient deux expressions qu'on est surpris d'y trouver et qui semblent y avoir été introduites par l'astuce arabe. L'émir déclare à peu près dans cette phrase qu'il sait que le sultan de France exerce un commandement dans les beyliks de Tunis et de Tripoli, c'est-à-dire dans cette

Les conséquences de ce système n'ont pas tardé à se produire. Nous avons vu bientôt Abd-el-Kader pousser contre nous ces essaims de tribus que nos imprudentes concessions avaient placées sous sa main. Les combats auxquels nous venons d'assister nous montrent, dans la race arabe, un concert et une harmonie qui lui manquaient auparavant. La domination turke, avant nous, a bien été exposée à quelques secousses. Elle a dû quelquefois se défendre, sinon sur le rivage, du moins dans l'intérieur, principalement dans la province d'Oran ; mais elle ne se vit jamais enveloppée de toutes parts, comme nous l'avons été. Ce serait se tromper que d'attribuer à des causes trop générales la différence de ces deux situations. Elle dérive d'un fait politique : les Turks n'ont point vu les Arabes se lever en masse contre eux, parce qu'ils s'étaient bien gardés de les lier les uns aux autres et de les livrer à une seule influence. Notre fausse politique à ce sujet a excité toujours l'étonnement des anciens dominateurs du pays. « Que nos ancêtres riraient, disait un jour » l'un de ces Osmanlis, s'ils voyaient le fils de Mahi-» eddin transformé en émir ! » Mot profond, qui accusait, sous une forme énergique, l'imprudence de notre gouvernement.

On peut dire, en général, que notre conduite à

portion orientale de Maghreb, où nous n'avons pas mis encore le pied. Le mot أفريقية, dans la langue arabe, ne s'applique qu'à cette contrée. Quant au mot يعرف, il n'a jamais répondu au sens qu'il devrait avoir ici pour qu'on pût dire qu'Abd-el-Kader a reconnu par cet article notre puissance en Algérie.

l'égard des Arabes a manqué essentiellement de sagesse. A peine la puissance des Turks a-t-elle été détruite, que nous leur avons substitué en quelque sorte les Arabes, comme les possesseurs naturels de ce sol que la guerre ouvrait à nos armées. Et combien d'erreurs, combien d'illusions n'avons-nous pas puisées dans notre contact avec ces fils dégénérés de l'Orient!

Le premier de ces mensonges a été de voir en eux un peuple. Il y avait bien des membres, des membres puissants et énergiques, mais le corps manquait, parce que ces membres étaient dispersés sur toute la surface du territoire, et qu'aucun lien, aucune fibre, ne les rattachait à un tronc commun. Nous avons emporté au pied de l'Atlas l'image de ce beau corps de la France, si fortement noué, et nous avons cru y voir au moins l'ombre de cette unité de notre patrie. Cette ombre même n'existait point. Malheureusement notre politique a paru vouloir justifier notre imagination, et nous avons presque réussi, par de fausses mesures, à donner une forme vivante à cet étrange rêve.

Second mensonge, aussi fatal que l'autre, et qu'il n'était pas plus difficile d'écarter. Ces Arabes, si mobiles, si inquiets et si flottants, ont été considérés à peu près comme une nation européenne, et la même politique leur a été souvent appliquée. La France a négocié avec eux : elle s'est reposée sur leur parole, sur leurs engagements. N'y a-t-il pas, dans leur histoire, des exemples nombreux de ces relations internationales? Et n'ont-ils pas honoré plus d'une fois la religion des traités? Tels étaient les arguments qui semblaient diriger notre diplomatie. On ne saurait nier, en effet, que les Arabes n'aient eu quelquefois, dans leurs rapports avec les autres peuples, cette persévérance et cette stabilité qui ne s'accordent guère avec une vie errante. Mais ce fut seulement à l'époque du Khalifat : ces nomades de la vieille Arabie échappèrent alors, pour quelque temps, à leur mobilité primitive. Des villes opulentes, des centres splendides, arrêtèrent à leur passage ces voyageurs du désert. Attachés au sol, ils se fixèrent davantage dans leurs résolutions, qui furent désormais plus fermes, plus solides. Mais cette civilisation, qui les retint dans son foyer radieux, ne fut qu'une tente bâtie en passant, où ces coureurs de tous les âges eurent la superbe fantaisie de se reposer pendant quelques jours au milieu des splendeurs orientales. Bientôt cette tente magnifique fut levée : le désert reconquit ses hôtes. Les courses et les évolutions anciennes recommencèrent ; l'inquiétude et le mouvement du corps se communiquèrent à l'âme. Le vieil Arabe reparut avec son humeur inconstante et ses pieds vagabonds. « Qui pourrait empêcher » la gazelle de courir? » dit un proverbe du Maghreb. Telle est maintenant la race d'Ismaël, surtout dans l'Afrique du Nord.

Le gouvernement n'a point paru le comprendre. Il a eu aussi le tort de se laisser entraîner à des sympathies immodérées pour cette population qui devait créer sous nos pas tant de difficultés. Nous avions à peine aperçu les Arabes du Sahel, qu'il s'était déjà formé dans nos rangs une espèce de parti arabe. Ces familles nous étaient représentées sous des couleurs brillantes et presque toujours exagérées. Que de ressources ne devaient-elles point nous offrir? Il était facile de les rattacher à nos mœurs, à nos idées et à notre civilisation, et elles allaient donner à notre puissance une base inébranlable. Combien de rêves dans tous ces calculs! que de précipitation et d'emportement irréfléchi dans ces affections [1]!

Ce qu'il y a de plus fâcheux dans ces préoccupations étranges, c'est qu'elles nous ont caché longtemps un peuple que nous n'avons su guère apercevoir jusqu'ici et qui mérite peut-être, plus que tous les autres, de fixer nos regards. Nous voulons parler de cette ancienne race qui a devancé dans le Maghreb toutes les invasions, toutes les conquêtes et qui n'est pas moins puissante que les Arabes.

Les Berbers ou Kabyles, même peuple sous deux noms divers, ne s'offraient pas les premiers à nous, quand nous avons franchi la Méditerranée. Nous devions rencontrer d'abord les Turks et les Turko-Arabes ou Couloglis, au milieu desquels nous apercevions les Juifs qui ne sortaient guère de l'enceinte des villes. Puis venaient les Arabes, c'est-à-dire la plaine, et après la plaine la montagne ou l'Atlas, avec ses nombreux rameaux épanouis de toute part, c'est-à-dire les Berbers et leurs daskrahs.

[1] Quelques livres ont été trop inspirés par ces sympathies excessives pour la race Arabe. C'est le reproche qu'on peut adresser aux *Annales algériennes* de M. Pellissier, qui doivent être considérées, d'ailleurs, comme un bon livre d'histoire contemporaine.

Que, dans les premiers jours de la conquête, l'attention du gouvernement et de ses agents ne se soit point portée sur les Berbers, il n'y a rien d'étonnant, et il serait injuste de l'en blâmer. Des intérêts plus puissants, des soins plus immédiats appelaient notre sollicitude. Ces Berbers d'ailleurs étaient encore placés loin de nous. Il est vrai que nous commencions à les découvrir. Dans l'intérieur même des villes qui tombaient en notre pouvoir, au milieu de cette population mêlée du littoral, nous apercevions quelques physionomies incultes et fières, qui se détachaient de la foule et qui annonçaient assez par leur rude aspect qu'elles avaient été trempées dans l'air des rochers et des montagnes. C'étaient des représentants de la race Berbère, qui étaient descendus des crêtes voisines et que l'appât du lucre avait attirés sur le rivage; précieuses colonies que l'Atlas dans son éternelle jeunesse a fournies dans tous les siècles au travail des cités [1]. C'était assez pour le spectacle, trop peu pour la politique.

Bientôt la guerre nous a rapprochés du foyer de cette grande race. Nous avons pu regarder de plus près ces aînés du Maghreb, entrevoir leur force, leur puissance, et juger des avantages ou des dangers que nous pouvions rencontrer parmi eux. Le moment semblait venu de porter de ce côté là notre attention. Maîtres du

____

[1] Nous avons rencontré dans les murs d'Alger au moment de notre expédition, des Biskris, des Beni-Mezab, et divers Kabyles du Djerjera, tous appartenant au sang berber. Les Biskris et les Beni-Mezab formaient deux de ces corporations dont nous avons déjà parlé. Les premiers étaient employés au port, les seconds aux bains. C'était aussi à des Kabyles qu'était remise, à cette époque, la police nocturne de la ville.

Sahel et d'une partie du Tell, dominés à l'Est et à l'Ouest par les cimes du Daran, nous devions enfin adopter un sytème à l'égard de ses peuples, et cependant, chose étrange! nous n'y avons nullement songé. Absorbés dans nos relations hostiles ou pacifiques avec les Arabes, nous avons passé à côté des Berbers sans les remarquer, ou nous ne les avons remarqués en passant que pour les aigrir et les irriter par des actes contraires aux véritables intérêts de notre empire.

Il eût été bien important toutefois de ne point négliger ce peuple et de chercher autant que possible à le tourner vers nous. Il n'a pas seulement l'avantage d'avoir précédé sur ce sol les autres peuples qui campent à côté de lui; plus d'une fois il a exercé la plus grande influence sur les destinées de ce vaste territoire.

Nous les avons vus maîtres de tout le plateau atlantique, à l'époque des premières invasions. Les Phéniciens, et les familles orientales qui les suivirent, y rencontrèrent leurs nombreuses tribus échelonnées çà et là jusqu'à l'Océan. Les Grecs et les Juifs de la Cyrénaïque les aperçurent de leur côté sur la frontière orientale du Maghreb. Avec les Romains, leur rôle, au lieu de s'amoindrir, s'agrandit, comme si le contact de Rome, si puissante elle-même, avait réveillé dans leur sein une puissance dont le secret leur avait échappé jusqu'alors. Les Wandales et les Byzantins les trouvèrent aussi sur leur route, et ce fut dans leurs rangs qu'ils éprouvèrent une résistance que ne leur avaient point opposée les dominations étrangères qui succombèrent sous leur effort. Ce rôle énergique des Berbers continua après que ces peuples eurent été chassés à leur tour. L'invasion des Arabes les trouva même plus forts et plus redoutables. Les Berbers partagèrent avec ces nouveaux conquérants l'empire du Maghreb, pendant le moyen âge. Chose remarquable ! plus d'une fois, dans le cours de cette période, ils semblèrent éclipser la race arabe, douée de tant de force et d'énergie. C'est d'une de leur tribus, du milieu des Sanhadjites que sortit cette éclatante famille des Morabethah dont le pouvoir s'étendit à la fois sur l'Afrique occidentale et sur l'Espagne du Midi. Une autre famille, également célèbre, celle des Beni-Merin, qui s'assit victorieusement à Fez, sortait aussi de leur sang. Les Beni-Zian, qui dominaient à Tlemcen, étaient Berbers comme les Beni-Merin et les Morabethah. Il en était de même des Beni-Hafsi, qui régnaient à Tunis et dans toute cette portion du pays que les Arabes désignent sous le nom d'Afrikyyah ; c'est-à-dire que l'Est et l'Ouest reconnaissaient presque en même temps la prépondérance des habitants primitifs ; et, comme pour attester davantage la vigoureuse jeunesse et la puberté féconde de cette antique race, des villes nouvelles s'élevaient sous sa main. Elle fondait Maroc, ce grand foyer de l'Occident ; elle construisait Alger sur les bords de la mer, dans une île tourmentée par les flots, digne berceau de la future capitale des pirates. C'est ainsi que les Berbers virent arriver les Turks, derniers héritiers, avant nous, de cet empire du Maghreb qui a changé si souvent de maîtres. Ils ont eu moins d'éclat sous leur domination ; mais leur puissance ne s'est point affaiblie. Ils n'ont rien perdu de leur vigueur primitive.

Voilà comment les siècles ont conduit jusqu'à nous, à travers mille révolutions, ces immortels Berbers, ces rudes Libyens, comme les nommait l'antiquité. Nous les trouvons partout dans l'Afrique du Nord, comme ces divers peuples qui nous y ont précédés. Ils couvrent les nombreux rameaux de l'Atlas qui sillonnent l'Algérie ; ce n'est pas là seulement qu'on peut les apercevoir. Ils s'étendent, comme autrefois, vers l'Est, au-dessus de Tunis ; ils s'appuient aussi vers l'Ouest, sur l'empire du Maroc. Cette union, qu'ils semblent avoir contractée à l'origine avec le Daran, n'est pas interrompue après tant d'années. Antée n'a point abandonné sa montagne, et il retrempe sans cesse dans l'air de ses sommets, comme dans un fleuve paternel, ses membres éternellement jeunes.

Les conseils d'une sage politique auraient dû nous rapprocher de cette grande et puissante race ; toutefois elle a été constamment négligée. La France a signé des conventions avec les Arabes, et dans ces conventions, qui avaient pour but le partage du sol et de l'empire, le nom des Berbers n'était pas même écrit, comme s'ils ne comptaient pour rien dans les destinées du Maghreb.

Nous ne pouvons pas ignorer cependant que le moment ne saurait être éloigné où il nous faudra, même malgré nous, donner une grande place à ce peuple dans notre politique africaine. Le sort de toutes les conquêtes qui ont passé sur ce pays a été de rencontrer les Berbers sur leur route. Ils assistent de loin au commencement des invasions, immobiles comme leur Atlas; mais à mesure que la vague étrangère s'avance vers leurs montagnes, ils s'agitent, ils tressaillent et l'impression du premier contact est si profonde qu'elle dure pendant des siècles. La main des nouveaux hôtes est-elle douce et bienveillante? Elle les attire et les gagne insensiblement. Rude, au contraire et pleine de menaces, elle les repousse et les rejette sur eux-mêmes, avec des ressentiments et des colères qu'ils vont couver dans leurs rochers, au milieu des vautours et des aigles. Parmi les dominations qui ont été fondées jusqu'ici dans l'Afrique du Nord, les unes ont dû en partie leur prospérité à l'alliance et au concours de la race libyenne ou berbère; les autres ont rencontré dans son opposition, qu'elles avaient malheureusement provoquée, toute sorte de périls et de désastres.

Quel parti prendra la France? Cherchera-t-elle dans les Berbers des ennemis ou des alliés?

Gardons-nous de céder avec trop de facilité à cette fièvre belliqueuse qui est dans notre sang. Si ces anciens habitants du Maghreb ne pouvaient être atteints que par la guerre, peut être devrions-nous diriger contre eux l'effort de nos armes. Vainqueurs des Turks et des Arabes, notre succès pourrait être mal assuré, tant que nous n'aurions pas vaincu l'énergique population de l'Atlas. Mais nous n'avons pas seulement le glaive pour atteindre les Berbers. Le glaive écarté, il nous reste d'autres moyens aussi prompts et aussi sûrs.

Les Berbers d'aujourd'hui , comme les Berbers d'autrefois, sont actifs, laborieux, intéressés. L'appât du lucre doit les attacher peu à 'peu à notre cause et à notre empire. Ils nous préféreront facilement aux Turks qu'ils détestaient, et aux Arabes qu'ils dédaignent en général pour maîtres. Notre civilisation, notre richesse, toute cette vie nouvelle que nous répandons déjà sur le Sahel, auront pour eux des attraits auxquels ils ne résisteront pas. Ils ont déjà ressenti cette influence souveraine qui doit les saisir de plus en plus et les attirer irrévocablement dans le cercle de notre puissance.

Préférer les armes et leur dangereux éclat à cette action pacifique, ce serait méconnaître nos plus chers intérêts. Les bruits de guerre ne s'apaisent pas facilement, quand ils ont retenti avec des sons étrangers au milieu d'un peuple courageux et jaloux de son indépendance. Autre danger, qu'il faut bien prévoir aussi : les Berbers ne se sont pas mêlés jusqu'à présent aux Arabes, contre lesquels nous luttons encore. Ne les poussons pas de leur côté, par des attaques imprudentes. N'allons pas constituer un corps formidable avec ces deux peuples. Ce corps aurait trouvé bientôt une tête, et quel serait alors le caractère de cette lutte?

C'est donc par la paix que nous devons agir sur les Berbers. Telle doit être désormais notre principale pensée. L'avenir de notre domination en dépend. La chute des Turks et des Couloglis, les sympathies des Juifs, la docilité , même sincère, des Arabes sont des bases assez incertaines pour notre empire africain. Nous avons vu ce que les Juifs peuvent nous donner : ils nous exploitent. Les Turks et les Couloglis nous ont livré les villes ; avec les Arabes, nous aurons la plaine; mais la montagne nous manquera, et nous avons besoin de la montagne : les Berbers nous la donneront. Hâtons-nous de marcher vers cette alliance de la Méditerranée et de l'Atlas, seul gage de durée sur cette terre ouverte à toutes les attaques.

Quel horizon ne s'ouvrira pas alors devant nous! Des bords de cette mer intérieure qui porta tant de peuples et tant d'empires, nous marcherons paisiblemant vers le Sud. Un double mouvement, qu'il est facile de prévoir aujourd'hui, aura déjà prolongé l'Algérie sur ses deux flancs; nous aurons attiré à nous Tunis et Maroc, et de ces divers centres soumis à nos lois, nous irons, à travers l'Atlas paisiblement transformé, sonder à notre aise ce Midi africain, tout rempli de formidables mystères. Le désert peut être désormais vaincu. La science a mis dans nos mains des oasis qui fleuriront un jour sur les sables du Sahara. Pourquoi ne mettrions-nous pas un terme à ce long divorce des deux grands membres d'Afrique?

On peut dire que cet avenir est loin de nous, et il ne nous répugne nullement d'en convenir ; mais le temps est devenu un bien grand ouvrier. Quelques années se sont à peine écoulées depuis que nous avons mis le pied dans le Maghreb, et que de choses n'avons-nous pas accomplies! La Méditerranée, autrefois esclave, est redevenue libre. Le rivage de l'Afrique a été rattaché à l'Europe. Le Sahel cesse d'être barbare. Une heureuse révolution s'accomplit parmi ces peuples, qui échappaient depuis des siècles au contact de l'Occident. La mobilité européenne vient heurter l'immobilité berbère ; l'activité française secoue la contemplation arabe, et la France circule au pied de l'Atlas avec ses agitations intelligentes et ses fécondes inquiétudes.

CONCLUSION.

Ce livre a été commencé au bruit d'une bataille. Le bruit s'est assoupi ; il tombe chaque jour : il doit bientôt cesser. Cet empire que tant de peuples ont possédé tour à tour passe déjà dans les mains de la France. Il le faut bien. La France a porté dans l'Afrique septentrionale trois éléments qui domineront toujours le monde : la richesse, la force et l'intelligence.

Nous parlions un jour avec trois hommes de cette grande lutte ouverte, depuis plusieurs années dans le Maghreb. Ces trois hommes appartenaient au pays, à ses trois principales races. Il y avait un Juif, un Kabyle et un Arabe. L'Arabe et le Kabyle avaient porté les armes contre nous ; puis ils s'étaient retirés de la mêlée. Le Juif n'avait point combattu, parce qu'un Juif, dans l'Afrique du Nord, ne combat jamais ; mais il savait que la France avait beaucoup d'argent : peut-être même en avait-il pris un peu, grâce au désordre profond qui s'est glissé partout, en Algérie, dans l'administration de notre fortune publique.

— La France triomphera, disait l'Ihoud ; elle envoie ici des vaisseaux chargés d'or ; et un geste d'admiration cupide échappait au fils d'Abraham.

— Elle est puissante, ajoutait gravement l'homme de la montagne, l'énergique Berber ; ses soldats couvrent la plaine et ils volent à travers nos rochers, comme les aigles de l'Atlas.

—Nous volons plus vite qu'eux, répondait l'Arabe, un de ces esprits religieux et contemplatifs de l'Orient; mais Allah les a instruits.

Ces trois hommes résolvaient ainsi, à la vue de l'Atlas et de la Méditerranée, ce grand problème que la France poursuit dans l'Afrique du Nord.

FIN.

TABLE DES MATIÈRES.

CHAPITRE XI.

CHAPITRE XII.

CHAPITRE XIII.

CHAPITRE XIV.

CHAPITRE XV.

CHAPITRE XVI.

CHAPITRE XVII.

CHAPITRE XVIII.

CHAPITRE XIX.

CHAPITRE XX.

FIN DE LA TABLE.

www.ingramcontent.com/pod-product-compliance
Ingram Content Group UK Ltd.
Pitfield, Milton Keynes, MK11 3LW, UK
UKHW021049150726
13693UKWH00007B/177